평신도교회가
온다

일러두기

- 본문에 나오는 성경 인용 구절은 별도 표기가 없는 경우 모두 '개역개정판'입니다.

교육운동가 송인수의 평신도교회 17년 이야기

평신도교회가
온다

송인수 지음

로버트 뱅크스 추천

잉클링즈

추천사_ 한국 평신도교회에서 재현된 1세기 교회 이야기　　　　6

머리말_ 생명은 태어난 후에야 자신이 누구인지 묻습니다　　　12

1부 신자란 누구인가

1. 나는 그분 앞에서 울 것이다　　　　20
2. 신자란 누구인가?　　　　26
3. 평신도, 영광스러운 그 이름!　　　　43
4. 목회자는 누구인가?　　　　49

2부 목회자 없이 교회 없다?

1. 평신도교회, 이제는 몰래 하지 않는다　　　　56
2. 평신도들이 교회를 세우면 한국 교회가 약화될까요?　　　　67
3. 목회자가 없으면 교회가 아닌가요?　　　　72
4. 평신도가 말씀을 전할 때 생기는 일　　　　85
5. 감히 집사가 설교를!: 스데반과 빌립　　　　97
6. 평신도교회에도 족보가 있다　　　　114

3부 부모가 아이 앞에서 성경을 들어야 한다

1. 주일학교 시효는 끝났는가?   126
2. 부모가 아이 앞에서 성경을 들어야 한다   133
3. 상급을 가불해서 제 아들에게 주십시오   142
4. 평신도교회에서 자란 어느 청년 이야기   154
5. 선생님 소리가 제일 시끄러웠어요!   161

4부 평신도교회 운영의 실제

1. 교회 시작과 운영을 위한 9가지 질문   168
2. 교회의 고백과 신조   185
3. 교회 말씀 나눔의 원리와 실제:
   깊이 읽기, 나를 집어넣기, 상상하기   192
4. 말씀 나눔 사례 ①: 마리아를 주목하신 예수님   214
5. 말씀 나눔 사례 ②: 모세를 향한 하나님의 징계   247
6. 한국 평신도교회의 역사를 살핀다   277

부록_ 평신도교회 공부를 위한 추천 도서   286

추천사

한국 평신도교회에서 재현된
1세기 교회 이야기

저는 IVP에서 출간한 《1세기 교회 예배 이야기》《1세기 그리스도인의 하루 이야기》《바울의 공동체 사상》《교회, 또 하나의 가족》 등을 쓴 로버트 뱅크스입니다. 한국에서 제 책을 읽은 독자들이 많기에 비교적 익숙한 이름일 것입니다. 우선 제가 송인수 선생이 쓴 《평신도교회가 온다》의 추천사를 쓰게 된 것을 개인적으로 무척 영광스럽게 생각합니다.

《1세기교회 예배 이야기》 같은 제 저서들은 오늘날 기성 교회들이 어떻게 교회의 본질을 회복할 것인가에 대한 통찰도 주겠지만, 저의 더 깊은 관심은 기존의 질서나 관성에 머물지 않고 1세기 초대교회와 같은 교회들이 새롭게 일어나는 데 있습니다. 저의 이 관심에 맞게 한국에서도 몇 십 년 전부터 가정교회 운동이 일어났지만, 그 흐름은 주로 목회자들이 주도한 것으로 알고 있습니다. 그러나 저는 일반 신자들도 얼마든지 교회를 이루는 일을 주도할 수 있다고 믿고 있으며, 신학자로서 그것이 초대교회의 가르침과 관례에 일치한다고 오랫동안 확신해 왔습니다.

그러던 차에, 어느 날 한국의 송인수·남궁욱 선생이 저에게 연락을 주어 교제를 시작했습니다. 이 두 분을 통해 한국에서 평신도들이 일으키는 '평신도교회' 운동 소식을 접하게 되었습니다. 저는 그 소식에 무척 기뻤습니다. 사실 제 모국인 호주에서도 한국과 유사한 평신도교회들이 태동하고 성장하면서 주류 교회 그룹이 걱정과 긴장을 많이 했습니다. 그러나 한국에서는 목회자 없는 교회를 이루는 일이 호주보다 훨씬 더 예민한 이슈인 듯합니다. 그런 가운데 이분들이 평신도교회 운동을 시작한 것은 참으로 용기 있고 귀한 일입니다.

작년에 서울에 머물면서 두 분을 만나 교제하며 한국 평신도교회 운동의 뜻과 지향점을 확인해 볼 기회가 있었습니다. 그 시간을 통해 저는 이분들이 추구하는 평신도교회가 《1세기 교회 예배 이야기》 등 제 책들에서 그토록 강조하며 말해 온 교회론과 아주 유사함을 확인했습니다. 그러니까 '1세기 교회 예배 이야기'가 한국에서 '평신도교회'라는 이름으로 본격적으로 재현되어 온 셈입니다.

지난 반세기 동안, 전 세계적으로 평신도 중심의 소규모 신앙 공동체가 확산되어 왔습니다. 이 책은 한국에서 이 흐름을 촉발한 분 중 한 명인 송인수 선생이 이와 관련해 자신의 생각을 정리한 글들입니다. 책을 만들기 위해 쓴 글이라기보다는 평신도교회를 이루는 여정 속에서 그가 경험하고 고민한 것을 풀어내거나, 뜻을 같이하는 이들의 마음을 굳세게 하거나, 또는 평신도교회를 향한 주변의 비판이나 우려에 대해 대답하며 정리한 실제적인 기록입니다. 그런 현실의 맥락을 염두에 두고 정리한 기록들이기에 글이 살아 있고 힘이 있습니다.

송인수 선생은 《평신도교회가 온다》를 통해 평신도교회 생활의 실제적인 모습에 초점을 맞추어 이야기를 풀어 갑니다. '성경적'으로는 사도행전과 바울 서신에 기반을 두고 있으며, '신학적'으로는 모든 신자들이 제사장이라는 점과 예수의 제자로 교회를 넘어 세상 속에서 삶을 사는 데 성령의 임재와 열매와 능력을 매우 강조하고 있습니다. 또한 책 속에는 개혁주의자들과 아나뱁티스트 지도자들 같은 16세기 종교개혁가들의 통찰이 담겨 있으면서, '좋은교사운동'과 '사교육걱정없는세상'을 이끌며 자신이 얻은 신앙적 통찰도 매력적으로 가미되어 있습니다. 특히 이 책은 한국에서 일어난 평신도교회 운동의 소중한 역사를 담고 있으며, 이 주제와 관련해서 꼭 읽어야 할 도서 및 자료 목록도 소개하고 있습니다.

이 책을 통해 저자 송인수 선생은 평신도교회가 몇 가지 기본 원리들을 지키며 어떻게 시작하여 성장해 나갈 수 있는지에 대해서도 설득력 있게 설명하고 있습니다. 즉, 목회자가 없는 평신도교회 환경 속에서 신자들이 어떻게 성경 말씀을 나누고 가르치며 또 삶에 적용할 수 있는지, 교회를 이루면서 나타날 수 있는 교인들 간의 차이와 갈등을 어떻게 풀어갈 수 있는지, 평신도교회가 리더십을 부정하는 것이 아니라면 리더십은 어떻게 세워지는 것인지, 자녀의 신앙 교육과 관련해 부모의 책임하에 자녀들이 예배에 창의적으로 참여함으로 기존의 주일학교 교육의 한계를 어떻게 넘을 수 있는지 등 그가 제시하는 이야기와 나눔은 아주 흥미롭습니다. 또한 교회의 재정이나 헌금과 관련해서는, 평신도교회가 사역자 급여나 건물 유지비 등이 불필요하므로 헌금 전액을 구제나 사회 선교 헌금으로 사용할 수 있어서, 경제적으로 이웃을 섬기는 데도 큰 장점이 있음을 말하고 있습니다.

저자는 자신이 평신도교회에서 경험한 바를 솔직히 나누는 동시에, 그의 두 자녀가 평신도교회에서 자라 온 이야기도 가감 없이 드러내고 있습니다. 그의 자녀들이 교회에 대해 내놓는 고백과 20대 청년의 시각으로 풀어놓은 성경 나눔은 참으로 인상적입니다. 아울러 그는 이 교회가 어떻게 평신도교회 네트워크로 확장되었는지, 어떻게 함께 교회를 이루며 더 깊은 삶을 경험하는지, 평신도교회에 관심이 있는 교회와 목회자들과 자기 경험을 어떻게 나누려 하는지도 이야기합니다. 매우 주목할 만한 점은, 이 책이 한국의 목회자 중심 교회들과 관계를 끊고 자기들만의 배타적인 성을 쌓는 것이 아니라 교회를 새롭게 하고, 신자들을 깨우며, 목회자들이 올바른 길을 걷도록 돕기 위한 방법을 제공하려는 데 그 관심을 두고 있다는 것입니다. 한국 교회를 향한 저자의 사랑을 엿볼 수 있습니다.

특히 이 책에서 정의하는 교회는 대부분의 교회가 가지고 있는 교회관에 신선한 자극을 줍니다. 저자는 교회들이 성장과 특권에 관심을 두고 '세상의 슬픔과 고통에 직면'하지 않는다면, 그래서 예수님처럼 약자들을 사랑하거나 세상의 모순에 맞서는 삶을 살지 않는다면, 온전한 교회가 될 수 없다고 말합니다. 또한 목회자 한 사람의 설교를 듣는 것에만 집중한 채 '신자들이 함께 성경을 읽고 해석하며 적용하는 공동체'라는 교회의 본질을 소홀히 한다면, 그 역시 교회의 기능을 온전히 수행한다고 말할 수 없다는 것입니다. 더욱이 교회가 자녀들을 주일 예배에서 부가적 존재(adjunct)로 소홀히 취급한다면, 이는 '가족 전체가 말씀을 듣고, 서로 대화하며, 그 말씀을 삶에 통합'하고자 하는 자녀들의 필요를 무시하는 일이라는 것입니다. 저도 그의 지적에 공감합니다.

저는 저자 송인수 선생과 정기적으로 서신을 주고받고 온라인으로 대화하며, 개인적으로 여러 시간을 보냈습니다. 그 경험을 통해, 저는 그가 글로 쓴 것을 삶으로 실천하는 사람임을 알 수 있었습니다. 직업적 목회자는 아니지만 누구보다 교회를 사랑하고 그리스도인들을 섬기는 진정한 리더의 마음과 성품을 저는 그에게서 보았습니다.

부디 이 책이 한국 교회의 목회자와 신자들을 일깨우고 도전하며, 한국 교회가 1세기 교회의 본질을 회복하는 데 쓰이기를 소망합니다. 무엇보다도 평신도교회들이 한국에서 주님이 기뻐하시는 방식대로 견고히 뿌리를 내리는 데 요긴한 자료로 사용되기를 바랍니다.

2024년 11월

로버트 뱅크스

※ **로버트 뱅크스**(Robert Banks) 영국 케임브리지 대학교에서 신약학으로 박사 학위를 받은 신학자이자 저술가. 호주 찰스 스터트 대학교(Charles Sturt University) 기독교와 문화 호주센터 연구겸임교수이며,《바울의 공동체 사상》《교회, 또 하나의 가족》《1세기 교회 예배 이야기》《1세기 그리스도인의 하루 이야기》《1세기 그리스도인의 선교 이야기》(이상 IVP) 등 여러 책을 썼다. 2022년부터 온라인 연속 강연 및 주제 발표를 통해 한국의 평신도교회 운동과 교류해 왔으며, 2023년 8월 제2회 '평신도교회 신학 포럼' 주강사로 내한하여 "1세기 교회와 21세기 교회의 만남"을 주제로 강연한 바 있다.

생명은 태어난 후에야
자신이 누구인지 묻습니다

이런 책을 내야겠다고 결심한 적은 없습니다. 저로서도 다소 뜻
밖입니다. 그러나 때가 되었습니다. 이 책에는 제가 2008년부터
지금까지 평신도로서 교회를 이루어 오며 생각하고 발표한 글들
이 많이 담겼습니다. 책을 내야겠다는 마음을 먹고 목차를 잡은
것이 아니라 17년 동안 이 주제로 고민하고 활동하면서 쓴 다양
한 글을 모은 것입니다. 때로 단상을 적은 에세이 형태로, 혹은 강
연이나 간증, 설교 형태로, 더러 잡지 기고 형태로 발표한 원고들
을 엮었습니다. 그래서 글의 형식도 다양하고, 분량도 일정하지
않으며 내용이 중복되는 경우도 있습니다. 그럼에도 불구하고 저
는 여기 모은 글들 하나하나에 진한 애착을 느낍니다. 교회와 관
련해 제 속에 고민이 깊었을 때, 또는 누군가에게 제 모든 것을 쏟
아붓고 설득하고자 했을 때, 때로 제가 가는 길에 대해서 비판하

거나 염려하는 이들을 만났을 때 최선을 다해 응답한 기록들이기 때문입니다.

한국 기독교계 안에서 평신도교회의 가능성을 다루는 책은 거의 없습니다. 기독교의 사회적 책임을 외치는 것을 넘어서 '감히' 목회자 없이 교회를 이룰 수 있음을 주장하며 자기 목소리를 내는 평신도를 찾기란 무척 어려운 일입니다. 평신도교회가 없는 것은 아니겠지만, 몰래 숨어서 교회를 이루어 갑니다. 그러나 저는 처음부터 몰래 하지 않기로 결심했습니다. 저를 아끼는 지인이 언젠가 그런 저를 보고 충고했습니다.

한국 교회와 대척점에 서지 마시오. 나는 당신이 언젠가 교육계 선출직 공무원 선거에 나가기를 기대합니다. 그때 평신도교회와 관련한 당신의 이력은 한국 교회의 표를 얻는 데 도움이 되지 않습니다. 개혁적인 목사님이 시무하시는 평범한 교회에 출석하면서 교육개혁에 집중하세요.

지극히 지혜로운 조언이었습니다. 그러나 저는 그렇게 하지 않기로 작정했습니다. 선출직 교육 행정가가 되는 데에 관심이 없을 뿐 아니라, 설사 선거에 나간다 하더라도 평신도교회 활동 때문에 그 길이 막힌다면 그 또한 어쩔 수 없는 일입니다. 평신도 교회를 이루는 것은 한국 교회와 담을 쌓고 목회자들과 대결하는 시도가 아닙니다. 오히려 교회를 새롭게 하고자 하는 길이며, 신자들을 깨우고 목회자들이 바른 지도자의 길을 가도록 돕는 길입니다.

이 책은 총 4부로 구성되어 있습니다. 1부는 신앙인으로서 제 삶의 여정 및 신자와 목회자, 특별히 평신도의 정체성에 관련한 이야기입니다. 이 이야기부터 정리해야 2부의 내용을 이해하실 듯해서 앞에 두었습니다. 2부는 평신도교회에 관한 이야기입니다. 왜 평신도교회를 시작했으며 그 중심 원리가 무엇인지를 설명하는 장으로, 이 책의 가장 중심되는 내용입니다. 3부는 한국교회가 견지해야 할 자녀 교육의 과제를 다루고 있습니다. 목회자 중심의 대형 교회가 놓치고 있는 다음 세대 교육의 문제를 드러내고 부모와 가정의 역할을 강조하려 했습니다. 4부는 평신도교회를 이루기 위한 실제적인 절차와 지침에 대한 이야기입니다. 그와 더불어 한국 평신도교회 운동의 흐름을 정리했습니다. 4부는 이번 책을 위해 새롭게 쓴 글이 대부분입니다.

저는 이 책에서 목회자가 없이 평신도들만으로도 교회를 이룰 수 있다고 주장합니다. 이는 저만의 주장이 아니라 초대교회 역사 속에 그 단서가 있습니다. 그렇다고 해서 제가 지금 참여하고 있는 평신도교회가 초대교회의 모습을 온전히 회복했다는 것은 아닙니다. 우리는 그저 그 온전한 길로 가는 여정 가운데 있을 뿐입니다. 앞으로 그 길이 어떻게 펼쳐질지 저도 장담할 수 없습니다. 다만 주님을 의지하며 말씀을 연구하고 기도하면서 길이 열리는 만큼 나아갈 뿐입니다.

이 책을 읽고 위로와 격려를 얻는 분들이 계시면 좋겠습니다. 내용에 동의가 되지 않고 비판적인 입장에 서는 경우도 있을 것입니다. 누군가를 격려하는 책이 되든 누군가에게 비판거리가 되든, 저는 다시 뒤로 돌아갈 수 없고 앞으로 나갈 뿐입니다. 그런 의미에서 이 책을 지난 17년간 우리가 누구인지 돌아보고 살펴온 여정이라고 이해하시면 되겠습니다.

가끔씩 우리는 교회로 모이고 나서야 뒤늦게 '교회란 무엇인가, 우리는 교회인가'를 자문할 때가 있습니다. 그럴 때면 혼란이 찾아옵니다. 교회가 무엇인지 명확히 짚고 나서 교회를 이루어야지, 모임을 이루고 나서 교회됨의 근거를 찾으면 순서가 바뀐 것이 아닌가 싶은 거죠. 그런데 아이들의 출생과 성장 과정을 보며, 그렇지 않다는 것을 알게 되었습니다.

사람은 누구나 이 땅에 태어날 때 자신이 누구인지 스스로 확정한 상태로 나오지 않습니다. 세상에 나온 후에야 '나는 누구인가' 하고 묻습니다. 그 고민은 청소년기에 절정에 이릅니다. 즉, 사람됨의 정체성을 정리하고 세상에 나오는 것이 아니라 세상에 태어난 후에 자신의 사람됨, 고유함에 대해 고민한다는 것입니다. 이렇게 생명은 자신이 누구인지 질문하는 힘을 갖고 있습니다. 교회도 마찬가지입니다. 교회가 무엇인지 확정 짓고 교회를 이루는 것이 아닙니다. 먼저 교회로 태어난 후 우리가 교회인 근거를 확인하는 것입니다. 교회도 생명이니까요. 따라서 그 질문이 멈춘 곳은 위험한 교회입니다.

어떤 사람들은 우리가 평신도교회를 이룬다고 하니, 왜 '평신도'라는 대립적 개념, 오염된 개념으로 교회를 설명하느냐고 반문합니다. 주 안에서 평신도와 사제는 구분되지 않으니, 그 용어는 불완전하다고 말합니다. 저희도 동의합니다. 평신도라는 용어는 '사제'와 대칭되는 가톨릭교회의 용어로, 개신교는 이 둘의 차이를 인정하지 않습니다. 따라서 그 용어는 극복되어야 할 것입니다. 그러나 어떻게 하는 것이 극복하는 길입니까? 그 용어를 쓰지 않는다고 해서 '평신도-사제' 개념이 극복되는 것이 아닙니다. 오늘날에는 백정, 노비, 기생 등 조선시대 신분 용어를 사용하지 않습니다. 이유가 무엇입니까? 용어를 사용하지 않기로 결정해서가 아니라 그 용어가 지칭하는 실체가 없기 때문입니다. 마찬가지로 교회 앞에 평신도라는 용어를 사용하는 것은, 이 오염된 용어의 실체가 아직도 교회 현실 속에 존재한다는 것을 드러내고, 우리의 수고와 헌신으로 마침내 그 부끄러운 실체를 없애기 위해서입니다. 그러므로 평신도라는 표현이 더 이상 누구에게 부담이나 위협, 수치를 주는 표현이 아닌 날이 올 때까지 우리는 이 용어를 자랑스럽게 사용하고자 합니다.

이 책은 신학적 변증을 위한 엄밀한 절차를 밟지 않았습니다. 제가 교회를 이루는 과정에서 경험한 생각과 통찰을 나누는 것이 주 목적입니다. 신학적·성경적 변증은 있지만, 최소한으로만 소개했으며 더 엄밀한 신학적 논증과 정당화의 절차는 누군가 뒤따라 밟을 것입니다. 무릇 실제가 앞서고 이론은 그 뒤에 오는 법입니다. 따라서 교회를 이루는 시도가 앞서 가며 그 후에 이 흐름을 신학적으로 살피고 평가하는 과정이 이어질 것입니다. 제 몫은 흐름을 만드는 것일 뿐, 신학적 정당화에 있지 않습니다.

이 책이 부디 신자는 누구이고 교회는 무엇인가를 고민하는 모든 평신도들과 목회자들, 신학자들께 의미 있는 자극이 되기를 바랍니다.

2024년 11월
송인수

나는 그분 앞에서
울 것이다 [1]

1

매일 말씀을 묵상하는 습관은 서울 신림동 대학촌교회에서 신앙
생활을 하던 1984년부터 시작됐습니다. 당시 '큐티'라는 이름의
성경 읽기를, 하루를 시작하는 아침에 제일 우선적으로 한다는
게 제게는 무척 낯설었습니다. 하지만 그렇게 시작한 말씀 묵상
과 함께 보낸 세월이 올해로 28년째가 됩니다.

　언젠가 아내에게 "여보, 성서유니온에서 내게 말씀 묵상의
기쁨이라는 제목으로 글을 부탁했어요. 어떻게 해야 할까요?" 하
고 묻자 "당신은 벌써 오랜 세월 동안 그 삶을 살아왔으니, 그런
글을 쓸 자격이 충분해요"라고 격려했습니다. 하지만 저는 말씀

1　이 글은 묵상지 〈매일성경〉 2012년 10월호에 실린 원고를 다시 다듬은 것
　입니다.

묵상의 기쁨에 대해 글을 쓰는 것이 왠지 어색합니다. 말씀을 묵상하여 내게 기쁨이 찾아온 세월이 부족했던 것은 아닙니다. 그러나 그 시간들이 기쁨으로만 가득 찼다고 말하기도 어렵습니다. 때로 싫어도 무릎을 꿇고, 때로 '내가 당신의 지혜를 덧입지 않고는 살 수 없으니, 내게 한 말씀만 주소서' 하는 마음으로 성경을 붙들기도 했지만, 묵상의 기쁨을 얻지 못한 기억이 적지 않습니다. 이제는 말씀 묵상이 습관이 된 것은 사실이나, 정작 심리적 긴장과 갈등, 스트레스가 심해 정신을 차릴 수 없을 때, 저는 여전히 말씀 앞에 오롯이 서지 못합니다.

그래도 지난 세월을 돌아보니 만일 말씀 묵상의 세월이 없었더라면, 오늘의 저는 없었을 것입니다. 1985년 대학원생 시절은 가난으로 무척 힘겨웠습니다. 200원이 없어 학교 구내식당에서 라면 사 먹을 돈을 꾸기 위해 동료들 기숙사 방문을 노크하던 시절이었습니다. 이런 가난으로는 더 이상 공부할 수 없다고 절망할 때, 주께서 아침 큐티를 통해 야곱의 생애를 보여 주시며 저를 격려하시더니, 그날 밤 뜻밖의 기적으로 공부를 이어가도록 도우신 것을 기억합니다. 학교 교사로 재직하던 1992년 초 어느 날, 구원파 신도인 한 선생님의 도전으로 제 신앙의 근본이 흔들렸습니다. 도대체 "그리스도께서 나를 아신다"고 확신할 말씀의 근거를 찾지 못해 허둥댔습니다. 필사적으로 말씀에 매달렸을 때 디모데전서 1장 15-16절을 통해 자유를 주셔서, 구원의 확신과 관련한 의심을 털었던 기억이 새롭습니다.

1995년 기독교사운동이 시작되었을 때였습니다. 제 개인 역량에 비해 과제가 비대칭적으로 커서 숨이 턱 막혔습니다. 어린 시절에 새벽 기도가 싫어서 나중에 결코 목사는 되지 않으리라 다짐했건만, 그 새벽 기도회를, 목사도 아닌 상태로 다니기 시작했습니다. 그렇게 시작해 이어 온 말씀 묵상입니다. 좋은교사운동을 출범시키고 책임졌던 13년간 그 힘으로 견딜 수 있었습니다. 매일 새벽 은혜가 넘쳤던 것은 아닙니다. 허탕을 치고 돌아갈 때가 더 많은 나날이었지만, 그래도 굳건히 견뎠기에 주님과의 만남이 필요한 결정적 시점에는 늘 그분을 만났습니다. 주 앞에서 빈손의 세월은 만남을 위한 터전이었던 셈입니다.

또 생각이 납니다. 좋은교사운동을 시작하던 2000년 8월 15일, 교사 1,300명 앞에서 새 운동의 필요성을 설득해야 했던 그 엄중한 때, 새벽 큐티 말씀으로 제게 찾아오셔서 "이들이 길에서 기진하리니, 먹을 것을 주라"고 말씀하시며, 주께서는 그들에게 전할 말을 제 입에 붙이셨습니다. 교원 평가 찬성을 선언하여, 교원단체로서는 사망 선고를 받은 것과 진배없었던 2005년, 손석희 앵커가 사회를 보던 MBC 〈100분 토론〉에서 찬성 측 패널로 나오라는 요청을 받고 수락했습니다. 그러나 촬영 전날 홀로 그 자리에 서야 한다는 두려움과 아무도 그 자리를 대신할 수 없다는 외로움이 봇물처럼 밀려왔습니다. 거실에서 아내와 눈이 마주치자 그만 털썩 주저앉아 울었습니다. 그런데 다음날 새벽 큐티 시간에 묵상한 에베소서 2장 말씀으로 큰 위로를 얻어 담대히 그 자리에 서게 되었고, 토론 중 우리의 제안으로 상대편과 합의에 이르는 진풍경이 빚어지기도 했습니다.

어디 그뿐이겠습니까? 좋은교사운동을 위해 교직을 떠날지 고민하던 때였습니다. 무엇이 옳은지 분별이 안 되는 혼돈의 나날 중에 아브라함이 아들 이삭을 바치기 위해 죽이려 한 후 다시 돌려받는 창세기 말씀은 제 갈 길을 밝히는 빛이었습니다. 그래서 퇴직의 부담을 내려놓았고, 또한 그런 내려놓음 때문에 퇴직할 수 있었습니다. 2007년 12월, 좋은교사운동 대표 임기를 마친 후 갈 길을 두고 고민이 깊었을 때, 아침마다 묵상하던 사도행전의 말씀은 때마침 제게 입시 경쟁과 사교육 문제에 생을 던지는 것이 주의 큰 뜻 속에 있음을 일깨운 소리였습니다.

그렇다고 큐티와 새벽 기도를 통해 주를 만나는 것에 늘 성공한 것은 아니었습니다. 그러나 "당신이 지혜를 주시지 않으면 이 난관을 뚫기 어렵습니다" 하는 고백으로 생의 중요한 고비에서 주를 사모할 때, 그분은 어김없이 저를 찾아오셨습니다. 실수와 연약함에 영혼의 어둔 세월을 보낼 때, 말씀은 날카롭게 제 인생의 중심을 밀고 들어와 제 허물을 무섭도록 드러냈습니다. 그 허물로 인해서 괴로워하며 '당신이 나를 버리시면 나는 갈 곳이 없습니다' 하는 마음으로 여전히 말씀 앞에 섰을 때, 그리스도의 위로는 운명처럼 제게 찾아왔습니다.

그리스도를 알고 나서도 허물이 깊어 '과연 내가 주 앞에 설 수 있을까' 망설일 때가 많습니다. 저는 성경말씀 가운데, 뽕나무에 올라가 멀찌감치 자신을 내려 보던 삭개오를 향해 예수님이 따뜻한 시선을 보내신 장면이 참 좋습니다. 그 말씀이 제게도 응했으면 합니다. 땅에서 모든 수고를 마치고, 주님 나라에 갔을 때 제 허물들 때문에 저는 주를 뵙기 부끄러울 것 같습니다. 그래서 가끔 상상합니다. 제 부족함이 가득해 천국 문 앞에 숨어 멀리서 주님을 쳐다볼 때, 주께서 허물을 기억하지 않으시고 "인수야, 나로 인해 땅에서 참 고생이 많았다, 이리 오거라" 말씀하시며 저를 부르신다면, 저는 그분 앞에 가서 목 놓아 울 것이라고 말입니다.

지금 제 인생 모두를 쏟아붓고 있는 사교육걱정없는세상의 운동은 이전 그 어떤 과제보다 힘겹습니다. 과연 내가 이 과제를 붙들고 씨름하다 건강을 온전하게 유지할 수 있을까 하는 걱정이 들 정도입니다. 처음부터 이 일은 답을 얻을 전망이 없는 과제였습니다. 그래서 저를 아끼는 여러 지인들이 반대했습니다. 그러다가 주께 "내가 이 길을 가는 것이 주의 뜻이라면 증거 하나를 주십시오"라면서 요구했던 법률 하나가 2008년 2월 18일, 기적과 같이 국회 본회의를 통과했습니다. 그래서 저는 제 부족함을 돌아보지 않고 이 길에 나섰습니다. 그리고 이제 세월을 돌아보니, 지나온 삶과 운동의 역사는 기적이었습니다. 열매가 없는 일에 인생을 낭비하지 말라던 사람들은, 이제 열매가 보이니 될 만한 일에 승부를 걸었다고 평가하곤 합니다.

갈 길이 분명치 않고 말하는 사람들의 목소리가 제각각일 때, 말씀을 중심으로 선택하는 것이 가장 옳습니다. 그 길에 실패란 없습니다. 그분의 음성을 반드시 들어야 하리라 마음먹고 믿음으로 주 앞에 선 사람을 주께서는 돌려보내신 적이 없습니다. 말씀 묵상이 매일 꿀맛 같은 기쁨을 주지 못하더라도, "당신을 만나야 내가 살겠습니다" 하는 마음으로 그분과의 만남 시간을 기억하며, 새벽으로 밤으로 말씀 앞에 서는 삶은 복됩니다. 그런 사모하는 마음 자체가 누구에게나 쉽게 찾아오는 것이 아니니 말입니다. 다만, 말씀 앞에 설 때 내게 필요한 위로만 골라서 기대하는 것은 미숙한 삶입니다. 말씀은 제 삶의 기대를 넘어서 뜻밖의 요청으로 우리 삶에 개입하고는 합니다. 그때 말씀을 예단하지 않고, "주여, 당신이 저를 이끌어 온 지난 삶은 고단했지만 행복했습니다. 그러하오니, 가야 할 길을 종에게 말씀하시옵소서. 제가 순종하겠나이다" 하는 자세가 우리에게 필요합니다. 그게 우리에게 제일 복되다 할 것입니다.

신자란
누구인가?

2

신자는 누구입니까? 기독교인들에게 묻는다면 누구든 "예수를 구원자로 영접하고 구원하심을 덧입은 존재"라고 대답할 것입니다. 옳은 대답입니다. 우리는 이런 대답을 참으로 오랜 세월 동안 배워 왔습니다. 그러나 문제는, 이런 정의가 우리의 삶을 다른 어떤 이들의 삶과 구별하지 못할 때가 많고, 그 구별 여부를 떠나 우리 삶 자체에도 어떤 메시지를 주지 못한다는 것입니다. 그저 익숙한 대답입니다.

그래서 저는 신자의 정체성을 조금 다른 방식으로 정리하고자 합니다. 그렇다고 예수님을 구원자로 영접하고 구원받은 백성이라는 본질적 정의를 부정하지는 않습니다. 부정하기는커녕, 오히려 그 규정에서부터 새로운 정체성을 해석해 보려는 것입니다. 그 해석은 어려운 일이 아닙니다. 예수님을 구원자로 믿는다는 것은, 그것으로 끝나는 게 아닙니다. 그분을 따라나서는 삶을 뜻합니다. 그분을 믿었는데 따라나서지 않는 사람을 우리는 신자라고 부르지 않습니다. 그렇게 그분을 따라나서면 그분을 더 새롭게 알게 되고 믿음은 더 깊어지며, 그 믿음 속에서 새로운 따름이 또 시작됩니다. 그리고 그 새로운 따름은 예수님을 더 깊이 이해하도록 이끌어 믿음을 강화합니다. 그러므로 따름이 멈춘 믿음으로는 그분을 알 수 없습니다. 그분에 대한 이해와 뜨거움이 20대 젊은 시절의 추억으로만 머물러 있다면, 그 이유는 간단합니다. 20대에 예수님을 만나서 믿은 후, 생의 어느 부분에서인가 그분을 따라나서기를 멈추었기 때문일 것입니다.

예수를 따른다는 것의 의미: 타자 지향성

그래서 예수님을 믿는다는 것과 그분을 따른다는 것은 분리할 수 없습니다. 예수님을 따른다는 것은 무엇을 의미합니까? 예수님을 세상에 널리 전파하고 전도하는 삶을 사는 것이라고 흔히들 생각합니다. 맞습니다. 그러나 그것은 예수를 따르는 삶의 한 측면일 뿐입니다. 또 다른 측면에서 따름의 양상이 나타날 수 있습니다. 예수님을 따르는 삶은 여러 양상으로 표출되지만, 공히 어떤 본질적인 특징이 있을 것입니다. 그게 무엇인지가 중요합니다.

그것은 우리가 따르고 본받아야 할 예수님의 삶의 본질을 살펴봄으로써 알 수 있습니다. 그분은 어떤 삶을 사셨습니까? 하늘

보좌에서 내려다보니 우리 인간의 고통이 너무 극심해서 저들을 저대로 두면 안 될 것 같다고 판단한 그분은, 하늘의 자리를 떠나 우리의 비참한 상태를 해결하려고 이 땅으로 내려오셨습니다. 그러니까 구원자로서 예수님의 행동이 지닌 가장 본질적인 특징은 바로 '나 아닌 다른 존재의 고통에 응답하는 삶'입니다. 이것을 소위 '타자지향성'이라 합니다. 그 타자지향성이 바로 메시아로서 예수님을 구성하는 핵심 요소입니다. 그러므로 우리가 그를 믿고 따른다는 것은 예수님처럼 타인의 고통에 응답하는 삶, 바로 타자지향적 삶을 살아야 한다는 것을 의미합니다. 경제적 궁핍으로 고통받는 사람을 보고 마음에 걸려서 자신의 것을 내어주는 것이며, 심리적 결핍으로 외로워하는 아이를 본 교사가 그 아이의 일대일 결연을 시도하는 것이며, 그 아이의 영혼이 참으로 가난한 것을 보고 하나님의 풍성함을 전달하기 위해 복음을 전하는 것입니다. 그러니까 전도든 구제든 그 무엇이든, 신자로서 모든 행위 이면에 깔려 있어야 할 본질은 타자지향성입니다.

이러한 타자지향성은 오늘날 우리 사회가 추천하는 인간상과 거리가 멉니다. 우리 사회가 추천하는 인간상은 무엇입니까? 우리 사회는 어떤 사람을 성공한 사람으로 떠받듭니까? 모든 사람들은 저마다 이 땅을 살아갈 때 보편적인 한 가지 욕구를 갖습니다. 바로 자신이 세상을 잘 살 수 있도록 내 안전과 이익의 울타리를 넓히고 높이는 것입니다. 남들보다 안전한 환경에서 높은 소득을 누리며 살고자 합니다. 이렇게 초점을 자신에게 맞춥니다. 내가 그렇게 살면 좋겠고, 부모가 되면 내 자식들이 그렇게 안전과 이익이 보장된 울타리 안에서 살아가기를 바랍니다. 물론 우리 마음속에 선한 동기도 있습니다. 누군가에게 내 것을 나누고 싶어 합니다. 그러나 그것은 어디까지나 나를 안전한 울타리 안에 넣고 나서의 일입니다. 그런 삶을 한국 사회는 성공했다고 말합니다. 인생의 목적이 무엇인가요. 그 울타리를 잘 지키며 사는 것입니다. 그것을 쟁취하기 위한 길을 찾다 보니, 결국 대기업과 공기업에 취직하고 공무원이나 의사가 되려는 것이지요. 그러자면 'SKY' 대학에 들어가는 것이 유리하다고 생각해, 그 상위권 대학에 들어가기 위한 경쟁에서 이기기 위해 특목고와 영재고 입시에 몰두하는 것입니다.

우리 사회는 그렇게 자기중심적 인간상을 당연히 여기고, 그런 존재로 아이들을 키웁니다. 아이들을 그렇게 키울 때 사회가 선택한 선생이 누구입니까? 아이들이 누구의 영향을 가장 많이 받느냐는 말입니다. 학교 교사입니까? 부모입니까? 교회입니까? 아닙니다. 아이들에게 가장 영향력 있는 선생은 바로 '자본주의 체제'입니다. 자본주의가 우리 아이들에게 끊임없이 주입하는 가르침이 무엇입니까? '너를 위해 소비하라'입니다. 너 자신에게 집중하고, 너를 풍요롭고 편리하게 하는 일에 돈을 쓰라는 것이지요. 그러기 위해 노동하고 공부하라는 것입니다.

그 가르침에 어른들은 말할 것도 없고 아이들 대부분이 넘어갔습니다. 교회 아이들은 안 넘어갔을까요? 천만의 말씀입니다.

교회 아이들은 주일 학교에서 공식 선생을 예수님으로 선택했지만, 주일 학교가 끝나면 자본주의를 선생으로 모시고 과외를 받는 존재일 뿐입니다. 두 선생을 품고 사는 존재들이며, 결코 자본주의를 넘어서지 못했습니다.

일반적인 사람들이 지닌 관성인 '자기중심성'에 도전하는 것이 바로 신자의 정체성 즉 '타자지향성'입니다. 물론 예수를 믿고 나서도 우리 안에 자기중심성이 여전히 남아 있습니다. 그러나 우리 안에 계시는 성령께서 끊임없이 우리에게 자기중심성을 따라 살지 말고 고통받는 타인의 아픔에 응답하는 삶을 살라 촉구합니다. 처음부터 자기중심성을 버리지 않더라도, 내게 있는 것의 일부를 타인에게 나누어 주는 데에서 타자지향성이 시작됩니다. 그러나 문제는 무엇입니까? 그 정도로 살아서는 우리 영혼이 편안해지지 않는다는 것입니다. 나와 내 새끼가 안전한 울타리에 머물면서 울타리 바깥의 누군가의 울음소리를 들은 뒤, 무엇인가를 내주어야겠다는 생각이 들어서 나누어 주었는데도 마음은 편치 않은 것입니다. 설령 마음도 편하고, 그렇게 사는 게 만족스럽다고 해도 거기에서 멈추는 것이 옳겠습니까?

행복이 삶에서 추구할 최고의 가치인가?

만족으로 따지자면, 저도 학교 선생 시절에 아이들로부터 사랑을 많이 받고 만족스러운 삶을 살았습니다. 예수를 믿는 교사

1부 신자란 누구인가

로서 저는 촌지를 받지 않고, 비도덕적인 관행과 타협하지 않겠
노라 결심했었습니다. 영어 선생으로서 영어를 좋아하지 않는 아
이들이 어떻게 하면 영어에 관심을 갖게 될까 고심하면서 수업을
준비하고 노력했습니다. 그 결과 제 수업 중에 잠자는 아이들은
거의 없었습니다. 저에게 영어를 딱 열 번만 배우면, 아무런 기본
이 없어도 영어에 관심을 갖고 눈을 뜹니다. 그래서 제가 재직했
던 고등학교 1학년 아이들은 '체육'과 '영어'는 절대 포기하지 않
는다는 말을 하고 다닐 정도였습니다. 체육 수준으로 영어를 좋
아한 것이지요. 아침마다 출근하면 책상에 여학생들이 보낸 꽃다
발과 선물이 놓였고, 편지가 놓여 있기도 했습니다. 연예인 부럽
지 않은 시절을 보냈습니다. 이렇게 자기 것만 주장하지 않고 아
이들을 위해 무엇인가를 하고자 애를 쓰면 그들이 알아주고 그래
서 내 삶도 좀 행복해지는 것입니다.

　　그런데 문제는 무엇입니까? 저는 학교 선생으로서 행복했지
만, 정작 아이들이 행복하지 않았다는 것입니다. 아이들은 입시
경쟁으로 시험에 힘겨워하고, 자기의 삶을 비관하면서 이른 봄날
의 목련이나 겨울의 동백꽃처럼, 그렇게 툭툭 떨어지는 삶을 살
아야 했습니다. 어느 날 그토록 밝던 김선호(가명)라는 남학생이
연탄가스 중독으로 자살을 했다는 소식을 들었고, 학교는 기쁨을
잃은 채 지내는 아이들로 가득했습니다. 그렇게 아이들은 아파하
고 불행한데, 교사인 저는 행복하다는 것이 말이 됩니까? 얼마나
우스꽝스러운 일입니까?

우리 사회는 지금껏 성공을 제1의 인생 가치로 여기다가 이제 행복을 제1의 가치로 여기는 흐름으로 이동하기 시작했습니다. 성공은 남과 나를 월급으로, 사회적 지위로 비교하며 경쟁하는 것인데, 그 경쟁으로 인해 살아남은 사람들조차 너무 피곤하게 만듭니다. '그러니까 남과 비교하지 말고 자신의 내면에서 원하는 것을 그냥 하면서 살아라', '큰 성공보다는 소소하게 네 주변에 있는 확실한 행복이 더 중요하단다'라며 큰 것에서 작은 것으로, 상대적 비교에서 절대적 만족으로 관심을 돌이키는 흐름이 만들어지고 있습니다. 문제는 무엇입니까? 그렇게 나의 삶에 집중하면서 사느라 남들의 불행을 보지 못하는 것입니다. 이 사실이 예수를 믿지 않았을 때는 괜찮습니다. 그런데 예수를 믿는 사람들에게는 너무도 어색한 일입니다. 우는 사람들 속에서 혼자 웃는 삶을 추구하는 것이니까요.

　　물론 사회는 그렇게 사는 삶도 좋다고 칭찬합니다. 더 나아가 자기와 자식은 안전한 둥지에 자리 잡되, 타인도 배려하는 삶을 살라는 방식을 권하기도 합니다. 이런 삶은 대한민국에서 의식 있는 사람들이 추구하는 삶의 전형이 되어 버렸습니다. 이를 한마디로 '강남 좌파'라고 부릅니다. 내가 사는 곳은 돈 많은 강남이지만, 약자를 배려하는 좌파의 삶을 지향한다는 그 삶의 방식, 그러니까 개념 있는 부자의 삶을 사는 것이지요. 그러나 사회의 격려와는 달리, 신앙인에게 그런 강남 좌파의 삶은 다소 불편합니다. 왜 그렇습니까? '강남'은 자기중심적인 삶을 살라는 요구입니다. 이에 반해 '좌파'는 타인의 고통에 응답하며 살라는 타자지향성의 부담입니다. 그 두 가지 부담을 균형 맞추며 산다는 것은 참으로 어려운 일입니다. 도대체 균형을 맞춘 삶은 무엇입니까? 5 대 5입니까? 3 대 7입니까?

신자는 누구인가, 바로 예수를 주라고 고백하며 그의 뒤를 따르는 삶을 사는 존재들이라고 했습니다. 그렇다면 예수님은 이 강남성과 좌파성의 비율을 어떻게 맞추었습니까? 자기중심성과 타자지향성의 비율을 어떻게 조절하셨습니까? 그분은 하늘의 보좌, 하나님이라는 지위를 내려놓고 우리 죄인을 구원하기 위해 이 땅에 오셔서 자기를 다 버리셨습니다. 타자지향성을 위해 자기중심성을 버렸다는 것이요, 좌파성을 위해 강남성을 포기했다는 것입니다. 그러니 그를 주님으로 고백하고 따르는 우리는 어떻게 살아야 하겠습니까?

물론 우리는 모두 부족하고 연약한 인생입니다. 그렇기에 죽을 때까지 자기중심성을 버리기 어렵습니다. 그러나 신자라고 자임하는 한 우리는 죽을 때까지 자기중심성과 싸우며, 타자지향성이라는 예수님의 삶의 본질이 우리 삶을 압도하도록 애써야 할 것입니다. 왜냐하면 신자들은 모범으로서 예수님만 바라보며 그분을 좇는 존재이기 때문입니다. 세상 그 어떤 것에도 의존하지 않고 오직 예수님만 의존하면서, 사람으로부터는 자주적 존재로 살아가는 존재가 신자이기 때문입니다. 그게 바로 신자됨의 특징이요, 신자의 정체성입니다.

신자의 의미를 직업 세계에서 살피다

지금까지 저는 신자의 정체성에 대해서 이야기했습니다. 이를 직업의 영역에서 구체적으로 다시 설명하고자 합니다. 제 직업이 교사였으니 교직으로 설명하겠습니다. 그러니 여러분은 여러분이 몸담은 직업으로 번역해 이해하시기 바랍니다.

기독 교사의 정체성은 무엇입니까? 타자지향적인 신자의 삶을 학교 교육의 현장에서 적용한다면, 교사에게 타자는 아이들입니다. 즉, 그들의 고통에 응답하는 삶을 사는 존재가 바로 기독 교사인 것입니다. 기독 교사는 남들에게 들리지 않고, 보이지 않는 아이들의 고통을 듣고 보는 존재들입니다. 아이들의 울음소리를 듣기 위해 그들이 고통을 겪고 아파하는 자리로 찾아가는 존재들입니다. 그래서 좋은교사운동은 매해 연초에 가정방문 캠페인을 벌였습니다. 교실에서 해맑게 웃는 미소만 보다가 아이의 집을 찾아가 보면, 그 아이가 감추어 놓은 슬픔을 만나게 됩니다. 굳세고 의연한 모습만 보다가, 이혼해 홀로 된 아버지와 함께 사는 모습을 확인하고선 충격에 빠지기도 합니다. 그때 그 시선으로 교실에서 마주했던 아이의 모든 행동이 재해석됩니다. 기도하지 않을 수 없습니다. 아이 그리고 아이의 아버지와 대화하고 집을 나설 때, 그들을 위해 기도하면서 그 슬픔의 소리, 아픔의 소리를 듣게 되는 것입니다. 그 소리가 들리면 괴롭습니다. 내 편안한 일상이 깨져 버리고, 선생으로서 내가 무력하게 느껴지기 때문입니다. 결국 '나는 저 아이들에게 어떤 존재로 살아갈 것인가'를 고심하게 됩니다. 비로소 교사로서의 기능에 대해서 도전을 받습니다.

울음소리를 듣지 않으면 어떤 일이 생깁니까? 불편함이 없어집니다. 내 일상이 깨질 일이 없습니다. 아이들을 바라볼 때 그속의 무너진 것이 들리지 않고 보이지 않으니, 내 속에서 멈추어 있는 교사의 기능에 대해서 고심하지 않습니다. 방앗간에서 오랫동안 곡식을 빻지 않은 채 멈추어 있는 녹슨 기계처럼 교사로서의 삶도 새로워질 필요가 없는 것입니다. 그러다 보면 아이들을 번호로 기억하는 편이 쉽습니다. 몇 년 후부터는 아이들이 아니라 교장이 되는 길이 더 크게 보이기 시작합니다.

아이들의 고통에 응답하려는 기독 교사들은 아이들 한 명 한 명에게 다가갑니다. 그들을 바꾸는 일이 수업의 질을 바꾸는 일로 연결되고, 교실을 바꾸는 실천으로 연결됩니다. 더러는 성공합니다. 그런데 문제는 무엇입니까? 내 수업을 통해 만나는 아이들은 위로할 수 있는데, 내 교실 바깥 다른 아이들의 고통은 다루지 못합니다. 그 아이들까지 도울 길이 없습니다. 그러니 고심하다가 다른 교사들에게 함께 변화를 위해 일하자고 설득합니다. 그런데 또 무엇이 문제입니까? 우리 학교는 괜찮은데 다른 학교 아이들이 문제입니다. 갈증은 끝도 없는 것입니다. 그런 마음을 가질 리 없다고요? 아니요. 신자라면, 기독 교사라면 반드시 그 갈증을 갖습니다. 그 근거는 무엇입니까? 우리가 예수를 따르는 그의 제자이기 때문입니다. 예수님은 온 세상에 관심을 품고 계십니다. 그분은 이 땅의 모든 아이들에게 관심을 두고 계십니다. 그분의 제자인 기독 교사는 내 교실에만 관심을 갖는 것으로 만족하지 않습니다. 그가 말씀을 보고 기도하며 예수님을 따르려하는 순간, 말씀은 늘 그에게 "이 땅의 모든 아이들을 품으라" 하십니다.

그러니 그게 참 괴롭습니다. 내 교실만 보면 내 한계를 잘 모릅니다. 자신이 좋은 교사요 아이들로부터 박수받는 교사이니 할 만합니다. 그러나 전체 아이들을 품어야겠다고 생각하는 순간부터, 자신의 한계를 직면하게 됩니다. 그래서 내 교실에서 옆 교실로, 옆의 선생님들을 변화시키는 일에 나서야 하고, 학교 울타리를 넘어 다른 학교 교사들을 바꾸는 일로 나아가며, 그 과정을 반복하면서 모든 아이들을 지키는 자리에 서려다 보니, 때로는 내 안전이 위협받는 자리에 몰리기도 합니다. 그래서 저는 좋은교사 운동을 책임지기 위해 13년간 아이들을 가르치던 학교를 떠났습니다. 그리고 좋은교사운동으로 충분치 않아서 사교육걱정없는 세상을 시작해 12년간 그 운동을 이끌었습니다.

신자의 삶이 안고 있는 모순: 과제의 크기와 능력의 비대칭

그렇게 우리가 타인의 고통을 해결하는 삶을 살고자 할 때, 가장 큰 문제는 무엇입니까? 과제는 크고 어마어마한데 나는 연약하다는 것입니다. 과제와 나의 비대칭이 문제입니다. 그래서 참으로 많은 그리스도인들이 그 부르심에 주저하고 뒷걸음칩니다. 그럼에도 그중에는 주님이 서라 하신 그 자리에 서야 한다는 부담 때문에 앞으로 더 나가는 그리스도인들도 있습니다. 하지만 아니나 다를까 그렇게 문제를 푸는 자리에 서게 되면, 실제로 자신의 한계를 마주하게 되고 수많은 시련에 부딪칩니다. 내 한계를 넘어서기 위해 누군가의 손을 잡았는데, 일을 하다 보니 그와 배짱이 맞지 않고 불편합니다. 혼자 튀면서 산다고 주변에서 질투하거나 경고를 보냅니다. 무엇인가를 바꾸려 하면 바꾸기 이전의 질서에 익숙한 사람들이 반발합니다. 때로 그 변화가 주변 사람들의 이익에 현저히 반하게 되면 그 반발은 견디기 어려운 수준으로 높아집니다. 견디기 어렵고 모멸스러워 때려치우고 싶습니다. 익숙한 것을 내려놓고 새로운 길을 가야 하니, 안전에 위협을 느껴 주저되기도 합니다. 문제를 해결하려 했으나 사방으로 길이 막혀 어디로 가야 할지 알 수 없게 되기도 합니다. 지나온 시절, 다 이야기할 수 없지만, 저도 꽤 많은 어려움을 겪었습니다. 그것은 예수의 제자로 살며 내 힘으로 감당하지 못하는 문제를 붙들겠다고 할 때부터 찾아온 운명이었습니다.

그럴 때 물러서지 않으면서도 어려움을 넘어서려면 우리에게 어떤 돌파구가 필요합니다. 그게 무엇입니까? 어떠한 위협에도 뒤로 물러서지 않는 '용기'입니다. 문제를 풀어 갈 수 있는 '큰 지혜'입니다. 모욕스럽고 자존심이 상해서 하던 일을 때려치우고 싶은 상황임에도, 그만두지 않고 어려움을 견디며 하던 일을 계속해 나가는 굳센 의지입니다. 일이 제대로 되지 않고 열매는 맺히지 않아서 슬프고 낙심될 때, 그것을 이길 수 있는 낙천적인 마음입니다. 자신을 근거 없이 모략하는 누군가를 향한 노여움이 생길 때, 불현듯 그 미움을 이길 따뜻한 마음입니다. 이러한 힘, 즉 용기와 지혜와 기쁨과 사랑, 오래 참음 같은 인격이 필요합니다. 그냥 용기가 아니라 큰 용기가 필요하고, 그냥 낙천적인 마음이 아니라 큰 슬픔을 이길 만한 큰 기쁨이 필요하고, 자기 기질로 참아낼 수 있는 수준을 넘는 큰 절제가 필요합니다.

그런데 이런 이야기를 들으면 짜증나지 않습니까? 일도 힘든데 마음을 그렇게 크게 고쳐먹으라 하니, 꼰대나 하는 말처럼 들릴 것입니다. 큰 부담 때문에 엎어진 나에게 왜 엎어지느냐고, 더 힘내서 일어나 걸으라고 말하는 것으로 받아들이실 것입니다. 그런데 성경을 보면 주께서 바울을 통해 말씀하십니다.

> 오직 성령의 열매는 사랑과 희락과 화평과 오래 참음과 자비와
> 양선과 충성과 온유와 절제니 이같은 것을 금지할 법이
> 없느니라 그리스도 예수의 사람들은 육체와 함께 그 정욕과
> 탐심을 십자가에 못 박았느니라 만일 우리가 성령으로 살면
> 또한 성령으로 행할지니 헛된 영광을 구하여 서로 노엽게
> 하거나 서로 투기하지 말지니라 (갈 5:22-26)

1부 신자란 누구인가

성령을 따라 예수 그리스도의 제자로 살면 주께서 이 열매를 주시겠다는 것입니다. 우리는 평상시 신자로서 이런 능력이 우리에게 있었으면 하고 바랍니다. 왜 바랍니까? 성령의 충만으로 사랑이 넘치고 기쁨과 평화가 넘치면 내 삶이 얼마나 아름답고 행복하겠습니까? 그래서 이런 열매를 구합니다. 그러나 이 모든 것을 통해 혹시 우리가 종교적 만족감을 추구하는 것, 혹은 그저 내 인격 하나 성장시키는 데 관심이 있는 것은 아닌지 돌아봐야 합니다. 성령의 열매는 종교적 만족감이나 인격적인 성장을 위한 지원이 아니라, 주님의 제자로 살면서 만나는 큰 위기를 넘는 데 필요한 힘입니다. 그러므로 종교적인 만족을 위해 구할 때는 주지 않으시다가, 제자로 살기로 결심하고 그 자리로 자기의 존재를 옮겨 제힘으로 감당치 못할 싸움을 싸우려 할 때, 이 능력을 주께서 성령을 통해 주시는 것입니다.

그러니까 주님의 제자로 힘써 일을 하다가 크게 낙담하여 때려치우고 싶은데, 이 상황을 이겨내지 않으면 안 되니 주께서 그것을 견뎌낼 큰 인내를 허락하시는 것입니다. 평상시 나라면 이 정도에서 멈추었을 텐데, 나의 한계를 넘는 어떤 인격적 특성이 나타나는 것입니다. 같이 일하던 동료들이나 아이들, 나를 비방하는 사람들 때문에 너무도 마음이 고통스러웠는데, 그 모든 것을 견뎌 낼 만한 큰 사랑이 내 기질의 한계를 뚫고 내 속에 차올라 그 일을 계속 수행하는 것입니다. 하는 일에 아무런 성과가 없어서 지치고 마음에서 기쁨을 잃었는데, 주께서 함께하셔서 어느 날 나에게 큰 기쁨을 회복시켜 주신 것입니다.

거듭 말합니다. 이것은 내 종교 생활의 만족을 위해 주께서 주시는 능력이 아니라, 주님의 제자로 성령을 따라 살아가고자 하는 제자들이 위기를 경험할 때 그것을 넘어서라고 주시는 은혜입니다. 바울에게 어느 날 큰 기쁨이 찾아왔습니다. 그래서 하나님을 찬송했습니다. 그러나 그곳은 감옥이라는 공간이었습니다. 예수의 제자로 감옥에 끌려와 몸의 시련을 겪어 두려움이 찾아왔을 때, 그것을 이겨내라고 성령께서 그를 찾아와 기쁨의 찬송을 주신 것입니다. 그러니까 제 말은, 그가 감옥에 갇히지 않았다면, 그래서 큰 기쁨으로 그 무서운 시간을 견딜 필요가 없었다면, 그때 큰 기쁨이 그에게 찾아올 가능성은 크지 않다는 것입니다.

우리는 모두 예수님의 음성을 듣기를 원합니다. 꿈에서든 현실에서든 예수님이 나타나셔서 나에게 말씀해 주시기 원하십니다. 그러나 이유가 있어야 예수님께서 나타나시는 것 아니겠습니까? 어느 날 바울에게 예수님께서 나타나셔서 내가 너와 함께할 것이라고 말씀하셨습니다. 바울이 늘 그러한 임재를 경험한 것은 아닐 것입니다. 그런데 주님이 나타나신 것은 그가 감옥에 있으면서 몹시도 두려움에 떨었을 때였습니다. "두려워하지 말며 침묵하지 말고 말하라"(행 18:9) 하고 말씀하신 것도 그 이유입니다.

물론 성령의 모든 은총과 은혜를 예수의 제자로 사는 데 필요한 기능적인 선물로만 생각해서도 안 됩니다. 우리가 예수의 제자로 아무 구실도 못하고 있을 때에도, 성령께서는 우리 존재의 어둠을 걷어 내기 위해 오십니다. 노래를 잃은 우리 입술에 노래를 붙여 주셨고, 어두움에 사로잡혔을 때 우리에게 큰 기쁨을 주시기도 했습니다. 네, 그것을 우리는 인정합니다. 저도 그 은혜를 경험했습니다.

그러나 제가 강조하는 것은, 성령의 열매를 그 측면으로만 보아서는 안 된다는 것입니다. 하나님은 우리에게 관심이 많으십니다. 우리가 주님의 제자가 아닐 때에도 성령을 주셔서 우리를 제자 삼으셨지만, 우리가 제자로 살아가면서 엎어지고 깨졌을 때에도 그것을 넘어서기 원하시며 성령을 주시는 것입니다. 그러니 오해는 마십시오. 그저 한 인간으로 비루하게 살다가 성령의 은총을 받아 구원의 감격을 누렸는데, 그 후에는 하나님이 우리를 세상을 변화시키는 도구쯤으로 여기시면서 우리가 그분의 기계가 되어 움직일 때 필요한 윤활유로 성령의 열매를 허락하신다는 말이 아닙니다. 주를 처음 믿을 때에도 주님은 우리를 사랑하시며 큰 은혜를 부어 주시지만, 동시에 주님의 제자로서 큰 싸움 속에서 힘겨워할 때 역시 우리를 사랑하시며 그 상황을 이길 힘을 주신다는 것입니다.

우리의 정체성은 우리가 지켜내는 것이 아닙니다. 그 정체성을 지킬 수 있는 힘을 하나님께서 성령을 통해 부어 주십니다. 그 성령의 임재를 경험하는 순간, 하나님으로부터 떨어져 있던 나는 그분과 일체를 경험합니다. 두려움 없이 그분과 더 깊은 사귐에 들어가며, 두려움 없이 세상 속으로 전진하게 됩니다. 저는 어린 시절 웨스트민스터 소요리문답 제1조의 말씀을 배웠습니다. 바로 "사람의 제일 되는 목적은 하나님을 영화롭게 하는 것과 영원토록 그를 즐거워하는 것"이라는 내용입니다. 그때는 어떻게 영원토록 그를 즐거워한다는 것인지 잘 몰랐습니다. 하지만 이제 저는 그분을 평생, 그리고 영원히 즐거워한다는 것은 이런 과정을 통해 성취되는 것이라고 감히 고백합니다.

평신도,
영광스러운 그 이름!

3

'평신도'라는 말을 처음 들어본 것은, 1983년 무렵입니다. 당시 개신교에서는 평신도라는 용어를 거의 사용하지 않는 것으로 알고 있었습니다. 대학생이던 저는 여러 생활상의 이유 때문에 1년 반 정도 지금의 영등포구 소재 살레시오수도회에 머물렀습니다. 그때 주일 미사 전후로 참여한 신자들의 모임에서 저는 처음 '평신도회'라는 이름을 들었고 그 대표 신자를 '평신도회장'이라 부르는 것을 목격했습니다. 그 표현이 참 생소했습니다. 그렇습니다. 평신도는 개신교보다 가톨릭에서 훨씬 오래전부터 사용한 표현으로서, '성직자·사제'인 '신부' 그룹과 대칭이 되는 신분적 개념이었습니다. 그런데 언제부터인가 개신교에서도 '평신도'라는 표현을 빌려와, 목회자와 구별되는 개념으로 사용하고 있습니다.

물론 저는 '평신도'라는 용어를 좋아했습니다. 풀무학교의 교훈인 '위대한 평민'을 보았을 때의 감흥처럼, 누군가와 구별 짓고 차별적인 의미로 사용되는 용어가 아닌, '평범하게 살아가는 신자'로서 자신을 설명하는 그 표현이 좋았습니다. 저는 평신도가 위대하게 사는 법은, 평범한 신자이지만 삶에서 가치를 추구하는 비범성에 있다고 늘 생각했습니다. 그러나 그것은 어디까지나, 제가 스스로를 평신도로 규정할 때의 일입니다. 사회적으로 이 개념을 목회자와 구별 지어 사용할 때의 문제는 전혀 다른 것이었습니다. 사회적 개념으로서 평신도는 무엇입니까? 그것은 태생적으로 성직자와 구별되는 개념입니다. 사제와는 구별되는 존재로서 평범한 신도요, 하나님을 직접 만나고 그 말씀을 듣고 해석할 권위가 없는 신분입니다. 즉, 평신도라는 용어는 신분적으로 낮은 지위를 칭하는 표현임이 분명합니다. 그래서 불편함을 느끼는 것입니다.

　종교개혁은 무엇입니까? 가톨릭 안의 낡은 구도를 떨쳐 내고, 모든 신자는 세상 속에서 다 '제사장'으로서 세상의 구속을 위해 자기 영역에서 구속적 삶을 살아야 한다는 것을 드러낸 운동입니다. 그러므로 우리는 평신도라는 말을 사용해서는 안 됩니다. 모든 사람이 다 성직자입니다. 반대로 굳이 평신도라는 말을 사용해야 한다면, 목회자도 평신도라는 호칭을 써야 합니다. 개신교에서는 더 이상 전통적인 의미의 '사제'는 없으니 말입니다. 그렇다고 해서 오해는 마시기 바랍니다. 표현 문제로 목회자의 윤리적 삶을 비판하고자 하는 것은 아닙니다. 목회자 중에서 자신의 안위와 특권적 지위를 즐기며 세습에 골몰하고 온갖 비윤리적 행태를 일삼는 이들은 소수에 불과합니다. 상당수의 목회자는 그렇지 않습니다. 제 주변에도 훌륭하고 존경할 만한 목회자가 많습니다. 천주교에서도 평신도와 대척되는 사제의 위치에 있는 신부들의 경우에도 청빈과 그리스도에 대한 절대 순종을 평생 목숨처럼 알며 주를 따르는 분들이 많습니다. 그들의 희생과 순종은 늘 제게 큰 울림을 줍니다.

제가 문제 삼는 것은 그분들의 윤리적 삶이 아닙니다. 다만, 호칭의 계급성과 그로 인해 파생되는 '의존성'에 관한 것입니다. 제 주장은, 평신도를 하나님과 직접적으로 만나거나 성경을 해석하고 선포할 자격이 없는 자로 인식하는 것은 가톨릭적 개념이라는 것입니다. 사제가 아무리 윤리적이고 그리스도에 대한 깊은 신앙과 신비를 갖추었다 하더라도 나머지 신자를 향해서 '평신도'라고 칭하는 게 부적절한 것처럼, 개신교 목회자들도 결코 나머지 신자들을 향해서 '평신도'라는 표현을 사용해서는 안 된다는 것입니다. 모든 신자들은 직접 말씀을 통해서 하나님을 만나며, 그분이 주시는 사명과 뜻에 의거해 자기 영역에서 하나님 나라를 이루어 가는 독립적 존재입니다. 또 자신이 깨달은 통찰과 관점으로 성경을 이해하며 그렇게 이해한 말씀을 설교 혹은 다른 경로로 나눌 수 있는 존재입니다. 그 의무와 권리는 목회자를 넘어 모든 그리스도인에게 있는 것입니다. 저는 그것이 종교개혁 정신에 합치된다고 믿습니다.

그러면 목회자는 어떤 존재입니까? 여러 사람들이 모인 교회에서는 모두가 교사가 될 수 없고 모두가 설교자가 될 수 없습니다. 교회에 질서는 있어야 하니 누군가가 리더의 역할을 해야 하는 것입니다. 목회자는 신자 중에서 그 역할을 맡은 사람으로 세워진 존재입니다. 그렇기에 목사는 '평신도와 구별되는 성직자 반열'에 속하는 존재가 아니라, 사제가 없는 개신교 직제 속에서 신자 공동체의 일원이자 대표요, 평신도라는 용어를 굳이 사용하겠다면 '평신도들의 대표'인 셈입니다. 그 대표직에 전념해야 할 교회 내부의 필요 때문에 풀타임 직업의 특성을 띠게 된 것입니다. 물론 이렇게 말할 수도 있습니다.

"우리 목회자들은 일반 성도들과 구별된 존재라는 느낌을 가진 적이 없습니다. 우리가 쓰는 평신도라는 표현은 편의상 쓰는 표현일 뿐, 목사나 평신도나 모두가 성도인 셈이지요."

네, 그렇게 말할 수 있을 것입니다. 그러나 우리 모두는 지금 이 이야기가 단지 편의상 사용되는 표현을 둘러싼 문제를 가리키는 게 아님을 잘 알고 있습니다. 자신의 신분적 구별에 대한 상처의 감정은 평신도들이 잘 알아차립니다. 개신교 목회자들이 언제부터인가 가톨릭의 신부 복장인 로만칼라(Romancollar)를 입고 다니는데, 혹여 그 옷차림으로 자신을 일반 신자들과는 다른 성직자의 삶을 사는 존재로 생각하는 것은 아닐까요. 더욱이 예배당 내 제의와 각종 의복 양식에서 구교(舊敎)적인 특성이 강조되는 분위기도 그렇습니다. 또한 모든 그리스도인이 그리스도께 순종

1부 신자란 누구인가

하며 살아야 할 '주의 종'임에도 불구하고, 여전히 목회자에 대해서만 제한적으로 '주의 종'이라 표현합니다. 그렇게 되면, 일반 신자들은 그 '주의 종'을 떠받드는 보조적 위치의 의존적 존재로 전락할 수 있습니다. 그렇게 구별 짓게 되는 순간, 개신교의 개혁성은 사라지는 것이니까요.

우리는 그 누구도 그리스도를 제외한 다른 사람을 의존하며 살아서는 안 됩니다. 주일날 예배에 와서 은혜를 받으며 그 힘으로 살아간다고 생각하는 신자들은 이미 그 '평신도-성직자(목회자)' 틀에 갇힌 존재는 아닌지 경계해야 합니다. 우리는 모두 그리스도 앞에서 똑같은 성도이며, 세상을 향해서는 모두가 '왕 같은 제사장'입니다. 우리는 매일 성경을 읽으며 그리스도가 주시는 특별한 통찰과 은혜를 통해 말씀을 깨닫습니다. 또한 그 말씀을 붙들고 기도하면서 얻는 새 힘으로 우리의 싸움을 싸워 가는 것입니다. 나아가 그 싸움에서 알게 된 통찰과 그리스도와의 만남을 통해 성장하고, 그 성장과 깨달음을 동료 신자들에게 나눔으로써 공동체 전체가 성숙해 가는 것입니다. 누군가에게 도움을 받을 수는 있겠지만, 그 도움은 일방적이지 않고 쌍방적이어야 합니다. 또한 도움을 받는 일이 '의존적 수준'으로 악화되어서는 결코 안 됩니다.

목회자는 신자들 혹은 '영광스러운 개념'이라는 전제하에 '평신도들'의 대표로서 그 삶과 나눔이 교회 내 다른 신자들에게 확산되도록 돕는 존재이며, 그러기 위해 신자의 대표로서 자신이 먼저 청빈과 순종을 실천하고, 그리스도와의 만남이 지닌 신비를 삶으로 나누는 존재인 것입니다. 또한 목회자는 세상의 일 중 자신이 경험하지 않아 대답할 수 없는 부분이 많다는 점을 인정해야 합니다. 그런 문제들을 해결하는 몫은 다른 신자들에게 있으며, 그들이 말씀을 깨달아 자기에게 주어진 문제의 답을 찾아가도록 격려해야 합니다. 그렇게 하나님 나라는 교회를 넘어서 세상의 모든 부분으로 스며드는 것임을 이해해야 합니다. 그것이 목회자가 품어야 할 독특한 겸손의 영역입니다.

　무엇보다도 신자들이 깨어나야 합니다. 우리 자신이 그런 고귀한 존재, 하나님 앞에서 독립적 존재라는 것을 깨닫지 못한 채, 너무 오랜 세월 동안 자신의 신앙적 게으름에서 비롯된 문제들을 목회자의 부족한 설교 능력 탓으로만 돌리며 살아온 것은 아닐까요. 영적으로 게으르게 살며 깨어 있지 않다 보니 중세 시대 가톨릭 신자들과 다를 바 없는 의존적 삶을 살아온 것은 아닌지 돌아봐야 합니다. 혹은 '평신도는 원래 의존적인 존재'라고 규정하다 보니, 깨어 있지 못한 채 살아온 것은 아닌지 생각해 볼 일입니다. 이제는 신자들이 그 중세적 이분법을 털어 내고 일어서야 할 때입니다.

목회자는
누구인가?

4

앞에서 말씀드린 바와 같이, 신자는 그리스도에게만 의존하는 존 재이기에, 모든 사람들로부터는 독립적이며 신앙의 주체로 사는 존재여야 합니다. 그러니까 신자는 아침저녁으로 말씀의 샘물을 성경에서 직접 끌어 올려 그 말씀으로 자기를 비추고 세상을 바라보며, 그것으로 자녀를 가르치고 문답하는 존재입니다. 멈출 때와 가야 할 때, 외칠 때와 침묵할 때, 울어야 할 때와 웃어야 할 때를 말씀에 기초하여 스스로 분별하며 살아가는 존재입니다. 진리로 자유를 얻었으니 누구에게도 얽매이지 않고 오직 자유케 하는 진리에 자신을 복속시키며, 자신을 상대화하고, 고통받는 이들에게 자신을 내어주는 삶을 살아야 할 존재, 저는 그게 신자라고 믿습니다.

그렇다면 목회자는 어떤 존재입니까? 결론은 분명합니다.

신자가 그렇게 살 수 있도록 돕는 존재입니다. 신자들로 하여금 오직 그리스도의 말씀에만 충성하고, 진리에만 순종하며 다른 어떤 존재에게도 자기 판단력과 감정, 나아가 영혼을 의탁하지 않도록 돕는 존재 말입니다. 그에게 리더십이 있다면, 그 리더십을 행사하는 목적이 바로 거기에 있습니다. 그가 성경을 알고 있다면, 성경을 신자들에게 알려 주어야 하는 이유 또한 거기에 있습니다. 신자와의 관계에서 목회자는 떠나기 위해 곁에 있어야 할 존재요, 그의 독립을 위해 돕는 존재입니다. 그러니 목회자는 자기 위치와 신분을 명심하고, 누구도 자기에게 의존하지 않도록 경계해야 할 존재들인 것입니다.

그러나 현실은 어떻습니까? 교회의 핵심을 목회자의 있고 없음으로 보는 것, 말씀을 전하는 강단을 오직 목회자가 점유하는 것, 성경 해석의 권한을 배타적으로 통제하는 것, 설교에도 오류가 있을 수 있다고 생각하지 않고 목회자를 신적인 선포의 대행자라고 생각하는 것이 오늘날 교회의 상식이 되어 버렸습니다. 이런 상황에서 신자가 지녀야 할 태도는 오직 '아멘' 뿐입니다. 옳은 소리에도 아멘이요 헛된 소리에도 아멘이니, 이성적이고 합리적 사고와 판단은 속에서 삐져나오지 않도록 원천 차단해야 하는 것입니다. 그러나 어찌 목회자의 설교에 해석상 오류가 없겠습니까? 인터넷에 떠다니는 목회자의 수많은 설교문들을 읽어 보십시오. 그 속에 무엇이 있습니까? 차마 말하기도 민망하지만, 회사 대표가 직원들에게 훈화하는 내용보다 못한 수준도 적지 않습니다. 말씀 앞에 목회자 자신을 꿇어 복종시키는 성찰의 설교는 드뭅니다. 이미 자신은 모든 것을 알고 있으며, 다만 그것을 신자들에게 가르치고 전달한다는 듯한 설교가 대부분입니다.

설교자의 기본은 무엇입니까? 말씀이 자신을 통과하도록 허용하면서, 스스로 바꾸어야 할 것을 돌아보고 아파하며, 붙들어 씨름하고 분투하는 일이 아닐까요. 그러니 사실 말씀을 듣고 무릎 꿇어야 할 첫 번째 대상은 목회자 자신입니다. 그러나 말씀이 설교자를 비켜 가며, 자신이 아닌 다른 사람을 꾸짖고 설득하기 위한 도구에 불과하다면, 목회자의 설교 속에서 진리를 찾기는 어려울 것입니다.

목회자가 설교를 통해 말씀을 선포하는 모습을 지켜보며 신자들은 '저분이 저렇게 말씀을 붙들고 씨름하니, 나도 저렇게 붙들라는 것이구나!' 하고 숙연해져야 합니다. 독립된 인격, 그리스도에게 의존하는 삶의 모습이 무엇인지를 실체로 보여 주는 존재가 설교자로서 목회자입니다. 그러나 설교할 때, 설교자가 자신을 말씀에 적용받아야 할 첫 번째 청중으로 보지 않는다면, 특정한 목적을 가지고 타인을 움직이기 위해 말씀을 오용하기가 쉽습니다. 자신에게는 변화가 없고, 진리인 말씀이 자기를 비켜 가니 소유와 지배욕 같은 것들이 그를 장악할 수도 있는 것입니다.

그런 목회자에게 오랫동안 길들여질 경우, 신자들은 그에게 의존하고, 자칫 그의 말씀이 부실할 때 불평하기 쉽습니다. 목회자의 주일 설교가 자신의 영혼을 만져 주지 못한다고 아우성입니다. 신자들이 말씀을 붙들고 씨름한다면, 반드시 그 속에서 삶을 이어갈 통찰과 깨달음을 얻게 됩니다. 그러나 말씀 붙들기를 게을리하게 되면 모든 것을 목회자에게 맡긴 채 지성과 감성이 퇴보하기 쉽습니다. 갈수록 목회자에게 의존하며, 목회자도 그 부담에 눌려 자칫 소진될 수 있습니다. 그렇게 계속 목회자의 말씀이 성에 차지 않으면 다른 존재로 교체하려 합니다. 반면 목회자는 그렇게 교체되는 것이 두려워 신자들을 자신에게 의지하는 수동적인 존재로 만들려 합니다. 그러다 결국 교회 전체가 목회자에게 복속될 위험에 빠지기도 합니다. 목회자 세습은 그 연장선에서 발생하는 문제입니다.

한번 찾아보십시오. 그렇게 한 인간이 다른 한 존재에게 절대적으로 의존하는 관계치고 정상적인 관계가 있는가를 말입니다. 저는 교회에서 목회자의 존재를 인정합니다. 리더십의 존재도 인정합니다. 제 주변에 훌륭한 목회자들이 적지 않습니다. 그 존재가 없다면 교회는 무정부 상태가 될 수 있습니다. 그러나 리더로서의 목회자를 인정한다 해도, 목회자 중심성과 목회자 의존성만큼은 배격해야 합니다. 대형 세습 교회들의 타락은 바로 그 의존성이 빚어낸 단면에 불과합니다. 교회가 신자들을 깨어나지 못하게 하고, 오랫동안 이성과 판단력을 마비시킨 가르침이 누적될 때, 그 안에서 타락하지 않을 목회자가 몇이나 될까요.

그러므로 당연히 나쁜 목회자에게 의존해서는 안 되겠지만, 좋은 목회자에게 의존하려는 자세도 배격해야 합니다. 도대체 누가 누구에게 의존한다는 말입니까? 좋은 목회자라면 의존해도 괜찮고 '주의 종'으로 받들어야 한다면, 차라리 그보다 더 존귀하고 더 성결하고 더 희생적인 성직자로 인정받는 신부가 있는 가톨릭교회로 돌아가야 합니다. 그래서는 안 된다고 떨치고 일어난 것이 개신교입니다. 사제도 제사장도 없으며, 모든 그리스도인이 사제요 제사장이라는 베드로전서의 가르침을 붙들고 일어선 것이 개신교 아닙니까? 그런데 돌연 가톨릭교회의 흉내를 내고, 같은 평신도임에도 목회자가 스스로를 가톨릭 사제의 반열로 격상시키고, 자신을 신자와 구별된 존재로 성별하니, 참으로 기괴합니다.

저는 오랜 기간 사교육걱정없는세상의 대표였고, 현재는 교육의봄 공동대표입니다. 제가 대표라고 해서 회원들과 저를 구별 짓지 않습니다. 저도 그들과 마찬가지입니다. 그들을 대표해 잠시 운동을 이끄는 존재일 뿐이며, 그 시간이 만료되면 저는 그들의 일원이 되어 그들 속으로 들어가는 것입니다. 그게 리더입니다. 그런데 개신교 교회는 왜 목회자를 교회의 대표가 아니라 주의 종으로 구별하며 신분적, 계급적 차이를 용인합니까? 왜 목회자에게만 강단에서 선포할 자격을 주어, 그만이 하나님의 말씀을 대언할 사람으로 구별하고, 그가 자기 신분을 잊고 말씀을 재료 삼아 자기주장을 일삼게 하는 것입니까? 일부 목회자들은 말합니다. 대형 세습 교회를 개혁하는 일은 목회자들의 몫이니 일반 평신도들은 잠잠하라고 말입니다. 그 또한 목회자의 오만한 단면입니다.

'목회자 의존성'이라는 개혁 의제는 한국 교회에서 오랫동안 수면 위로 오르지도 못했습니다. 물론 더 급한 선결 과제들이 많습니다. 그 문제들도 가만히 살펴보면 신자들의 목회자 의존성과 연결되어 있습니다. 신자들이 자주적으로 판단하고 깨어 있다면 오늘날과 같은 교회의 문제는 터지지 않았을 것입니다. 당장 표면적이고 긴급해 보이는 문제들만 쫓아서 달려가다 보면, 그 근본에 또아리 틀고 있는 문제는 영영 놓치고 맙니다. 이미 늦었습니다. 신자를 말씀 속에서 깨어 있게 하고, 사람에게 의존적이지 않은 채 자주적으로 판단하며, 목회자를 평신도들과 다른 계층이 아닌 신자 공동체의 일원으로 여기고, 서로 존중하며 배우고 살아가는 관계를 세우는 것, 한국 교회에서 필요한 종교개혁은 바로 그 지점에서 시작되어야 합니다. 더 늦기 전에!

평신도교회,
이제는 몰래 하지 않는다[2]

1

저는 '보수적'인 사람입니다. 정치적인 면에서가 아니라, 삶의 방식이 그렇다는 것입니다. 직장이나 가정, 기호와 관련해 변화를 그리 좋아하지 않습니다. 둔감해서인지, 일과 삶에서 질리는 게 별로 없습니다. 학교 선생 시절 저녁 근무를 할 때 두 달 내내 근처 식당에서 파는 비빔밥으로만 때우기도 했습니다. 그 식당 사장님이 저를 아주 좋아하셨습니다.

대학 때 머물던 동네에 30년째 살고 있습니다. 같은 강의를 백 번 해도 질리지 않습니다. 그렇게 삶은 보수적이면서도 조직 운영의 관성은 싫어합니다. 필요하다 싶으면 자주 변화를 시도합니다. 삶의 태도는 보수적이지만 조직은 혁신적으로 관리하는

---

2   이 글은 2014년 11월 12일 페이스북에 올린 내용을 다시 다듬은 것입니다.

것, 이 두 가지가 양립할 수 있는가 하는 고민이 더러 생기고는 했습니다. 나중에 세계적인 경영학자 피터 드러커가 그 이유를 설명해 주어 궁금증은 해소되었습니다.

23년 다닌 모교회를 떠나다

이제 교회 이야기를 해 보겠습니다. 보수적인 기질 탓인지, 풍파를 겪으면서도 저는 한 교회에 23년간 머물렀습니다. 그곳에 있는 동안 제 젊은 시절의 정신과 삶은 다 형성된 셈입니다. 좋은교사운동을 시작할 때도 사교육걱정없는세상을 시작할 때도, 제가 사랑하는 예배당에서 보낸 새벽 기도회 시간을 잊지 못합니다. 그 새벽에 제가 기도 가운데 깨달은 것, 기도 가운데 주님과 특별하게 만난 몇 번의 기억은 지금도 힘이 됩니다. 그러나 2008년에 뜻밖의 계기로 정든 교회를 떠나온 지금, 저는 새벽 기도를 할 마땅한 곳이 없어, 집 안 화장실 가는 통로의 0.5평 좁은 공간에서 그 시간을 맞이하고 있으니, 불편하기만 합니다.

지난 몇 년 동안 저는 교회를 이루기 위한 새로운 시도를 해왔습니다. 교회를 떠날 때, 그 이유는 분명했지만 어떤 교회를 이루어야 할지에 대한 그림은 막연했습니다. 그래서 지난 세월은 그 그림 한 장을 얻기 위한, 제 인생의 광야와 같은 시간이었습니다. 다만 문제의식은 분명했습니다. 교회가 세상의 슬픔과 아픔을 알고 위로하는 정신을 담고 있어야 한다는 것이었습니다. '교회가 세상의 슬픔에 무관심하다면 그것은 교회가 아니다', '세상과 소통하지 않고 세상의 모순에 응답하는 삶을 살지 않는다면 그것은 교회가 아니다' 이외에 다른 것을 덧붙이지 않았습니다.

그 문제의식 하나 붙들고 모교회로부터 떠나온 길이었습니다. 그동안 많은 고민과 흔들림이 있었습니다. 혼란의 시기를 수없이 거쳤지요. 함께 지내온 이들과 이별도 하고, 새로운 이들을 만나기도 했습니다. 무엇보다 제 위치가 애매했습니다. '지금 사교육걱정없는세상의 과제를 푸는 것도 벅찬데 내게 무슨 여력이 있어 교회를 시작한다는 말인가? 나는 충분히 힘겹지 않은가?' 그런 생각이 늘 들었습니다. 일전에 한 선배 목회자가 목회에 집중하지 않고 시민운동에 깊은 관심을 가지길래 "목회는 차이를 감싸고 사람을 품는 일이요, 시민운동은 차이를 부각시켜 논리의 칼로 갈라치기 하는 일입니다. 그런데 어떻게 품으면서 갈라치기 할 것입니까? 그 둘을 어떻게 조화할 것입니까?" 물으며 하나에 집중하라고 준엄하게 요구했던 기억이 납니다. 그 준엄한 요구가 저를 향한 부메랑이 되어 버렸으니, 얼굴이 화끈거립니다.

그러니 얼마나 서성거림이 컸겠습니까? 그런데 3년 전쯤이었을 것입니다. 집 근처 초등학교 운동장을 돌면서 기도하다가, 문득 제 내면에 아주 선명한 그림 한 장이 찾아왔습니다. '찾아왔다'는 표현이 정확할 정도로, 제 생각을 비집고 들어온 강렬한 그림이었습니다. 그것은 '사회를 섬기고 돕는 일'을 중요한 본질로 삼는 교회의 그림이었습니다.

소유를 쌓지 않고 버리는 교회, 그나마 가진 소유를 내부가 아닌 선교를 위해 사용하되, 구제와 해외 선교에 집중하는 게 아니라 NGO나 사회 기관을 돕고 섬기는 일도 선교로 생각하며 그 일에만 집중하는 교회, 그래서 한국 교회가 펼쳐야 할 선교의 지평을 '사회의 갱신'으로까지 확장하되 그것을 교회의 일상으로 표현해 내는 교회, 사회를 변화시키기 위해 노동·경제·언론·교육·통일·지역사회 등의 영역에서 뜻을 품고 고군분투하는 개인과 기관을 관심 있게 돌보는 교회, 특히 교회의 헌금을, '뜻'을 가진 기관과 개인이 독립할 때까지 돕는 데 쓰는 교회, 월 5-10만 원에서 그치지 않고, 그 기관이 독립할 때까지 월 50-100만 원씩 때로 직원 한 사람의 월급을 책임지는 교회, 굳이 기독교 계통의 기관으로 제한하지 않고 일반 단체와 개인에게까지 그 지원 대상을 확장시키는 교회, 그런 일로 교회가 연결되는 그림 한 장이었습니다.

한 교회에서 맞벌이 중산층 다섯 가정 정도만 십일조를 내면 월 200-400만 원 정도는 될 것이니, 많게는 열 곳, 적게는 다섯 곳의 기관과 개인이 자립하도록 도울 수 있겠다는 판단이 들었습니다. 그 정도면 오백에서 천 명 출석하는 중형 교회의 사회선교 관련 재정 전체보다 더 많은 규모입니다. 아니, 1만 명이나 모이지만 사회를 위해 별일 하지 않는 대형 교회보다 낫다고 보았습니다. 그런 교회가 서너 곳만 있어도 교회로 인해 기독교가 욕을 덜 먹고, 시민사회에도 의미 있는 기여를 할 수 있겠다는 생각이 들었던 것입니다.

또 다른 고민: 자녀들을 어찌할 것인가?

교회의 본질과 관련한 또 한 쪽의 고민, 그것은 제가 부모로서 느낀 고민으로부터 시작되었습니다. 교회 중고등부 교사를 20년 이상 했지만, 교회에 맡기는 것만으로는 제 자녀들이 온전한 신앙생활을 할 가능성이 갈수록 옅어지는 현실을 인정해야만 했습니다. 교회의 영향력, 주일학교 영향력이 사라지고, 가정은 그런 부실한 교회 교육에 의존한 채 자녀를 방치하는 현실이 문득 위기로 다가왔습니다.

그래서 생각해야 했습니다. 아이의 신앙을 붙들고 세워야 할 당사자는 부모다, 아무리 불편하고 싫어도 가정에서 삶과 형식으로 예배를 드림으로 아이 신앙의 기본을 세워야 하며, 교회는 이를 '보조'하는 기능에 불과하다고 말입니다. 그럼 교회가 이를 보조하는 방식은 무엇이겠습니까? 효율성이라는 이름으로 모든 부서를 세대별로 나누고 각 부서를 맡을 목회자를 세우는 방식은 낡은 것이요, 더 이상 효율적이지도 않습니다. 부모와 아이들 모두 분주한 일주일을 보냈는데, 주일에 교회에서도 각자의 부서로 흩어져 분화된 삶을 사는 이런 단절적 관계로는 교회나 가정 모두 미래가 없으리라는 것이지요. 그러면 어떻게 하라는 말이냐고요? 부모 자녀가 교회에서 한 번의 예배에 모두 모여 한 말씀을 듣고, 아이들도 성인들과 함께 예배의 일원이 되며, 말씀을 붙들고 함께 대화하며 삶을 공유하자는 것입니다. 그리고 주일 예배의 연장선

2부 목회자 없이 교회 없다?

이 가정 예배로 이어지는 것, 그것이 필요하다는 얘기입니다.

부서를 나누어 예배를 드리게 되면, 실제로는 부실한데 그 실상이 노출되지 않은 채 막연히 '잘 되겠지' 하며 방치하기 쉽습니다. 그런 생각을 해 보니, 지금과 같은 수백 명 이상의 교회 구조로는 한계가 있어 보였습니다. 어떻게 수백 명이 한 장소에서 한 설교에 대해 나눔을 할 수 있겠습니까? 아이들을 주일 학교에 맡겨 버리고, 한 주에 고작 한두 시간 부실한 신앙 교육을 받게 하는 것으로 책임을 면하는 이 구조 속에서 아이들은 서서히 신앙을 잃어 갑니다. 부모로부터 독립을 하는 시절(대학 진학 후)이 되면 신앙으로부터도 완전 독립을 할 가능성이 높습니다. 그러니 한국 교회의 위기는 다음 세대에 더 심각할 것이라고 말해도 과언이 아닙니다.

사회의 슬픔과 고통이 아니라 내부의 필요에만 전념하고, 효율을 추구하다가 신앙 자체를 잃게 하는 오늘의 교회 구조를 그럼 어떻게 해야 한단 말입니까? 교회가 자신의 소유를 세상으로 내어 주면 됩니다. 그러나 쉽지 않습니다. 왜 그렇습니까? 교회의 신학 때문입니다. 선교의 영역을 '구제와 해외 선교'라고만 설정해 놓고, 사회 변혁은 선교의 대상으로 받아들이지를 못합니다. 한국의 신학은 1974년에 나온 〈로잔언약〉조차 소화하지 못하고 있습니다. 선교한국운동의 '해외 선교' 개념을 교회가 채택해 이것이 보편적 흐름이 된 것처럼, 교회의 '사회적 책임'을 선교의 중요한 영역으로 설정해 그것이 교회를 그대로 관통하는 가장 뚜렷

한 특징으로 보여 주어야 합니다. 그런데 그 일이 가능한 교회는 많지 않습니다.

왜 그렇습니까? 좋은 교회가 없어서가 아닙니다. 좋은 교회, 좋은 목회자는 적지 않습니다. 그럼 무엇이 문제입니까? 교회 자체의 유지를 위한 불가피한 비용 구조 때문입니다. 사람들이 모이니 반지하 임대 공간에서부터 수백억짜리 거대한 교회당에 이르기까지 별도의 공간을 확보해야 합니다. 인력도 필요합니다. 유년부, 초등부, 중고등부, 청년부, 장년부 교육으로 부서가 세분화되었으니 작은 교회도 그 각각을 감당할 사역자들이 필요하고 그분들을 위한 사례비 또한 따로 마련해야 합니다. 이렇게 저렇게 빼고 나면 바깥을 위해 남길 재정이 없습니다. 그나마 교인들이 갈수록 교회를 떠나니, 더욱 여유가 없습니다.

그럼, 어떻게 해야 한다는 말입니까? 수백 수천 명의 교인들을 모아서 효율을 추구하며 세대를 단절시키는 고비용 교회 구조를 걷어 내야 합니다. 그래서는 세상과 소통하는 교회, 가진 소유를 세상에 내놓는 교회가 되기는 어렵습니다. 가능하다면, 건물을 구입하지 말아야 합니다. 임대료가 높은 공간을 얻어서도 안 됩니다. 전담 목회자들이 많아서도 안 됩니다. 그렇게 되면, 세상 속으로 나아가는 교회는 요원합니다.

교인 수도 줄여야 합니다. 큰 교회를 세대를 통합한 다섯 가정에서 열 가정 정도 규모의 독립된 개별 교회들로 나누고 각각 평신도 지도자를 세워 교회를 운영하는 것입니다. 목회자는 한

명으로 족합니다. 그렇게 교회를 만들면 십일조를 포함 헌금 100 퍼센트를 구제와 해외 선교, 그리고 사회를 위해 쓸 수 있습니다. 교회에서 필요한 그 외의 지출은 헌금이 아니라 그냥 회비를 내서 해결하면 됩니다. 설교는 그리스도를 향한 신앙고백이 분명한 평신도 리더들이 맡습니다. 아이들도 예배에 함께 참여합니다. 설교 도입부에서 아이들을 조금 배려하되, 아이들이 못 알아들어도 괜찮습니다. 그래도 부모와 함께 예배를 드리며 부모의 태도와 자세, 그리고 말씀 나눔을 보고 들으며 배우는 것이 있고, 중학생 정도가 되면 예배 속으로 들어가게 됩니다. 또한 초등학생이 안 된 자녀들의 신앙 교육은 부모들이 가정에서 주중에 삶과 가정 예배로 해결하면 됩니다. 아이들 신앙 교육의 일차 책임이 부모들에게 있음을 잊어서는 안 됩니다.

평신도들도 교회를 이룰 수 있다

큰 교회를 작은 공동체로 분화하는 것뿐 아니라 평신도들이 그렇게 교회를 시작할 수 있습니다. 여럿이 설교 부담을 나누면 한두 달에 한 번 정도 설교를 준비하면 됩니다. 설교는 선포된 말씀일 수도 있으나, 주께로부터 온 깨달음을 설교 과정 혹은 설교 후 나눔을 통해 보완하여 전체 교우들이 하나의 설교를 함께 이루어 갈 수도 있습니다. 한국 교회의 가장 큰 잘못은 일반 신자들이 목회자들에게 이 부분을 너무 의존한다는 것입니다. 목회자의 존재를 부정하는 것이 아니라 의존성이 문제라는 것입니다. 신자가 의존할 존재는 오직 그리스도이며, 스스로 매일 말씀 연구와 기도를 통해 말씀의 우물에서 물을 길어 그것으로 삶을 지탱해야 합니다. 목회자는 그것을 돕는 사람일 뿐입니다. 예배를 위한 공간은 그냥 가정이나 학교, 주중 다른 용도로 쓰는 작은 공간 등을 빌리면 될 것입니다. 교인이 많으면 거액을 주고 학교 강당을 빌려야 하겠지만, 교인 수가 적은 교회는 이동성이 뛰어나니 그런 부담을 가질 필요가 없습니다. 그렇게 확보한 헌금을 매달 50만 원씩 5-10개 기관에 지원하는 것이지요.

그런 교회에 신자들이 많아져 일고여덟 가정 이상으로 늘어나서 한 공간에서 모임을 갖기 어려우면, 나누어 따로 모이되 그 교회들끼리 같은 정신으로 정기적으로 연합하면 됩니다. 물론 그런 교회를 받아 줄 교단은 없을 것입니다. 그렇다고 문제될 게 무엇이겠습니까? 교단 없이 모이면 그만입니다. 물론 내가 낸 헌금에 대해서 기부금 세액 공제 처리를 못 받을 수 있습니다. 그게 무슨 문제입니까? 세금 감면 혜택을 포기하면 됩니다. 그 자그마한 손실을 고민할 때가 아닙니다.

지금 교회는 위기입니다. 좋은 기독교인이자 좋은 시민들이 교회를 떠납니다. 저는 그분들께 말합니다. 떠날 것이 아니라, 지금 그 자리에서 교회를 시작하라고 말입니다. 목회자가 아니어도 좋습니다. 스스로 말씀을 붙들고 설교를 준비하라고 권합니다. 뜻을 같이할 가정이 없어서 어렵다고 말한다면, 당신 한 가정만이라도 당장 집에서 시작하라고 권합니다. 저는 그렇게 한 가정으로 시작해서 1년을 버텼습니다. 그 1년은 나와 아내, 그리고 두 아들 모두에게 어느 때보다 의미 있는 한 해였습니다. 제가 한 번 설교하고, 아내가 한 번 설교했습니다. 초등학생, 중학생인 아이들은 기도 등으로 순서를 맡아 참여했습니다. 준비된 본문으로 말씀을 풀어 가며 중간중간에 설교자가 질문을 하고 서로 대화하며 그렇게 말씀의 의미를 통합해 가다 보니 시간이 제법 소요되었습니다. 최소 세 시간 때로 네 시간 정도로 예배가 진행되었습니다. 그래도 성경을 볼 때 이전과는 다른 큰 깨달음이 찾아와 기뻤습니다. 세대와 설교, 교제와 기도가 통합되었으니, 또 다른 프로그램이 붙을 필요가 없어졌습니다. 그러니 쉼이 있는 교회인 것입니다. 또한 십일조로 두 개 기관을 돕기 시작했고 한 개 기관을 추가로 찾고 있으니, 그것만으로도 세상에 의미 있는 기여를 하는 셈입니다.

그리고 뜻을 같이하는 몇 가정들이 한 달에 한 번씩 연합예배를 드려 왔습니다. 내년(2015)에는 매주 두 가정이 주일 예배로 모일 것이고, 연합 모임에 참여하는 또 다른 몇 가정을 중심으로 새로운 교회의 흐름이 만들어질 것입니다. 머지않아 그 가정들이 중심이 된 교회들이 밀알처럼 한국 교회의 역사 속에 하나의 의미 있는 흐름이 될 것입니다. 이 흐름을 받쳐 줄 신학이 무엇인지는 아직 잘 모르겠습니다. 아직은 준비된 것이 없습니다. 제가 신학을 할 생각도 없습니다. 제 몫은 흐름을 만드는 것입니다. 성령이 뭉드셔서 교회가 탄생하고 흐름이 만들어지면 신학은 뒤따라오면서 그 현상을 설명하고 질서를 부여하게 되는 것입니다. 이런 교회 형태를 보고 누군가 경계하고 공격할 것이 두려워 신학으로 방어할 마음도 없습니다. 무슨 비판이 있어도, 그냥 교회를 이루어 가기만 할 것입니다.

그리스도를 구주로 모시는 복음의 본질은 지키면서 교회의 형태는 가정 교회인, 목회자가 없는 평신도교회이며, 또한 교회 밖에서 고통받는 약자들에 대한 애통함을 강조하는 교회를 이루어 갈 것입니다. 그러니 전통적인 의미의 가정 교회와도 사뭇 다릅니다. 누군가는 이런 교회를 이단이라고 경계할 수도 있겠습니다. 그러나 목회자가 없다는 것 외에는 초대교회 공동체가 추구했던 삶을 지향하는 우리를 이단이라 말한다면, 로마 가톨릭교회에 저항하여 생겨난 개신교회답지 않습니다. 아직 규모로는 보잘것 없는 교회지만 위기에 빠진 한국 교회를 위한 작은 구명정이라도 될 수만 있다면 좋겠습니다. 이 작은 시도가 계기가 되어 가정들이 일어나 교회를 이루고, 그래서 기존 교회들에도 자극과 도전을 줄 수만 있다면, 제가 23년 머물렀던 모교회를 떠나온 목적, 6년의 광야 생활의 의미는 충분히 얻은 셈입니다. 그런 목적이라면, 하다가 실패해도 아쉬울 것은 없습니다. 실패가 성공보다 더 의미 있는 경우도 허다하니 말입니다.

평신도들이 교회를 세우면
한국 교회가 약화될까요?

2

저는 작은 평신도교회 소속 신자입니다. 우리 교회는 목회자에게 의존하지 않고 신자들 스스로가 말씀을 읽어 그 샘물에서 영혼의 물을 길어 마심으로 인생의 문제를 해결하며 살아가는 삶을 지향합니다. 또한 세상의 고통에 응답하며 예수님의 제자로서 그 십자가를 지고 가는 삶을 살고자 합니다. 그래서 저는 우리 교회를 "세상의 고통에 응답하는 평신도교회 공동체, 산아래교회"라고 부릅니다. 산아래교회에는 실제로 그런 삶을 살고자 하는 이들이 모였습니다.

우리는 매주 모여서 예배를 드리고 함께 성만찬을 나누고 신자들이 돌아가면서 말씀을 준비합니다. 그리고 그 말씀을 토대로 함께 나눔의 시간을 갖습니다. 비록 소박하게 준비했다 할지라도, 나눔의 과정을 통해 하나님의 뜻이 온전히 드러나 마침내 설교가 완성되는 것이라 여깁니다. 말씀을 전하는 자가 있다면, 듣는 자들은 그 내용에 해석을 덧붙이고 보완하며 바로잡는 과정을 거칩니다. 말씀 속에 내 삶을 던져 해석하고자 합니다. 3-6세 꼬마 아이들과도 함께 예배를 드립니다. 이 아이들은 설교 시간에 별도로 성경공부 시간을 갖되, 그보다 큰 아이들은 모두 어른들과 예배를 함께 드립니다.

우리 교회와 뜻을 같이하는 교회들이 있습니다. 그들과의 우정이 오래되었습니다. 연합 모임을 갖기도 합니다. 저는 지난 2018년 기독교사대회 때 주강사 배덕만 교수님의 설교에 충격을 받고, '지금 이 상태로 만족하며 있을 것이 아니라 교회를 회복하는 일에도 더 나서야 하는구나!' 판단해 이 연합 모임을 시작한 것입니다. 경북 안동의 골대교회, 서산의 한사람교회, 서울의 휴게소교회 등은 그렇게 해서 시작된 교회들입니다.

저는 이런 평신도교회 공동체가 더 확산되기를 바랐고, 어떻게 확산되어야 하는가를 고민했습니다. 지금 함께 교류하는 교회들을 보면, 많게는 다섯 가정 적게는 한 가정이 모입니다. 가정의 수가 조금 더 늘어나면 분립하게 될 것입니다. 그러나 그렇게 한다고 해서 얼마나 늘어날까 어림잡다 보니 한계가 보였습니다. 때마침 제가 쓴 설교집 《만남》(IVP)이 나왔고, 독자들이 저를 만나길 원하니 그 만남을 통해 교회를 향한 제 꿈을 나누고 그분들을 도전해야 하겠다고 다짐했습니다. 우리 교회로 불러 모아 교회의 몸집을 키우는 방식이 아니라, '지금 그대들이 서 있는 곳에서 교회를 이루라'는 도전을 택한 셈입니다.

"내가 감히 교회를 이룰 수 있다고요?" 반문하는 평신도들에게 "나는 아무것도 할 수 없다는 무력감 그 자체가 교회를 나약하게 만듭니다"라고 대답하고 싶습니다. 내 속에 예수의 피가 흐르고 있고, 나를 위한 그의 죽으심에 감사하며, 그 핏값으로 내가 살았으니 예수의 제자로서 그를 따라 살고자 하는 뜻이 있느냐가 중요합니다. 그 마음을 나눌 수 있는 한 사람만 더 있어서 주일에 모인다면, 그것이 교회라고 저는 말하고 싶습니다. 부부가 같이 그 자리에서 주일마다 예배를 시작해 보십시오. 그렇게 해서 1년간 지속 가능함을 경험하며 말씀이 주는 위로와 힘을 경험했다면, 이는 그 교회가 지속 가능하다는 증거입니다. 더 많은 이들에게 그 작은 교회를 통해 나누어 줄 것이 계속 생길 것입니다.

평신도교회가 한국 교회를 약화시키는가

평신도교회가 많아지는 것이 한국 교회를 약화시키는 일일까요? 사사 시대처럼, 평신도교회 신자들이 제 소견에 옳은 대로 행하는 존재들인가요? 스스로 반문해 봅니다. 저는 대답합니다. "그렇지 않습니다. 한국 교회는 이런 시도가 없어도 이미 약화될 대로 약화되었습니다!" 이렇게 말입니다. 한국 교회가 왜 약화되었습니까? 이유는 간단합니다. 교회가 세상의 고통에 귀 기울이지 않고, 자기 성 안에 갇혀 살았기 때문입니다. 목회자에게 의존해서 그들이 먹여 주는 이유식만 먹고 살다가 영양실조에 걸렸기 때문입니다. 누구나 성경을 읽을 수 있습니다. 그 성경에서 내 인생에 필요한 말씀의 샘물을 길어 마실 수 있습니다. 그렇게 성경을 공부하다가 그릇된 길로 가게 될까 걱정이 스칠 수도 있습니다. 그러나 목회자가 있든 없든, 교회로 모이는 이들이 순전한 마음으로 성경을 읽고자 한다면 걱정할 필요가 없습니다. 제 논리와 사상으로 성경을 해체하지 않고, 오직 성경을 통해 주께서 무엇이라 말씀하시는지 그것만 듣고자 한다면, 우리는 그릇된 길로 가지 않을 것입니다. 성경이 말하고, 성령께서 친히 이야기하실 것입니다. 저는 그것을 믿고 또 경험했습니다.

누군가는 저에게 말합니다. 기존 교인들을 흔들지 말라고 말이지요. 저는 대답합니다. 교회 생활을 하는 신자들을 흔들 마음이 추호도 없다고 말입니다. 저는 교회가 제 노릇을 하지 못해 그곳을 떠난 이들과 홀로 예배를 드리는 이들 그리고 교회에 남아 있으나 겨우 숨만 쉬며 새 길을 모색하는 이들에 주목합니다. 그리고 그들에게 말합니다. "또 다른 누군가에게 의탁하지 마십시오. 당신이 교회이니, 그 서 있는 자리에서 교회를 이루십시오."

그러니 이것이 교회를 약화시키는 일은 아닐 것입니다. 오히려 교회를 굳게 세우는 일입니다. 교회의 본질을 지키는 일입니다. 구원자이신 예수 그리스도를 믿으며 하나님 나라가 확장될 수 있도록 제자의 사명을 다하며, 세상의 고통에 응답하고자 가진 것을 쏟아부어 일하는 이들을 돕고 섬기는 것이니까요. 우리는 그 본질을 훼방하는 잘못된 교회론, 목회자에게 의존적인 교회를 교회인 것처럼 착각하게 하며 개신교회를 가톨릭교회로 만들고자 하는 잘못을 극복하고자 합니다. 즉, 우리의 구원론은 지키고 풍성하게 하며, 회복하려는 것입니다.

"그 일이 성공할 것인가?" 하고 누가 제게 묻는다면, 저는 성공과 실패를 따지지 않고 이 길을 나섰다고 대답할 것입니다. 실패해도 좋습니다. 지금 제 마음이 모든 것을 다 쏟아 전력투구하려는 상태는 아닙니다. 저는 그 마음을 '사교육걱정없는세상'에다 내주었습니다. 교회를 새롭게 하는 운동은 교회를 섬기는 신자의 마땅한 의무일 뿐입니다. 그럼에도 태산을 이룰 것입니다. 저는 교회의 몸집을 키우는 것에 관심이 없습니다. 신자들이 말씀을 읽고 그리스도와 만나며 그 기쁨 때문에 주님의 제자로 그분의 뒤를 따르는 이들이 여기저기서 나오는 것, 그것만이 저의 소망입니다. 그 소망을 위해서라면, 어디든지 가고자 합니다.

목회자가 없으면
교회가 아닌가요?[3]

3

지금 한국 교회가 어려움 가운데 있습니다. 교회 갱신을 위한 여러 시도가 있었지만, 가장 중요한 핵심 중 하나인 '목회자-평신도' 이원 구조는 건드리지 못하고 있습니다. 목회자에 대한 신자들의 의존성, 교인들을 말씀에 따라 사는 주체적 신자로 세우지 못하는 문제는 오늘날 한국 개신교회의 핵심 문제입니다.

사실 따지고 보면 교회 부패의 문제 대부분이 여기서 비롯된다고 해도 과언이 아닙니다. 1970년대에는 그 문제가 심각하지 않았습니다. 비록 '목회자-평신도' 이원 구조였을지라도, 정치 세력과 결탁하며 가진 것을 지키다가 그것을 자녀에게 세습하려는

---

3 이 글은 2021년 3월에 평신도교회 공부 모임을 시작할 때 작성한 것으로, 월간지 〈복음과상황〉 2021년 10월호에 실렸던 원고입니다.

시도는 적었습니다. 다들 가난했고, 목회자는 순수했습니다. 사회의 변혁을 제대로 시도하지 못했어도, 대부분 정치와 결탁을 하지는 않았습니다. 그러나 지금은 '목회자-평신도' 이원 구조 위에서 교회가 정치와 결탁하고 복음 외에 가진 많은 것들을 지키고자 세습을 하고 불법을 쌓고 있습니다. 그러니, 중세 시대 가톨릭교회와 다르다고 할 것이 많지 않습니다.

이런 상황에서 한국 교회는 코로나19 팬데믹으로 인해 결정적 타격을 입었습니다. 이제 너무 지치고 식상해서 신자들 스스로 교회에 대한 애착의 끈을 놓고 있습니다. 새로운 이들이 찾아오지 않아서가 아니라 남아 있던 이들이 떠나서 문제입니다.

그러나 이것도 정상은 아닙니다. 교회의 핵심이 목회자가 아닌데 목회자에게 실망해서 소속 교회를 떠나 이른바 '가나안 신자'가 되거나 신앙을 포기하는 것은 유감스러운 일입니다. 교회나 목회자에게 실망하더라도, 교회까지 떠날 일은 아닙니다. 그러나 신자들 사이에 '교회=목회자 중심 교회'라는 등식이 박혀 있고 목회자 의존적 신앙생활을 하다 보니, 목회자에게 실망하는 순간 신앙의 기둥이 뿌리째 뽑히는 것입니다.

평신도교회는 목회자가 없어도 교회가 가능하다는 선언입니다. 아니, 목회자도 평신도에 다름이 아니라는 선포요, 평신도 바깥의 누군가가 있어 그를 중심으로 교회가 구성되는 것은 초대교회 정신이 아니라는 선언입니다. 또한, 신자들이 좋은 설교를 찾아 교회를 쇼핑하는 것을 멈추고 자기가 서 있는 자리에서 교회를 이루라는 촉구입니다. 거듭 말하지만, 교회의 핵심은 목회자에 있지 않습니다. 예수를 주라 고백하고 말씀을 의지해 믿음 가운데 살며 세상의 고통을 해소하는 일에 동참하는 이들이 모여서 함께 예배하는 곳이라면 모두 교회입니다. 그 모든 것이 다 구비되어 있는데 다만 목회자가 없어 이를 교회라 부를 수 없다면, 가톨릭교회의 교회관과 무엇이 다르다는 말입니까? 지금 한국의 개신교회가 그런 지경입니다. 그것이 옳지 않음을 드러낼 때가 왔습니다.

다행인지 불행인지, 코로나19 팬데믹 기간 어쩔 수 없이 가정에서 온라인 예배를 드리게 된 이후 신자들 사이에서 교회가 무엇인가에 대한 고민이 시작되었습니다. 평신도교회를 이단시 여기던 사람들에게 그것도 가능한 교회의 형태라는 의식이 서서히 생기고 있습니다. 이것은 반가운 일입니다. 평신도교회가 취하는 가정교회 형태는 교회의 임시적인 형태가 아닙니다. 주님의 교회로서 온전한 형태입니다. 초대교회의 소아시아와 그리스 지역, 로마 지역의 교회들이 그랬습니다. 한국의 초기 기독교가 그랬고 북한과 중국의 가정교회가 그랬습니다. 임시적이며 불완전한 상태였다가 목회자가 세워짐으로 온전한 교회로 회복되는 것이 아니라, 처음부터 온전한 교회였습니다. 그리스도를 주로 고백하는 예배 공동체였으니까요. 평신도교회를 이루려는 시도는 무교회 운동이나 가나안교회와도 다릅니다. 무교회 운동처럼 구체적인 조직으로서 교회를 부정하지 않고 온전한 교회됨의 의미를 추구합니다. 또한 교회를 안 나가는 '가나안' 신자들의 모임이 아니라 목회자가 없어도 교회임을 주장하는 것입니다.

확신컨대, 이것은 교회를 파괴하는 것이 아니라 바로 세우는 일입니다. 한국 교회를 약화시키는 일이 아니라 체질을 강화시키고자 하는 것입니다. 교회를 떠나고자 하는 것이 아니라 더욱 깊게 속한 일원이 되어 교회를 품고자 하는 것입니다. 목회자를 부정하는 것이 아니라 목회자의 역할과 기능을 새롭게 재설정하고자 하는 것입니다. 많은 사람들의 걱정처럼 "각기 자기 소견에 옳은 대로" 가고자 하는 사사 시대를 지향하는 것이 아니라, 말씀의 능력이 살아있는 초대교회를 본받고자 하는 것입니다. 우리가 예수를 믿고, 우리 앞에 '성경 말씀'이 있고, 우리 속에 '성령'이 계시는 한, 신자와 교회는 결코 그릇된 길로 가지 않을 것입니다. 결코 사사 시대로 가지 않을 것입니다. 사사 시대는 말씀이 사라진 시대입니다. 성령이 소멸된 시대입니다. 자기 탐욕과 이익을 따라 자기 성을 쌓고 살던 시대입니다. 우리 스스로도 그런 삶을 살지 않는지 늘 돌아봐야겠지만, 한국의 일반 교회들도 예외는 아닙니다.

우리는 성경의 말씀을 진리라 믿습니다. 예수를 믿음으로 진리의 영이신 성령께서 우리 안에 계심을 믿습니다. 그로 인해 우리가 성경을 읽을 때 그분의 뜻을 알 수 있으며 그 뜻대로 살 수 있는 힘을 받습니다. 우리는 성령을 따라 예수님을 본받으며 등불처럼 이 시대를 살고자 합니다. 그를 구세주로 믿을 뿐 아니라 선생으로 여기며 그 믿음에 합당한 삶을 살고, 세상의 고통에 응답하는 삶의 자리에 서고자 합니다. 할 수만 있다면 우리의 일부가 아니라 전 존재를 던져 예수를 따르고자 합니다. 이것을 어찌 사사 시대로 간다고 말할 수 있습니까?

평신도교회가 교회의 본질을 회복하는 일을 하면, 자연스럽게 한국 교회의 정치, 교회의 잘못된 권력 문제가 드러날 것입니다. 이는 자연스러운 일입니다. 대조가 되는 기준이 있으면 다른 것들이 비교되는 법이니까요. 그러나 우리는 평신도가 권력을 쟁취하는 교회의 정치 투쟁에 관심을 두지는 않습니다. 우리의 관심은 무엇입니까? 교회로서 세상의 고통에 참여하는 타자지향성, 예언자적 사명을 감당하는 것입니다. 목회자에게 의존하지 않아도 우리 속에 성령이 계셔서 우리가 주님의 제자로 살아가는 데 필요한 뜻을 알 수 있다는 사실을 드러내는 것입니다. 세상의 병든 것, 무너진 것, 고통받는 것을 불쌍히 여기시는 하나님의 역사가 신자 공동체를 통해 드러나 세상이 치유되며, 우는 이들이 웃으며, 병든 자들이 회복되는 일을 보는 것입니다. 이러한 것들이 없는 교회는 살아있는 교회라 할 수 없습니다. 그런 교회가 되는 데에 '목회자-평신도' 이원 구조, 목회자 의존성이 걸림돌이라는 것입니다.

얼마 전 누구라고 하면 다 알 만한 교회 개혁 운동의 대표적인 목회자 한 분과 서신 교류를 했습니다. 우리의 시도를 말씀드리니 그분은 꼭 필요한 일이라시며 한국 교회의 현실을 개탄하셨습니다. "목회자들이 주인 노릇을 하고, 신자들은 종이나 들러리가 되어서도 그게 편하고 좋다며 목회자에게 맹종하는 그 자세"가 오늘의 한국 교회를 망가트렸다는 것입니다.

한 가지 유념할 점도 있습니다. '목회자와 평신도', 그 잘못된 질서가 바로잡혔다고 해서 곧바로 평신도교회들에 성령의 역사가 임하며, 그 공동체가 타자 지향적 교회로서 굳건히 서게 되지는 않는다는 사실입니다. 오히려 누구의 말도 듣지 않고 제 생각대로 살아가므로 제 소견에 옳은 대로 행할 가능성도 있습니다. 또한 연약해지기도 합니다. 평신도교회 역시, 사람이 모인 곳이고 목회자처럼 의지할 만한 존재가 딱히 없다 보니 비바람이 칠 때 무너지기 쉽습니다. 그동안 자식들의 신앙을 전문 사역자들에게 맡겨서 편했는데 이제 가정교회 혹은 평신도교회를 하려니 자녀의 신앙에 대한 부모의 무한 책임이 더럭 겁도 납니다. 두렵고 떨리는 일입니다.

그러나 그런 두려움은 초대교회 신자들이 겪은 바였습니다. 그들은 복음을 받아서 그리스도인이 되었지만, 바울이나 베드로 사도가 매주 자기들과 함께하며 설교하지 않았습니다. 그들 지도자는 2-3년에 한 번 정도 방문하는 나그네였고, 변변한 신약성경도 없었습니다. 그렇지만 그 막막한 가운데 그들은 서로 사랑하며 기억 속에 있는 주님의 말씀, 사도들이 전달해 준 서신을 붙들고 성령님의 인도하심을 따라 교회로 모이고 전진한 것입니다. 의지할 자 없이 모일 때, 비로소 성령이 그들을 가르치셨습니다.

우리도 그럴 것입니다. 의지할 것이 없을 때 부르짖을 것이며, 누군가 길을 제시하지 못할 때 성령이 빛으로 길을 보여 주실 것입니다.

교회 앞에 '평신도'라는 이름을 두는 까닭

교회 앞에 '평신도'를 넣어 '평신도교회'라고 이름을 붙이는 이유는 무엇입니까? 이는 개신교회가 기본적으로 평신도적 속성을 띠고 있음을 부각하려는 것입니다. 개신교는 '사제와 평신도' 계급이라는 가톨릭교회의 이원론을 극복하고 나선 교회입니다. 사제에게 온갖 신적 권한과 권위를 주고 평신도는 그에 의존적인 존재가 되면서, 중세 가톨릭교회 시절에 평신도는 어리석게 되고 사제는 특권으로 인해 부패하여 교회의 교회 됨을 잃어버렸습니다. 그 문제를 넘어서기 위해 종교개혁이 시작되었지요. 나아가 가톨릭교회가 정치권력과 결탁하거나 스스로 권력이 되어 정치화하는 모습을 보고, 이를 극복하고 초대교회의 예언자적 위치를 회복하고자 나타난 것이 개신교회입니다.

그런 의미에서 루터의 종교개혁은 한계가 있습니다. 믿음으로 구원을 얻는 것과 만인사제론을 주장했다는 점에서 루터는 옳습니다. 루터의 친구이자 평신도 교수였던 필리프 멜란히톤(Philipp Melanchton)은 종교개혁이 시작되면서 가톨릭 신부들의 절대적 권한이었던 세례를 예배 시간에 직접 집전했습니다. 역사는 그 모습을 보며 '평신도에 의한 세례 집전'이라 평가했습니다. 그러나 루터의 종교개혁은 도시의 지배자들이나 영주 등 세상 권력과의 연결 고리를 끊어 내지 못했습니다. 국가 및 정치와 연결된 교회, 즉 가톨릭의 '국가교회' 형태를 다 벗지 못하고 사회 변화를 위한 실천적 신앙으로 나아가지 못했다는 점에서 종교개혁은 한계를 지닙니다. 부당한 종교권력과 정치권력 모두에 항거해야 했으나, 가톨릭교회와의 생사를 건 싸움 때문이었는지 루터는 정치권력과는 타협했습니다.

루터 등 앞선 종교개혁자들이 지닌 한계를 본 젊은 청년들은 믿음으로 구원을 얻는 '이신칭의'도 귀하지만, 구원받은 후 그리스도를 본받는 '따름' 또한 중요하다고 강조하며 부당한 정치권력에 맞섰습니다. 가톨릭교회도 변화를 겪었습니다. 근세 들어 국가와 교회가 완전히 분리되면서 가톨릭교회는 중세 때의 '교회-정치' 밀착 구조에서 벗어나 예언자적 위치를 회복하기도 했습니다. 프란치스코 교황은 우연히 나온 인물이 아닙니다.

그런데 지금 한국 개신교회는 교회 내부적으로 '목회자-평신도 이원론'에 눌리고 다른 한편으로 대형 교회를 중심으로 특정 정치 세력이나 기득권의 한 축이 되어 버렸습니다. 이 두 가지 문제를 함께 안고 있는 것이 한국 교회의 현실입니다. 제가 평신도교회라는 말을 쓰려는 것은 이 두 가지 핵심 문제가 사실 '평신도와 목회자 이중성' 구조와 연결되어 있음을 드러내며, 뒤늦게라도 한국에서 온전한 종교개혁이 시작되기를 소망하기 때문입니다. 아니, 루터의 종교개혁을 모형으로 삼고 그 시절로 회귀하는 것을 넘어, '이신칭의'와 '산상수훈'을 함께 붙들었던, 즉 구원과 따름을 통합한 초대교회 계승자들의 삶을 본받고자 하는 것입니다.

사실 평신도라는 용어를 쓸 때 우리는 다소 불편함을 느낍니다. 신자가 자신을 평신도라 할 때보다 목회자가 평신도라고 우리를 부를 때 그 불편함을 더 느낍니다. '평신도'라는 개념은 신자를 깔보거나 목회자와 견주어 그 존재를 낮추어 보는 모욕적인 개념이기 때문입니다. 그게 현실입니다. 작고하신 김인수 교수님은 20년 전 〈복음과상황〉에 기고하신 "평신도, 병신도?"라는 제목의 글에서 평신도들의 의존적 실상을 신랄하게 묘사한 적이 있습니다. 당연히 평신도라는 용어의 한계를 넘어서야 합니다. 그러나 그 한계를 극복하는 길은 그 용어를 사용하지 않는 데 있지 않습니다. 오히려 그 한계를 알고 넘어서는 과정에서 극복되는 법이지, 사용을 회피하거나 다른 용어를 쓴다고 해서 극복되지 않습니다. 그것은 폴 스티븐스 목사가 제안한 개념어인 '온성도'가 '목회자-평신도' 구조를 넘어서는 통합적 의미로 제시되었지만 사용하는 이들이 별로 없어 죽은 용어가 된 사례를 통해서도 알 수 있습니다.

앞으로 평신도가 목회자의 들러리가 아니라 교회를 구성하는 주체임을 확인하고 왕 같은 제사장의 권세를 회복하는 순간, 이 비루한 용어도 사라질 테지요. 우리는 그 길을 비추는 등불이 되고자 자임합니다. 그때까지 우리는 다소 불편해도 평신도라는 말을 붙들고, 더 나아가 '평신도'라는 개념을 영광스러운 표현으로 취하려고 합니다.

그렇다면 목회자는 왜 존재하는가?

목회자 그룹 내에서 '평신도로만 교회가 가능하다면 목회자는 왜 필요한가', '신학 수업과 신학교 입학은 왜 필요한가', '평신도교회는 내 존재를 부정하는 것 아닌가'와 같은 비판이 나올 수 있습니다. 개혁적인 교회 목회자들 가운데서도 이 부분에서 불편을 느껴 저희와 거리를 두는 분들이 있습니다. 저 역시 지인들 가운데 목회자들이 많아서 오랜 세월을 고민했습니다. 힘겹게 주를 위해 일하는 분들의 기운을 빼지는 않을지 망설임도 컸습니다. 그러나 이제 그렇지 않다는 점을 이해했습니다.

평신도들로 교회가 가능하다는 말은 목회자의 존재를 부정하는 것이 아닙니다. 교회도 조직인 이상 지도자가 필요합니다. 그런 의미에서 우리는 아나키스트(무정부주의자)가 아닙니다. 조직과 질서가 필요하고 그 속에서 신자들을 대표하는 목회자, 신자들을 가르치는 목회자는 필요합니다. 우리가 배격하는 것은 평신도와 구별되는 '구름 위 존재'로서의 목회자입니다. '주의 종'인 목회자를 '주의 백성'인 나머지가 떠받드는 구도 말입니다.

우리가 찬성하는 목회자 위치는 목회자가 교회 회중의 일원임을 자각하는 전제 위에 있습니다. 그들은 평신도들이 목회자에게 의존하지 않도록 하며 평신도 스스로 말씀 앞에 단독자로 서도록 깨우는 일, 신자들이 목회자 없이도 스스로 교회를 이루는 주체가 될 수 있도록 바로 서는 일을 돕습니다. 신자들 속에 성령이 내주하시니 신자들이 스스로 말씀을 해석할 수 있고, 해석된 말씀을 따라 살 뿐 아니라 그 깨달음을 회중 앞에서 드러낼 수 있어야 합니다. 신자들이 공적 예배의 자리에서 말씀을 붙들고 설 때 목회자의 설교와 목회 자세도 바뀌겠지요. 이렇게 목회자에게 의존하지 않고 주님만 의존하는 신자들이 있는 교회는 절대 망하지 않을 것입니다. 또한 그들을 그렇게 존귀한 자로 키우는 목회자는 지도자로서 그 인품과 자질에서 일반 신자들의 존경과 신망을 받겠지요. 사람을 의지하지 않고 말씀을 중심에 세우니 신자들이 깨어날 것이며 교회는 덜 망가질 것입니다.

따라서 한국의 모든 기존 교회들이 목회자가 없는 교회 형태를 취해야 한다는 말은 아닙니다. 그렇게 될 수도 없습니다. 우리와 같은 교회 형태는 앞으로 확대되어 나간다 해도 한국 교회 안에서 무척 소수일 것입니다. 우리가 이런 교회 형태를 띠고자 하는 목적은, 목회자가 없어도 성령께서 역사하시면 교회가 가능하니, 교회의 본질은 무엇이고 신자는 누구이며 목회자는 무엇을 위해 부름받은 존재인지, 다시 생각해 보자는 촉구입니다. 우리는 이 사명과 그에 따르는 비판을 명예롭게 감수하고자 합니다.

평신도교회가 한국 교회 내에서 갖는 위치와 의미

　평신도교회는 복음주의 교회와 신학의 새로운 담론입니다. 한국 교회는 이 흐름과 존재에 정당한 의미를 부여해야 합니다. 그렇게 할 때 목회자가 누구이고 신자가 누구이며 교회가 무엇인지 새롭고 복된 해석의 길이 열릴 것입니다. 이를 부정하는 순간, 교회는 퇴행할 것이고 가톨릭교회의 사제주의를 옹호하는 자리로 물러가게 될 것입니다.

　교회에서 말씀을 해석하는 권위가 오직 목회자에게만 부여되는 한, 교회는 위기에 빠지게 됩니다. 신자와 목회자라는 이중 구조가 없어지고, 신자들이 직접 주님의 말씀을 들을 수 있고 해석할 수 있고 또한 공적으로 말씀을 전할 수 있으며, 목회자는 그들을 지도하고 돕는 위치에 있을 뿐이라는 사실을 인정해야 합니다. 그렇지 않으면 교회는 현재 상황을 뚫고 나갈 수 없습니다.

　전망하건대, 한국 교회는 처음에는 이 흐름을 부정하다가 시간이 흐름에 따라 결국 인정하는 상황으로 갈 것입니다. 우리는 한국 개신교회가 이 흐름을 접하고 이 현상에 담긴 하나님의 뜻을 알아차리며 이를 신학적으로 해석하게 되기를 기대합니다. 나아가 그 해석한 것에 기초하여 자신(기존 교회와 목회자의 위치와 의미)을 해석하는 과정으로 발전할 것을 기대합니다. 그 과정을 거친 후에도 남는 것이 교회의 본질이고 진실입니다. 그런 의미에서 우리의 존재는 한국 교회 쇄신을 위한 걸음이며, 또 그렇게 되고

자 합니다. 지금은 목회자들이 경계심을 품고 바라볼지 모르겠으나, 언젠가 그분들도 이 현상을 온전하게 해석할 날이 올 것입니다. 그날을 내다보며 우리는 이 길을 가고자 합니다.

평신도가 말씀을 전할 때
생기는 일 [4]

4

저를 포함해서 우리 교회에 신학을 공부한 사람은 아무도 없습니다. 그래도 우리는 예수 그리스도를 주로 고백하며 그분을 따르고자 합니다. 그러기에 스스로 교회라고 부르기를 주저하지 않습니다. 우리 교회의 자녀들도 그런 부모들을 보며 말씀을 따르는 삶에 진지합니다. 그러나 주위에서는 "목회자가 없는데 교회라고요? 목회자 없이 평신도들끼리 말씀을 전한다는 것이 가능한가요?"라고 반문하기도 합니다. 그런 시선을 의식해서 일부 평신도교회는 주변에 이를 알리지 않고 조용히 예배를 드리기도 합니

---

4 이 글은 월간지 〈복음과상황〉 2021년 11월호에 실렸던 원고입니다. 앞 장에서 평신도교회의 취지를 밝혔다면, 이 글에서는 평신도교회가 견지하는 성경 해석의 관점을 주로 소개했습니다.

다. 그러나 저는 그렇게 하지 않기로 다짐했습니다. 평신도들이 교회로 모여서 말씀을 공부하며 나누는 것은 초대교회에 흔하게 있었던 일이며, 루터의 종교개혁을 온전하게 완성하는 일이라고 믿기 때문입니다. 오늘 글에서 그 이야기를 하고자 합니다.

종교개혁이 다 담지 못한 초대교회의 정신

한국 개신교의 뿌리는 종교개혁을 시작한 루터와 츠빙글리, 칼뱅 등에서 찾을 수 있습니다. 1517년 루터는 가톨릭교회에 대항해서 '오직 믿음으로!'라는 구원론을 붙들고 교회 갱신의 깃발을 들었습니다. 그의 종교개혁은 가톨릭교회의 여러 전통에 문제를 제기하고 성경으로 돌아가자는 태도를 취했다는 점에서 옳았습니다. 그러나 그의 종교개혁은 절반의 개혁이었습니다. '이신칭의' 구원의 원리를 강조하느라 '산상수훈'의 삶을 덜 강조했습니다. 교회 바깥의 고통에 민감하지 않았고 오히려 정치권력의 편에 서서 권력에 저항하는 이들을 탄압하는 일에 동조하기도 했습니다. 또한 성경을 독일어로 번역해 보급했으나, 말씀 선포의 자격은 목회자들에게만 한정했습니다. 그러다 보니 성경 해석의 주체가 '사제 계급'에서 '목회자 그룹'으로 이동되었을 뿐, 신자들이 말씀을 붙들고 공적 공간에 서는 일을 용인하지 않았던 것입니다. 그런 불완전한 종교개혁의 전통이 오늘날 한국 교회까지 이어졌습니다.

이는 신약성경 속 초대교회의 흐름과 다른 것이었습니다. 사도행전을 보면, 예수를 믿는 자들이 늘어나면서 사도들이 말씀 사역에 전념하기 위해서 스데반 등 일곱 명의 집사들을 세워 이들에게 구제와 봉사의 일을 맡겼습니다(행 6:1-5). 오늘날 교회는 집사들을 교회 일에 봉사하는 사람으로 한정하고, 말씀 전하는 일은 맡기지 않습니다. 그런데 당혹스럽게도, 초대교회 시절 집사 스데반은 회중들에게 구약의 말씀을 해석해 주며 예수가 그리스도임을 선포하다가 순교하게 됩니다. 이는 '목회자=설교자'라는 한국 교회의 고정관념에 어긋난 행동입니다. 집사 빌립 또한 스데반의 순교로 박해를 피해 사마리아로 갔고 그곳에서 말씀을 전하고 세례를 베풀었으며(행 8:5-15), 가사로 가는 길에서 에디오피아 내시를 만나 말씀을 풀어주며 세례를 베풉니다(행 8:26-40). 그 장면 역시 의아합니다. '아니 어찌 집사가 말씀을 전하고 세례를 베푼다는 말인가?'

에베소서 4장 11절을 보면 "어떤 사람은 사도로, 어떤 사람은 선지자로, 어떤 사람은 복음 전하는 자로, 어떤 사람은 목사와 교사로 삼으셨으니"라는 내용이 나옵니다. 여기서 목사라는 직분이 나오지만, 이는 사도와 선지자, 복음 전하는 자, 교사와 구별되는 존재로서의 목사입니다. 그러니 우리가 일반적으로 생각하는 '공적 공간에서 말씀을 해석하고 가르치고 전하는 유일한 존재'로서의 목사와는 그 의미와 기능이 일치하지 않습니다. 고린도전서 14장 26-30절을 보면 이런 내용이 있습니다.

너희가 모일 때에 각각 찬송시도 있으며 가르치는 말씀도
있으며 계시도 있으며 방언도 있으며 통역함도 있나니 모든
것을 덕을 세우기 위하여 하라 … 예언하는 자는 둘이나 셋이나
말하고 다른 이들은 분별할 것이요 만일 곁에 앉아 있는 다른
이에게 계시가 있으면 먼저 하던 자는 잠잠할지니라.

고린도교회 내에서 예배 중 찬송과 말씀, 계시, 방언과 통역
이 있었다는 말입니다. 계시의 말씀을 전하는 자들 또한 두세 명
이 넘었음에도 바울은 이를 단속하기보다는 질서 있게 진행하라
고 당부할 뿐이었습니다. 이는 초대교회 내에 말씀을 선포하는
자가 한 사람이 아니며, 여러 신자들이 말씀과 계시를 공적 공간
에서 드러내는 것이 금지되지 않았음을 의미합니다.

오늘날 우리에게는 이 말씀이 의아합니다. 그러나 당시 상황
에서는 자연스러운 일이었을 것입니다. 사도 바울이나 베드로는
아시아에 흩어진 교회들의 고정적 설교자가 아니었습니다. 몇 년
만에 한 번씩 말씀을 전하러 방문하는 순회 전도자였을 뿐이며,
평상시 그들은 사도들이 자기 교회에서 준 말씀이나 편지에 의존
해서 교회 생활을 했습니다. 초대교회는 가정에서 예배를 드리는
작은 규모의 모임이었지, 오늘날과 같은 수백 수천의 신자들이
모인 대형 교회가 아니었습니다. 리더와 직분이 없었던 것은 아
니나 한번 장로면 영원한 장로 소위 '항존직'이라 불리는 존재가
아닌 기능적으로 구별된 사람을 세운 것이었습니다. 그들은 일반

신자들과는 다른 구름 위의 존재가 아니었습니다. 신자들 간의 관계는 수평적이었고 말씀 나눔의 기회는 개방적이었습니다.

가톨릭교회 밖에서 초대교회를 계승한 공동체들

이런 흐름이 끊긴 것은 313년 콘스탄티누스 황제가 기독교를 공식 인정한 후였습니다. 교회가 정치권력과 결탁하거나 교회가 국가를 지배하는 이른바 국가교회(Christendom)가 되고 나서는 상황이 달라졌습니다. 말씀을 해석하고 전달하는 주체가 사제로 한정되었고, 일반 신자들은 라틴어 성경 말씀에 접근하기조차 어려웠습니다. 그들은 미사를 통해서 오직 해석된 말씀만 들을 뿐이었습니다. 말씀 전하는 권한이 사제로 제한되고, 그들에게 권력까지 주어지게 되니 교회가 부패하게 된 것입니다.

그러나 일부 신자들은 이런 가톨릭교회의 국가교회 흐름을 거부하고 바깥에서 초대교회의 정신을 계승하고자 했습니다. 오랫동안 우리는 이들의 존재를 잘 몰랐습니다. 1517년 루터가 시작한 종교개혁만 기억합니다. 기껏해야 그 전에 후스(Jan Hus)나 사보나롤라(Girolamo Savonarola), 존 위클리프(John Wycliffe) 같은 인물 정도를 기억할 뿐입니다. 그러나 잘 알려지지 않은 교회사 기록을 살펴보면, 4세기 국가교회의 대세적 흐름을 거부한 이들이 있었습니다. 종교개혁 때까지 프랑스 리옹, 이탈리아 북부 피에몽 계곡, 터키와 스페인의 계곡에서 로마제국에 편입된 가톨릭교회에 저항하며 초대교회의 정신을 계승하고자 사투한 이들이 존재했습니다.

이들은 가톨릭교회의 비성경적 전통을 거부하고, 마리아 숭배도 거부했습니다. 오직 믿음으로 구원을 얻는 '이신칭의'를 붙드는 동시에 예수의 제자로 '산상수훈'의 말씀을 따라 살고자 했습니다. 이미 자국어로 성경 말씀을 번역해 보급했으며, 말씀을 전하는 목사 그룹과 일반 평신도를 구분하지 않고 일반 신자들도 말씀을 전했고, 그들의 선한 삶으로 주변 지역 사람들이 큰 영향을 받았습니다. 놀랍게도 이들의 고백은 16세기 종교개혁과 오늘날 개신교회의 고백과 일치하는 부분이 많습니다.

이들의 존재에 위협을 느낀 가톨릭교회는 대대적인 탄압을 가했습니다. 이들을 이단으로 몰아세우며 고문과 화형으로 죽였고, 이들이 기록한 문서를 샅샅이 찾아 불살랐습니다. 존재 자체를 말살하고자 했던 것입니다. 그 결과, 탄압에 맞서 신앙을 지킨 그 처절한 역사를 우리는 까맣게 잊고 살았습니다. 가톨릭교회의 핍박으로 지도자들이 수없이 죽자 그들은 빈 공백을 또 다른 평신도 지도자들로 채우면서 말씀의 끈을 이어갔습니다. 이들이 핍박을 피해 각처에서 피에몽 계곡으로 모여들었고, 다시 그 핍박을 피해 지금의 스위스, 독일, 체코로 흩어져 그곳에서 교회 공동체를 세우고 복음을 전하며 버텼습니다. 그러다가 루터 등의 종교개혁으로 연결된 것입니다. 이렇게 가톨릭교회 바깥에서 4세기부터 15세기까지 초대교회 정신을 계승하며 버텨온 그 계승자 공동체들이 없었으면 위클리프나 후스도 없었을 것이고 루터의 종교개혁도 없었을 것입니다.

신자란 누구인가: 오직 그리스도께 의존하는 주체

저는 그 흐름을 몰랐습니다. 그러나 목회자 없는 평신도교회를 시작하고 보니, 그들의 역사가 눈에 들어오기 시작했습니다. 이제부터 저는 평신도가 자신이 해석한 말씀을 공적인 공간에서 전할 수 있느냐와 관련해, 제가 경험한 바를 나누고자 합니다.

우리는 모두 주님을 믿는 신자로 부름을 받았습니다. 그렇다면 신자는 누구입니까? 예수를 구주로 믿고 그분을 따라 십자가를 지는 존재입니다. 사람들에게 의존하지 않은 채, 오직 그리스도께만 의존하며 주체적인 존재로 살도록 부름받은 사람들입니다. 우리 삶의 지향점은 무엇입니까? 예수의 삶을 본받는 것입니다. 타자인 우리를 위해 그분이 몸을 바치셨으니 우리도 타자 지향적 삶을 살아야 할 존재입니다. 그렇다면 우리의 고민은 무엇입니까? 나는 부족한데 내게 주어진 사명의 짐은 무겁다는 것입니다. 연약한 나와 감당할 사명 사이에 내 힘으로 넘을 수 없는 깊은 간극이 존재합니다. 제자의 짐을 지고 가다가 때로 혼란에 빠집니다. '내게 왜 이런 시련이 찾아오는가?' '이 일에 반대하는 힘은 왜 이렇게 강한가?' '내게 주어진 약속은 과연 성취될 것인가?' '나 홀로 짐을 지고 가는 것은 아닌가? 주는 어디 계시는가?'

이런 질문을 해결할 길이 자신에게는 없습니다. 스스로를 아무리 격려해도 그 격려가 힘이 될 수 없다는 것을 자신도 잘 압니다. 이는 예수의 제자로 살기로 하면서 겪게 되는 한계요 아픔이니 그분이 풀어주셔야 할 몫입니다. 그러니 어떻게 하겠습니까? 예수께로 나아가게 됩니다. 매일 새벽으로 밤으로 그분 앞에 나가 말씀을 붙들고 씨름하고 기도 가운데 자신에게 주어진 난제를 풀어달라고 부르짖기 마련입니다. 그런 요청, 탄원, 부르짖음에 주께서 침묵하시는 경우는 없습니다. 남들은 무심코 지나가는 말씀이 자신에게는 큰 위로가 되고 힘으로 다가옵니다. 지루한 족보 이야기나 제사의 장황한 절차에 대한 지침 속에서 문득 나를 위로하는 아버지 하나님의 임재를 감지합니다. 평상시 풀 수 없는 수수께끼로 밀쳐 두었던 말씀이 갑자기 이해되기도 합니다. 말씀을 읽고 기도하다가 불현듯 한 말씀이 자신을 파고들어 해묵은 내적 문제가 풀리기도 합니다. 기도 가운데 문득 홍해를 건넌 이스라엘 백성들이 소고 치며 찬송하는 장면이 떠오르며, '아, 내 문제도 해결되겠구나!' 그렇게 안심합니다. 객관적으로 존재하던 말씀이 내게 살아있는 능력으로 경험됩니다. 그래서 크게 기뻐하고 안심합니다. 내려놓았던 의욕의 끈을 잡기도 하고, 위기 속에서 두려움에 떨던 마음에 평화가 찾아옵니다. 풀 수 없었던 과제를 푸는 지혜, 그리고 돕고자 하는 이들이 찾아오기도 합니다. 모욕에 참지 못하던 마음은 사라지고 다시 주님의 고난에 동참하기 위해 전진합니다.

설교란, 그 깨달음을 예배라는 공적 공간에서 나누는 것입니다. 그 말씀을 듣는 순간, 회중 가운데는 어떤 일이 생기겠습니까? 영혼의 불꽃이 생깁니다. 말씀이 한 인생의 삶에 침투해서 그 삶을 변화시키는 과정을 들으며, 자신도 말씀 앞에 서고자 하는 열망이 솟구칩니다. 말씀을 전하는 자가 목회자일 때 신자는 말씀을 전하는 자와 나를 다른 존재로 여기기 쉽습니다. 그러면 자신이 말씀에 무심한 것을 당연시하게 됩니다. 자신을 성경을 해석하는 주체로 세우지도 않습니다. 그런데 말씀을 전하는 자가 자기와 같은 평범한 신자라면 이야기가 달라집니다. 주께서 찾아와서 그에게 말씀하시고 변화시키는 모습을 볼 때, 신자들은 말씀과 자기 사이에 가려진 게으름의 벽을 걷어 내기 시작합니다. 그를 보며 자신 또한 매일의 삶에서 스스로 말씀의 생명수를 길어 올릴 수 있는 존재임을 깨닫게 됩니다.

교회란 누구인가: 말씀을 해석하는 신자들의 공동체

전문 신학자나 목회자도 아닌데 과연 평신도가 전하는 저 말씀이 옳을까? 저러다가 각기 제 소견에 옳은 대로 살아간 사사 시대의 혼란에 빠지는 것은 아닐까? 그렇게 평신도 설교자와 평신도교회를 불안하게 볼 수 있습니다. 그러나 사실은 그렇지 않습니다. 그가 예수를 믿고 그를 따르는 제자로 순종하며 살면서 말씀을 의지하는데, 그 말씀이 그를 그릇된 길로 인도할 리 없습니다. 사람들이 그릇된 길로 가는 이유는 무엇입니까? 예수의 제자로서 자기 생의 과제가 없고 오직 자기 이익을 확장하는 데 관심을 두기 때문입니다. 스스로 감당할 수 없는 사명의 짐이 있어야 자기 한계를 넘어서는 길을 하나님께 물을 텐데, 내가 할 만한 일이요 내 욕망 내 안전을 위한 길에 서 있는데 그분께 물을 이유가 무엇이겠습니까? 그러다가 그리스도를 경험하지 못한 채 자기 생각에 빠진 후 망하는 것입니다. 전문 신학자나 목회자라 해서 다르지 않습니다.

신학을 배우지 않았더라도, 말씀을 붙들고 선 그들이 그릇된 길로 가지 않는다는 더 확실한 근거는 무엇입니까? 성령님입니다. 주께서 그분을 우리에게 주셨으니, 우리가 말씀을 통해 하나님의 뜻을 깨닫고자 할 때, 성령께서는 말씀을 이해하고 분별하고 깨닫게 하십니다(요 14:16-17; 15:26; 16:13-14). 예수의 영이 그에게 임하는 한, 말씀에서 답을 찾고자 하는 이의 열심에 성령께서는 침묵하지 않습니다. 예수를 따르는 길을 가고자 말씀을 보는데 그가 그릇된 길로 가지 않는 것은 주의 영이 그를 가르치기 때문입니다. 그것이 우리를 가르쳐 줄 목회자도 없는 평신도교회가 성경을 붙들고 씨름하는 근거입니다.

그렇게 신자 개개인이 말씀을 깨닫고 해석한 후 교회라는 공적 공간에서 함께 나눌 때 큰 유익이 생깁니다. 성령께서 개개인에게 영감을 주셨다고 해서 그 말씀을 완전하다고 장담할 수는 없습니다. 그에게는 필요한 말씀이었으나, 성령께서 또 다른 이들을 통해서 해석의 지평을 넓혀 주실 수도 있습니다. 부분적으로 이해한 말씀이 교회 공동체를 통해서 더 깊고 넓게 완성되는 것을 볼 수도 있습니다. 그럴 때 우리는 놀라며 탄복하고 우리 속에 계신 성령님의 존재에 눈을 뜹니다. 이렇게 성령께서 깨닫게 하신 말씀이 나로부터 시작해서 공동체를 통해서 검증되고 확대되는 것입니다. 그러니 교회란 '성경 말씀을 해석하는 신자들의 공동체'입니다. '해석하는 공동체'라고 하는 것은, 하나의 해석만 지배하는 상황을 거절하는 것입니다. 풍부한 해석이 함께 모여 내가 깨달은 말씀의 진실함이 확인되며, 오류가 수정되고, 성령의 깨닫게 하시는 역사가 신자들의 말씀 나눔 속에서 반복되는 것을 경험하는 공동체, 그게 교회인 것입니다.

물론 교회 내에 말씀을 가르치는 지도자가 필요합니다. 그러나 이는 그분만이 말씀을 해석하고 가르칠 수 있다는 뜻이 아닙니다. 오히려 신자들이 말씀을 붙들고 자기 삶을 살아가며 또 공적으로 자신이 해석한 바를 나누는 주체로 설 수 있도록 돕고 격려하기 위해 지도자가 필요한 것입니다. 이런 교회는 결코 무너지지 않습니다. 예수를 구주로 믿고 그분의 제자가 되어 세상의 고통에 응답하기 위해 힘쓰며, 목회자와 평신도로 구분된 낡은 이원 구조를 용인하지 않고, 말씀이 누구를 통해서 선포될지 기대하며 서로 배우는 교회는 그 자체가 초대교회입니다.

한국의 모든 교회가 저희와 같은 방식의 평신도교회 구조로 바뀔 수는 없습니다. 물론 저는 평신도들로 구성된 작은 교회들이 확산되기를 기대합니다. 그러나 모든 교회가 다 그렇게 될 수는 없습니다. 대신 저는 기성 교회 내에서 가정교회들이 많이 세워지길 권합니다. 그 공간 속에서 평신도 지도자들을 세워 말씀을 전하며 서로 말씀에 대해 나누는, 이른바 해석의 공동체가 되는 교회를 체험하게 되길 기대합니다. 그리고 목회자의 설교와 별도로 그들 지도자 중 일부를 정기적으로 전체 예배의 설교자로 세우면 좋겠습니다. 신자들에게 주는 도전이 작지 않을 것입니다. 목회자 역시 '신자들을 저런 존재로 세우는 것이 내 직무이구나' 하고 인식하게 될 것입니다. 무엇보다도, 말씀을 전하는 기능으로 평신도들과 자신을 구별했다면, 그 벽이 무너짐으로써 목회자란 평신도들과 다른 구름 위의 존재가 아니라 바로 신자들 공동체 속의 한 일원임을 알게 될 것입니다. 그리고 이전에는 보지 못했던 지도자의 새로운 역할이 보이게 될 것입니다. 그 순간, 가톨릭교회의 '사제-평신도'라는 이중 구도가 깨지고, 진정한 의미에서 종교개혁이 시작될 것입니다.

감히 집사가 설교를!
: 스데반과 빌립[5]

5

2014년 새해 첫 주일부터 우리 가정은 교회를 가지 않고 집에서 예배를 드리기 시작했습니다. 젊은 시절부터 2008년까지 고향과 같은 대학촌교회에 23년간 머물다가 더 이상 머물 수 없는 상황이 되어 슬픔을 안고 교회를 떠나왔습니다. 무의미하게 떠나지 않고 싶었고, 다른 교회로 옮기지 않으려고 했습니다. 새로운 교회를 시작하는 길이 열리면 그것을 주의 뜻으로 알고 파송 받아 나서려 했고 마침 교회 내 다섯 가정이 동의해서 그렇게 시작한 길이었습니다. 나와서 많은 풍파를 겪었고, 결국 교회를 해산한

---

5   이 글은 2018년 8월 몇몇 평신도교회들이 연합 모임을 시작할 때 발표한 원고입니다. 그 후로도 지금까지 매년 정기적으로 연합 모임을 갖고 있습니다.

후 다니엘새시대교회에 4년간 머물렀습니다. 그러나 그렇게 머물기 위해 고향 같은 교회를 떠나온 것은 아니라는 판단 아래, 우리를 붙잡는 교우들의 만류에도 결국 2014년 다니엘새시대교회를 떠나왔습니다.

어디로 가야 할지 정처 없었지만, 우리 가정에서 식구끼리 첫 예배를 드렸습니다. 그때 우리는 사도행전을 읽었는데, 교회가 시작된 역사를 읽는 감회가 참 남달랐던 기억이 납니다. 오늘 우리는 세 교회가 함께 모여서 주일 예배를 드립니다. 교회의 본질을 잃어가는 오늘의 한국 교회 현실 속에서 이 작은 시도가 무엇을 의미하는지 다 가늠할 수는 없지만, 새로운 출발을 하고자 하는 우리 교회들에게 사도행전을 통해 주께서 주시는 말씀의 의미는 크다 할 것입니다.

사도행전: 핍박 속에서 성장하는 기독교 공동체

사도행전은 예수의 부활과 승천 후 사도들의 행적에 관해 쓴 기록입니다. 주님이 부활하시고 하늘로 올라가신 다음, 제자들은 마가의 다락방에 모여 기도하다가 성령의 충만하심을 덧입습니다. 놀랍게도 예수를 따를 당시의 소심함과 비겁함은 사라지고 용기와 담력의 사람들로 거듭난 제자들은 예수의 죽으심과 부활을 전합니다. 이에 남자 3천 명이 예수를 믿게 됩니다.

그후 베드로와 요한이 성전에 올라가 미문 앞에서 앉은뱅이

2부 목회자 없이 교회 없다?

환자를 일어서게 하고, 이에 놀란 군중들에게 예수의 부활하심을 중심으로 복음을 전합니다. 이 일로 그들은 감옥에 하룻밤 갇히지만 예수를 믿는 사람들은 오히려 늘어나 남자 5천 명이 신자가 됩니다. 베드로와 요한을 붙잡아 하룻밤 감옥에 가둔 종교 지도자들은 공회 앞에서 두 사람을 심문하며 예수 이름으로 아무 말도 하지 말라고 협박한 후 풀어줍니다. 그러나 제자들은 이에 주눅 들지 않고 재차 공개석상에서 복음을 전하며 각종 기사와 이적을 일으키며 백성들의 칭송을 받았습니다. 위험 분자라고 여기고 종교 지도자들과 정치권력이 합세해서 그들을 감옥에 가두었지만 놀랍게도 감옥 문이 열렸습니다. 자유롭게 된 제자들은 도망가기는커녕, 주의 사자가 명령한 대로 생명의 말씀을 전하기 위해 성전에 다시 나갑니다. 하루 정도 쉬면서 몸을 보전했을 법도 한데 석방된 바로 그날 새벽 기어이 성전으로 가니, 참 그 용기와 담력은 어찌할 수 없는 일입니다. 이런 과정을 통해 예루살렘에서 예수를 믿는 사람들이 급격히 늘어나게 되었습니다. 오늘 말씀은 이런 배경 속에서 나오는 내용입니다.

이러한 사도들의 사역으로 예루살렘의 신자 수가 급격히 늘어나게 되었습니다. 당연히 제자들의 공동체에 모인 사람들도 많아지고, 이들을 챙기기 위한 돌봄과 살림의 문제가 심각해졌습니다. 내부에서 불만이 터져 나왔습니다. 특히 헬라파 유대인 신자들의 불만이 컸습니다. 이런 문제는 조직이 확장되면 비일비재하게 나타나는 일입니다. 이때 조직 관리를 위한 지혜가 필요합니다. 사도들은 이렇게 결정합니다. 그동안 자신들이 맡았던 두 가지 업무 즉, 말씀 전하는 일과 내부 살림 챙기는 일 중에서 자신들은 전자에 집중하기로 하고 후자는 새로운 지도자들을 뽑아 그들에게 맡기기로 합니다. 그래서 일곱 명을 세웠습니다. 다 아시는 대로, 이 일곱 명은 다 비예루살렘 출신 유대인 신자 대표들입니다. 즉 내부 살림의 불편과 불만을 느끼는 사람들의 입장을 가장 잘 대변할 사람들을 지도자로 세웠다는 것이지요. 우리는 이들을 소위 '일곱 집사'라고 부릅니다.

왜 이들을 일곱 집사로 불렀는지 오늘 말씀에 근거가 나오지는 않습니다. 다만 디모데전후서 등 교회 행정 관련된 성경 본문을 보니까, 말씀 전하는 장로가 있고 그 외 일을 감당하는 직분으로 집사 직분이 있는 것으로 보아 이들을 집사로 분류한 것 같습니다. 과연 그런가 하는 것은 좀 더 살피고 따져 봐야 할 문제입니다. 여하튼 여기서 집사는 사도들이 담당하는 '말씀 사역자'와는 구별되는 '내부 행정봉사 전담자' 혹은 '말씀 사역자들을 지원하고 돕는' 존재인 것으로 보입니다. 그러나 이것은 '신분적 구분'이 아닌 '기능적 구분'입니다. 즉 말씀 전하는 자가 따로 있고 구제와 봉사하는 자가 따로 있으며, 그들 사이에서는 넘나들 수 없는 높다란 벽이 있다고 봐서는 안 된다는 말입니다.

오히려 사도나 집사 할 것 없이 우리의 신분은 모두 예수의 제자들이요, 예수의 제자들은 예수의 부활하심과 하나님 나라를 전파하는 사명을 받은 존재들입니다. 마태복음 28장 19절에서 우리 주님이 "너희는 가서 모든 족속으로 제자를 삼아 아버지와 아들과 성령의 이름으로 세례를 주고 내가 너희에게 분부한 모든 것을 가르쳐 지키게 하라"라고 명령하셨으니까요. 이 지상 명령은 열두 사도들에게만 하신 게 아니라 그 후에 예수를 따르는 모든 사람들에게 분부한 바입니다. 다만 사도행전에서 소위 '집사직'을 구분한 것은 마치 선교사가 선교지로 가서 복음을 전하려 하는데 일이 많아져 선교사 중 일부에게 파송 기관의 내부 살림과 행정 업무를 담당할 직책을 맡긴 것과 유사합니다. 그러나 행정을 맡았다고 해서 복음을 전할 수 없는 것은 아닙니다. 누구도 그렇게 말할 수는 없습니다.

스데반과 빌립은 '월권'한 것인가?

제가 이렇게 말하는 성경적 근거가 무엇입니까? 스데반입니다. 사도행전 6장을 보면, 그는 구제와 봉사에 전념할 자기 신분을 잊었는지, 은혜와 권능에 충만해서 큰 기사와 표적을 민간에 행했습니다(행 6:8). 또한 헬라 출신 유대인들과 각 회당에서 예수 그리스도의 부활과 메시아 되심을 중심으로 논쟁도 했습니다. 그 모습은 사도들이 예수의 제자로서 행한 것과 정확히 일치합니다. 그의 설교는 참으로 탁월했습니다. 얼마나 강력한 설교였던지, 그 말씀을 듣고 종교지도자들이 "마음에 찔려 그를 향하여 이를 갈"(행 7:54) 정도였습니다. 신자 회중은 그를 말씀 전하는 봉사 외의 일을 맡은 집사로 세웠지만, 그는 말씀 전하는 일을 내 일이 아니라 말하지 않았습니다.

스데반뿐 아닙니다. 집사 빌립도 그랬습니다. 스데반의 순교를 계기로 예루살렘에서 교회를 향한 큰 박해가 일어났을 때, 사도들만 예루살렘에 남고 사람들이 온 땅으로 흩어지면서 복음의 말씀을 전했다고 합니다. 더 이상 구제와 봉사를 전담할 직분이 필요 없는 조직 상태가 되어 버리니, 그들은 모든 예수의 제자들에게 맡겨진 역할 즉, 복음을 전하는 역할에 충실한 것입니다. 물론 빌립도 그 중 한 사람이었고 그는 사마리아 성으로 들어가서 "그리스도를 백성에게 전파"했습니다(행 8:5). 물론 고린도전서 12장에서 교회 내 직분을 말할 때 사도와 선지자, 교사와 능력 행하는 자, 병 고치는 은사, 돕는 것과 다스리는 것, 방언하는 것 등을 언급하면서 '어찌 다 사도요 선지자이겠느냐, 교사이겠느냐, 우리는 그리스도의 몸이요 지체의 각 부분'이라 말합니다. 이것도 초대교회 시대 교회 내부에서 신자들이 많아지고 섬겨야 할 일들이 확대되면서 나타나는 내부의 혼란을 바로잡기 위한 '기능적 분화'로 설명할 뿐 결코 계급과 신분으로 이야기할 수 없는 것입니다. 만약 계급과 신분을 가리켰다면 결코 그 계급의 역할을 다른 이들이 감당해서는 안 되는 것이지요. 사도 바울의 말씀은 그와 같이 신분의 분리를 의미하지 않을 것입니다.

이런 성경의 가르침에 어긋나게, 언제부터인가 교회 내에 기능적 분화가 신분적 분화로 고착되기 시작했습니다. 구약시대처

2부 목회자 없이 교회 없다?

럼 말씀 전하는 일만 전담하는 계층 즉 사제 계급이 나타나기 시작한 것입니다. 그들은 말씀 전하는 일만이 아니라 미사 집전권, 설교권, 성만찬 집전권, 세례 행사권, 속죄 대리인 등 배타적 역할을 감당하게 되었습니다. 일반 신자와는 구별되게 로만 칼라를 두르기 시작했고, 그들 계층과는 다른 일반 신자들을 '평신도'라 부르기 시작했습니다. '절대권력은 절대 부패한다'는 말처럼 이런 절대권력을 지닌 중세 가톨릭교회 사제들 가운데에서 수많은 부패가 발생했고, 급기야 1517년 이런 잘못된 교리를 바로잡고자 루터가 종교개혁을 시작한 것입니다.

종교개혁의 핵심은 무엇입니까? 만인사제설입니다. 아시다시피 루터는 독일 민중에게 라틴어 성경을 독일어로 번역해 나누어 주기 시작했습니다. 그전에는 왜 라틴어 성경만 있었습니까? 성경을 읽고 해석한다는 것은 사제의 전유물이었기 때문입니다. 독일어 성경을 출판해 민중에게 배포했다는 것은 무슨 뜻입니까? 그들도 성경을 읽을 권리가 있다는 것입니다. 성경을 읽는다는 것은 무엇을 말합니까? 해석할 수 있다는 것입니다. 라틴어 성경만 있었다는 것은 우매한 민중이 성경을 읽다가 하나님의 뜻을 곡해할 수 있으니 지식인·사제 그룹만 성경을 읽고 해석할 권한을 갖겠다는 뜻입니다. 독일어 성경을 배포했다는 것은, 민중도 그 성경을 읽고 해석할 수 있고, 그렇게 해석된 말씀으로 자기 삶의 수많은 문제와 싸워 신자로 살 수 있게 하겠다는 것을 의미합니다.

설교란 신자들이 그렇게 성경을 읽도록 가르치는 것이기도 하지만, 기본적으로 자신이 성경을 읽고 해석한 것을 토대로 나누려는 바를 공적으로 드러내는 것입니다. 자기 인생의 수많은 문제들 가운데 찾아오셔서 답을 주신 주님의 말씀을 내놓아 풀어내고, 그 의미를 따져보며 우리의 삶에 적용할 맥락을 찾아내는 성찰 행위가 설교입니다. 베드로 같은 예수의 제자들이 그냥 선포만 한 것일까요? 아닙니다. 그들도 그 말씀을 3년 동안 끙끙거리며 적용하고 해석하려 했습니다. 이제 드디어 깨닫고 자기 삶에 큰 변화를 경험한 것을 토대로, 과연 주께서 살아나셨고 그분이 그리스도라는 것을 공개적으로 드러낸 것입니다. 그런데 그런 종교개혁의 전통을 따르는 한국의 개신교회가 예수의 말씀을 읽고 해석한 것을 공개적으로 드러내는 일을 오직 목회자의 역할로만 규정하고 있습니다. 이는 참으로 가톨릭적 발상이라고 생각합니다. '약은 약사에게 설교는 목사에게!'라는, 목사님들에게 익숙한 구호가 과연 맞는 말입니까?

그러나 우리가 조심해야 할 점이 있습니다. 소수의 권한이던 말씀 전하는 일을 모두의 권리로 확대하자는 주장이 그러합니다. 설교를 권리로 보는 것은 너의 특권을 나도 누려야겠다는 발상입니다. 말씀을 전하는 것은 교회 안팎의 종교적 권세를 민주화하는 것이 아니라, 예수를 따르는 제자들로서 당연히 감내해야 할 '의무'로 인식해야 합니다. 즉 누군가 설교에 대해 소수 목회자의 권리가 아니라 모든 신자의 권리라 주장할 때, 우리는 '모든 신자의 의무'라고 반응해야 한다는 것입니다. 예수의 제자들은 말씀을 읽으며 이 말씀으로 자기 생의 문제에 답을 찾고 자기 한계를 넘어서야 합니다. 또한 그렇게 경험한 말씀을 교회 안에서 다양한 나눔과 설교의 형태로 동료 신자들에게 나누며, 교회 밖에서는 전도의 형태로 이웃들에게 나누는 일을 감당해야 합니다. 주님은 이것을 의무라고 말씀하셨습니다.

우리는 목회자 없이 일반 신자들의 모임으로 교회를 구성했습니다. 신자들이 늘어나면 그룹 내에서 발생하는 여러 필요에 응답하기 위해 때로 기능적 분화가 일어날 수도 있습니다. 교회 일만 전담하는 풀타임 사역자가 나타날 수도 있고, 어떤 특정한 일에 전념할 사람들이 생길 수 있습니다. 그러나 그것은 예수의 제자들 간 '기능적 분화'이며, 우리 모두는 성경 말씀 속에서 오늘을 살아갈 말씀의 생수를 길어 마시고 그것을 남들과 나눌 수 있는 존재라는 점을 기억하며, 말씀 전하는 주체를 구별 짓는 일은 삼가야 할 것입니다.

교회의 또 다른 본질: 타자지향성

그런데 제가 여기서 한가지 더 언급할 점이 있습니다. 이것은 교회의 존재에 관련된 이야기입니다. 빌립이 사마리아에서 말씀을 전파하고, 거기서 그친 게 아닙니다. 사도행전 8장 6-7절을 보니, 표적을 행하며 더러운 귀신들을 내쫓고 많은 중풍병자와 앉은뱅이 등을 치료했습니다. 말씀의 능력으로 다른 사람들의 고통을 치유했다는 것입니다. 이렇게 복음의 능력은 개인 삶의 변화에 머물지 않고 반드시 타인의 삶에 영향을 미치는 데까지 확장되어 갑니다. 복음의 핵심은 '고통받는 사람들 속 변화'입니다.

본회퍼 목사가 강조한 것처럼, 교회의 핵심은 '타자지향성'에 있습니다. 교회이냐 아니냐를 가르는 핵심이 무엇인지 물을 때, 가톨릭은 사제의 존재 유무에 있다고 말합니다. 개신교 목회자 중에도 그렇게 말하는 사람을 본 적도 있습니다. 그러나 목회자나 사제가 있건 없건, 세상의 고통받는 이들을 돌아보는 데 인색한 곳은 더 이상 교회라 말할 수 없습니다. 정치권력에 붙어 세월호 아이들을 펌훼하고, 쓰나미 재앙으로 죽어 간 20-30만 명의 사람들을 향해 예수 믿지 않아서 하나님이 주신 천벌이라고 말하는 교회는 교회가 아닙니다. 물론 우리 각 개인의 심령이 변하는 것도 중요합니다. 그러나 우리 개인도 사실 따져보면 말씀을 통해 변화되어야 할 첫 번째 타인인 셈입니다. 복음의 핵심은 '나를 잊어버리고 남을 기억하는 것'입니다. 내 인생의 지경을 넓히는 데 마음을 두지 않고 타인의 고통에 응답하려고 자기 한계를 넘어서는 것입니다. 타자의 곤궁함에 대답할 수 없는 나, 그 곤궁함에 관심을 두지 않는 내 자아의 문제를 말씀 앞에 세우는 것이 복음의 핵심입니다.

그런데 오늘 사도행전 말씀에 나오는 마술사 시몬을 보십시오. 평상시 그는 사마리아의 낮은 사람부터 높은 사람까지 모두가 떠받들며 "이 사람은 크다 일컫는 하나님의 능력"(행 8:10)이라고 칭송받던 인물이었습니다. 다들 그의 마술에 놀랐고, 자신 또한 그런 칭찬을 즐기며 "마술을 행하여 사마리아 백성들을 놀라게 하며 자칭 큰 자"라고 스스로를 높였습니다(행 8:9). 베드로와 요한이 와서 사마리아 사람들에게 안수를 하고 성령을 받게 하자 시몬이 그 능력을 돈 주고 사려한 것도 자신에게 그 능력을 장착하여 더 큰 자로 추앙받고자 하는 데 관심이 있었기 때문입니다.

그런데 빌립은 달랐습니다. 그는 자기 안전과 영광, 칭송받는 데 관심을 두지 않았습니다. 그는 예루살렘의 핍박으로부터 도피하는 과정이었고, 따라서 복음을 전파하며 성안을 떠들썩하게 만들면 자기 안전에 해롭습니다. 그러나 그는 자기 안전을 돌보지 않았습니다. 성경은 빌립으로 인해 사마리아 성에 큰 기쁨이 넘쳤다고 언급합니다(행 8:8). 그것은 즐거운 영화를 볼 때의 기쁨이 아니라, 자신들의 문제, 괴롭고 답답한 문제들이 풀려 생긴 기쁨이었을 것입니다. 앉은뱅이가 일어나고 중풍병자가 일어나고 귀신들린 자들이 정상을 찾게 되어서 생긴 기쁨이었으니까요. 그것만이 성경이 주목하는 일입니다. 빌립의 능력, 빌립의 대단함에 관해 성경은 침묵합니다.

그러나 마술사 시몬에게 기쁨은 사마리아 성의 기쁨이 아니라 자신이 추앙받는 데 있었습니다. 오늘 성경을 보면, 큰 자로 일컫는 시몬이 사마리아 성 내에서 마술로 무슨 일을 했는지 언급되지는 않습니다. 그러나 그는 마술로 병자를 치유하거나 귀신들린 자를 내어 쫓는 일을 하지 않았던 것 같습니다. 만일 그가 그런 치유를 했다면 빌립이 사마리아 성에 왔을 때 기쁨을 얻을 병자들이 많지 않았겠지요. 시몬은 자기를 드러내기 위해 마술을 활용했을 뿐입니다. 그는 약자에게 관심을 두지 않았습니다. 병자에게 관심이 없고 귀신들린 자들의 고통에 관심을 두지 않았습니다. 그에게 중요한 것은 하나님의 능력이 큰 자로 일컬음을 받는 데 있었습니다. 그리고 그는 성공을 거두었습니다. 그러나 그가 큰 자로 군림하던 사마리아 성에는 온갖 귀신 들린 자들이 방치되어 있었고, 지체장애인들과 중풍병 환자들의 신음소리가 가득했습니다.

마술사 시몬이 살고 있는 그 성에 장애인과 환자가 득실거렸다는 것은 시몬이 그들의 질병을 해결하지 못했다는, '시몬의 무능력'을 의미하겠지만, 더 근본적으로는 그들에 대한 '시몬의 무관심'을 의미할 것입니다. 고통받는 이들에 대해 관심을 가진 사람은 그들을 그대로 내버려두지 않습니다. 그들을 고치지 못한 채 사람들로부터 하나님의 큰 자라고 추앙받는 것을 기뻐할 수 없습니다. 그 성에 고통받는 사람들이 있는데, 자신이 그들을 어찌할 수 없다는 것은 '슬픔'이요 '괴로움'입니다. 저기 슬피 우는 사람들이 도처에 깔려 있는데, 자신이 그들로부터 위대한 자로 추앙받는 것이 무슨 의미가 있겠습니까? 그들의 문제를 해결할 수 없는데 말입니다. 자신이 살아가는 땅에 슬픔이 가득하고, 민중이 큰 기쁨을 경험하지 못하는데 말입니다.

1989년 교사가 된 저는 한동안 선생으로 꽤 만족하며 살았습니다. 행복감이라는 측면에서 제 인생을 볼 때, 저는 교직 생활 초기 4-5년을 절정기로 꼽습니다. 아이들이 저를 좋아해 나름 인기가 있었습니다. 매일 편지며 꽃이며 선물이 교무실 제 책상에 놓여 있었습니다. 그러나 그렇다 해도 내 삶의 만족을 거기에 둘 수는 없습니다. 우리 기독교사의 역할이 무엇입니까? 아이들이 울지 않는 세상을 만드는 것입니다. 우리는 힘없는 아이들을 위해 대신 싸워주는 자들입니다. 그게 교사요 부모의 역할입니다. 우는 아이들이 가득한데, 마냥 제 자리에 자족할 수는 없는 것입니다. 퇴직해서 25년 동안 때로 '좋은교사운동'으로, 때로 '사교육걱정없는세상'으로 옮겨 온 것은 그렇게 아이들을 지켜 주기 위해 제 한계를 넘어서고자 한 여정이었습니다. 그러고도 해결되지 않은 문제들이 저를 아직도 짓누릅니다.

오늘 우리 사회, 이 나라에는 소위 전문가로 인정받는 사람들, 대단한 권력자로 추앙받는 자들이 많습니다. 그러나 그들 가운데 이 나라의 고통받는 민중과 시민들, 입시 경쟁의 귀신에 휘둘려 오랜 세월 아파하고 신음하는 사람들 곁에 선 자들은 어디 있습니까? 우리가 다 아는 누군가는 출세의 절정까지 갔지만, 사마리아 성의 고통받는 환자들 같은 아이들, 입시 경쟁의 귀신에 휘둘려 자기 인생을 온전히 수습하지 못한 아이들을 고치는 데는 관심이 없습니다.

신자들은 그래서는 안 됩니다. 자기 안전의 터전, 명예와 영광의 터전을 돌아보면서 그게 얼마나 넓어졌는지 살피며 안심하고 기뻐하는 마음과 결별해야 합니다. 오직 예수의 제자는 고통받는 사람들에게 시선을 주며, 그들의 고통에 응답할 수 없는 자신의 한계에 울고 아파해야 합니다. 자기 한계를 넘어서기 위해 안전의 울타리를 걷어차고 새 길을 열어가야 합니다. 자기 한계에 갇혀서 자기 인생을 즐기려는 데 관심이 있는 사람은 자기를 던질 필요가 없습니다. 던지기는커녕, 오히려 어떻게든 지키려 할 것입니다. 관심사가 타자에 있지 않고 자신에게 있는데, 왜 자기 울타리를 부순단 말입니까? 자신에 집중하는 삶을 살면 자기 한계를 볼 필요가 없습니다.

주님은 그 갈림길에서 자기 한계를 넘어서는 길을 선택하셨습니다. 영광받는 자리를 비우고 이 땅에 오셔서 사람이 되셨고, 인간의 슬픔과 고통, 인간의 이 비루한 삶을 바꾸려 하셨고 끝내 죽음으로 그 사명을 완수하셨습니다. 교회도 그래야 합니다. 그런 예수를 머리로 모신 곳이요, 그런 신자들이 모여 있는 곳이니, 교회도 마땅히 세상의 고통과 슬픔에 응답하는 것을 가장 귀한 일로 삼아야 합니다. 누군가는 교회를 "가정처럼, 존재 그 자체로 의미 있는 공동체"라 합니다. 일면 진실입니다. 그러나 교회가 타인의 고통에 시선을 두지 않으면 썩습니다. 교회는 신자들이 모일 때마다, 그들이 왜 존재하는지를 확인시켜 주는 곳입니다. 신자들이 이 땅에 존재하는 목적은 우리 안전과 이익의 울타리를 넓히기 위해서가 아닙니다. 세상의 고통에 응답하기 위해 좁은 자아의 그릇을 깨버리고 주님의 큰 그릇에 자신을 던져야 한다는 것을 깨우치기 위해서입니다. 가진 자들을 옹호하는 곳, 소시민으로 살아가는 자신을 위로하는 곳이 아니라, 그런 안주함에 도전하는 곳, '깨어 살아야 한다!' 그렇게 도전하는 곳입니다. 나의 이름이 높아지는 것을 기뻐하지 않고 고통받는 아이들, 사회적 약자들, 정신적 고통으로 살 소망이 없는 이들이 회복되어 이 도시에 큰 기쁨이 가득하게 하는 것을 우리 기쁨으로 삼도록 도전하는 곳입니다.

무슨 자격으로 이 일을 하려는가?

오늘 한국 교회는 소망과 목표를 잃었습니다. 그러나 교회가 잃었던 소망을 우리는 붙잡고자 합니다. 오늘의 교회는 외부 공격과 탄압을 받는 게 아닌데도, 교회 내부의 타락과 부패 그리고 자기중심성으로 인해 큰 환란을 맞았습니다. 지금 신자들은 예루살렘을 벗어나 사방으로 흩어지고 도망가고 힘을 잃는 형국입니다. 교회의 이익을 지키려는 탐욕이 오늘의 교회를 무너트렸고, 타자를 돌아보는 지향성을 잃었기 때문에 그 고통에 응답하려는 사람들에게 주시는 성령의 도우심도 소멸했습니다. 자신이 하나님의 영을 필요로 하지 않는 상태가 되니 영혼은 썩어 가며, 그것을 깨우치려는 사람들이 빈 들에서 외치는 소리도 듣기 싫은 것입니다.

저는 우리의 교회 공동체를 '세상의 고통에 응답하는 평신도 교회'라고 말하고 싶습니다. 존재는 평신도요, 지향하는 바는 고통에 응답하는 것입니다. 사실 교회는 마땅히 세상의 고통에 응답하는 곳이요, 신자들 모두는 마땅히 왕 같은 제사장입니다. 종교개혁의 후예인 개신교회에 사제는 더 이상 없고 다들 평신도일 뿐입니다. 그러니 '세상의 고통에 응답하는 평신도교회'라는 말은 '종교개혁 후의 교회'와 동의어입니다. 그러나 교회의 의미가 퇴색해 가는 오늘날, 교회의 본질을 회복하고자 그 동어반복 개념을 쓰는 것입니다.

저는 새로운 교회를 시작할 때, '네가 무슨 자격으로 이런 일을 하느냐'는 내면의 질문에 대답할 수 없었습니다. 그래서 10년 전의 저는 이렇게 무엇인가를 말해야 하는 자리에 서지 않으려 했습니다. 그러나 이제 저는 저의 부족함을 더 이상 핑계대지 않으려 합니다. 새로운 교회를 시작한다는 것은 다른 이들을 깨우치려는 과정이기도 하겠지만, 스스로 안주하고자 하는 마음을 흔들어 버리는 것이요 저를 혁신하고 개혁하는 일이라 생각합니다.

지난 기독교사대회 때, 저는 "한국 교회의 부패와 무너짐에 대해서 더 이상 침묵하지 말라"는 주강사 목사님의 눈물 어린 호소를 접하며 이대로 안주하면 안 되겠다고 생각했습니다. 그래서 '우리와 뜻을 같이하는 이들을 만나야겠다', '그런 공동체를 무수히 세워야겠다'고 결심했습니다. 신자는 목회자에게 의존하는 존재가 아니라, 오직 예수 그리스도께 의존하는 독립된 인격체로 살아가야 하며, 그래야 우정과 협력과 만남이 가능합니다. 교회는 본질적으로 세상의 고통에 응답하는 일을 하는 곳이며, 자기 속에 머물지 않고 고통받는 타자를 향해 시선을 주며, 말씀 앞에서 그리스도의 능력이 우리를 통해 드러나도록 끊임없이 자기 한계를 직면하는 신자들의 모임이라는 믿음을 붙드는 사람들이 많아진다면, 우리 한국 교회는 결코 약해지지 않을 것입니다.

이런 뜻을 함께 붙드는 이들과 만날 수 있게 된 것이 얼마나 기쁜지 모르겠습니다. 우리는 보잘것없는 존재입니다. 작고 작은 존재들이지만, 우리를 향한 하나님의 뜻은 귀합니다. 남들은 우리를 왜소하게 볼지 모르지만, 우리는 결코 작지 않습니다. 빌립을 통해 사마리아 성이 기쁨을 누렸듯이, 우리 역시 교회로 인해 이 땅이 기쁨을 누리는 데 초점을 맞추며 살아야 하겠습니다. 초대교회와 같이 우리는 살아야 할 것입니다. 하나님이 우리 각 교회를 든든히 붙드시고 지켜 주시며, 우리 각 교회를 성숙시켜 주시기를, 우리의 우정이 영원하기를 바랍니다.

평신도교회에도
족보가 있다[6]

6

오늘 우리는 평신도교회들의 연합 모임으로 모이게 되었습니다. 워낙 이런 교회가 적다 보니 마치 일가친척보다 더 가까운 느낌이 듭니다. 여기에는 이미 평신도교회를 이루며 몇 년간 활동하신 분들도 계시지만, 아직 시작은 하지 못한 채 관심만 가지고 오신 분도 계십니다. 그런데 관심을 가지신 것만으로도, 크게 보면 이미 평신도교회 늪에 빠진 분입니다(웃음).

저를 잘 모르시는 분들도 계실 테니 잠시 말씀을 드릴게요. 제가 대학 시절부터 23년간 몸담았던 교회가 있었습니다. 2008

6 　이 글은 2023년 5월 평신도교회 연합 모임에서 함께 기도회를 하기에 앞서 우리가 걸어온 길과 가야 할 길에 대해 나눈 것으로, 평신도교회가 갖는 정체성에 대해 오랜 세월에 걸쳐 정리한 내용입니다.

년 어느 날 새벽 기도를 갔다 오신 저희 어머니께서 말씀하셨습니다. "인수야, 이젠 떠날 때가 되었다. 젊은 시절 네가 이 교회를 떠나려 할 때는 내가 말렸지만, 이제 떠날 때가 되었다. 나가서 새로운 교회를 이루는 것이 좋겠다." 이렇게 뜬금없이 교회 개척을 제안하신 것입니다. 그 말씀이 계기가 되어 여기까지 왔습니다. '목사님이 계시지 않는 교회도 교회인가', 아니 그 이전에 '나는 교회를 이룰 자격이 있는가'라는 질문에 충분한 답을 얻은 것도 아닌데 저희 가정을 포함해 다섯 가정이 파송을 받고 새 교회를 시작했습니다. 그리고 나서 '교회란 무엇인가'를 고민하게 되었습니다. 교회를 시작하면서 그제서야 교회가 무엇인지 고민했으니, 참 앞뒤가 맞지 않았습니다. 먼저 교회관을 정립하고 교회를 시작해야지, 교회부터 먼저 시작한다는 것이 말이 안 되는 거였죠.

그런데 나중에 돌아보니, 그 순서가 불가피했습니다. 무릇 생명은 다 그런 과정을 거친다는 것을 알게 되었습니다. 자신이 누군지 알고 이 땅에 태어나는 사람은 없습니다. 그저 타의에 의해서 태어나고, 태어난 후에서야 '나는 누구인가' 고민하는 것입니다. 생명이 존재하는 뜻은 존재하기 이전에 결정되는 게 아니라, 존재한 이후에 찾아지고 결정되는 것입니다. '교회도 그렇구나!' 싶었습니다.

우리는 목회자가 없는 이 교회들의 연합 모임을 '수평적 교회들'이라고 부르기로 했습니다. 이 평신도교회들의 연합 모임을 시작하게 된 개인적 계기가 있습니다. 2018년이었습니다. 그때 저는 기독교사대회에 참석해 기독연구원느헤미야에서 활동하는 배덕만 목사님의 설교를 듣게 되었습니다. 그런 웅장하고 뜨거운 설교는 참 오랜만이었습니다. 그분은 저희들을 이렇게 꾸짖으시더군요. "여러분은 좋은교사운동이 잘 나간다고, 이렇게 회원이 많고 교육계에 자리를 잘 잡았다고, 그 안에 안주하지 마십시오. 한국 교회가 이렇게 망해 가는데 여러분은 마음이 아프지도 않습니까?" 그 말씀을 하시며 우셨습니다.

나는 교사이자 기독교인이었습니다. 교사로서 열심히 교육을 바꾸기 위해 애써 왔지만, 기독교인으로 교회를 살리는 일에 충분히 마음을 쓰지 못한 것이 뜨끔했습니다. 그리고 그저 저희 몇몇 가정이 중심이 된 평신도교회를 이루는 것으로 만족하지 말아야겠다는 생각을 했습니다. '뜻을 같이하는 교회들을 만나자, 함께 협력하자, 그래서 한국 교회를 새롭게 하는 등불의 역할을 감당하자' 그런 마음의 결단을 했습니다.

그래서 골대교회와 한사람교회의 형제자매들을 만났고, 정말 친형제자매 보는 것처럼 반갑게 2018년 연합 모임을 시작했습니다. 그러나 그 연합 모임의 대가는 컸습니다. 저희 교회에서 정말 믿을 만한 신실한 젊은 부부가 자신들은 평신도교회 연합 모임에 참여하기 어렵다면서, 다른 교우들과 함께 교회를 떠났습니다. 사람을 잃는 것보다 아픈 일은 그리 많지 않습니다. 그들을 잃지 않으려면 2018년 기독교사대회 때 하나님께 결단했던 저의 약속을 버려야 했습니다. 저는 그럴 수 없었습니다. 그 후에 비록 저희 교회는 약해졌지만, 이 연합 모임이 계기가 되어 이렇게 오늘 여러 교회들과 형제자매들을 만나게 되었으니, 오히려 하나님께 감사드립니다.

사실 우리는 보잘것없습니다. 달랑 한 가정으로 교회를 이루는 경우도 있고, 많아야 서너 가정 정도입니다. 그러나 우리의 꿈마저 보잘것없다고 말할 수는 없습니다. 우리는 한국 교회가 초대교회의 정신으로 돌아가기를 꿈꿉니다. 한국 교회는 1517년 루터가 선포한 "오직 믿음으로 구원을 얻는다!"라는 구원론을 따릅니다. 옳습니다. 그러나 루터는 구원받은 신자 공동체가 이 땅에서 어떻게 빛과 소금의 사명을 감당할지, 어떻게 구원받은 존재로서 그에 합당한 삶을 살아야 할지에 대해서는 충분히 강조하지 않았습니다.

한국 교회는 루터의 장점을 따랐지만, 루터의 부족함도 끌어안았습니다. 더욱이 루터의 교회론은 많은 문제를 안고 있습니다. 그는 잘못된 구원론과 부정부패를 극복하기 위해 가톨릭교회를 뛰쳐나왔지만, 가톨릭교회의 교권주의와 사제주의는 극복하지 못했습니다. 루터가 시작한 개신교회의 조직 형태와 목회자의 권한 및 위상은 가톨릭교회와 비슷합니다. 모든 신자들은 왕 같은 제사장입니다. 그런데 현실에서는 목회자에게 의존적인 존재들이 되어 버렸습니다. 신자들은 우리 안에 계신 성령님의 뜻을 따라 말씀을 읽고 해석하며, 자기 인생의 문제를 풀어 갈 주체적 존재인데 주일날 목사님이 주시는 말씀만 받으며 살아갑니다. 오늘날 한국 교회의 수많은 문제는 거기서 비롯되었습니다. 하나님은 우리와 같이 연약하고 고통받는 인간들을 구하기 위해 이 땅에 오셨는데, 교회는 가난하고 연약하고 고통받는 이웃들에게 찾아가지 않습니다. 오직 권력을 지지하고 스스로가 권력이 되어 버렸습니다.

하나님 나라는 진주를 사기 위해 자기 밭을 파는 선택입니다. 초대교회 교인들은 그렇게 살아왔습니다. 그런데 한국 교회는 자기 밭을 지키기 위해 복음의 진주를 버리고 있습니다. 오늘날 한국 교회를 보고, 세상 사람들 중 누가 '저기 희망이 있다!' 말하며 위로를 얻고 있습니까? 우리 평신도교회들은 오늘의 한국 교회가 지닌 문제를 보며 비판하는 데서 그치지 않고 초대교회 정신을 회복한 교회를 이루자고 모인 공동체입니다.

사람들은 우리 교회들이 족보가 없다고 비판합니다. 목사가 없으니 제 소견에 옳은 대로 살 것이라고 의심합니다. 그러나 우리는 족보가 없지 않습니다. 우리는 영국의 부흥운동을 이끈 존 웨슬리를 잘 알고 있습니다. 어느 날 그분은 미국에서 선교사로 있다가 믿음에 회의가 생겨 고향 땅 영국으로 돌아가는 배를 탔습니다. 풍랑이 일었고 두려움에 떨었을 때, 옆에서 풍랑에도 두려워하지 않고 오직 하나님을 찬송하며 기도하던 '모라비아 형제단'이라는 한 무리의 기독교인들을 보고 충격을 받았습니다. 그들의 모습에 깊은 도전을 받은 웨슬리는 영적으로 각성하여 영국으로 돌아간 후 영국교회를 변화시켰습니다.

그렇다면 웨슬리를 변화시킨 체코의 모라비아 형제단은 누구입니까? 그들은 누구에게 영향을 받았습니까? 12세기 무렵 프랑스 리옹 지역에서 활동하던 '발도'라는 인물에게 영향을 받았습니다. 그는 누구입니까? 아주 부유한 비즈니스맨이었습니다. 그가 어느 날 성경 말씀대로 살고자 하는 소수의 형제들로 이루어진 교회 공동체를 만났습니다. 그러고 나서 가톨릭교회의 사제주의와 인간이 만든 온갖 반성경적인 전통을 배격하고, 자기 소유를 다 팔아 가난한 이들에게 나누어 준 뒤 주님의 종으로 살기로 결심했습니다. 그는 수많은 형제자매들을 가르쳐 가톨릭교회에 속하지 않은 교회들을 세웠고, 프랑스 정부와 가톨릭교회는 그렇게 커 가는 흐름이 두려워 발도를 따르는 사람들을 핍박했고, 결국 그를 따르던 교회들은 고향을 떠나 이탈리아와 프랑스의 접경지인 '피에몽 계곡'으로 숨었습니다. 그러고도 안전하지 않자 체코로 넘어갔고, 거기서 모라비아 형제단에 영향을 준 것입니다.

그렇다면 웨슬리에게 영향을 준 모라비아 형제단, 그 형제단에 영향을 준 발도, 그 발도에게 영향을 준 리옹의 그리스도인 교회들은 어떻게 프랑스 가톨릭교회와 무관하게 존재할 수 있었습니까? 그렇게 역사를 거슬러 쭉 찾아 올라가니, AD 313년으로 가게 되었습니다. 그러니까 콘스탄티누스 황제가 핍박받는 종교였던 기독교를 공인한 시점 말입니다. 1세기 초대교회들은 사제와 신자, 목사와 신자의 구분이 없었습니다. 모두가 주 안에서 한 형제자매였습니다. 기능과 직분이 있었지만 그것은 임시적·가변적이었고, 더욱이 직분이 직업은 아니었습니다. 그런데 313년부터 로마가 인정한 종교, 제국의 종교가 되면서 교회 안에서 신자들이 사제와 평신도로 나뉘고, 사제들은 신자들 위에 군림하며 온갖 특권을 누리게 되었습니다.

그러나 그 체제에 동의하지 않았던 적지 않은 기독교인들은 초대교회의 정신을 지키고자 가톨릭교회에 편입하기를 거부했습니다. 그리고 스페인 피레네산맥 계곡으로, 이탈리아 북부와 프랑스 남부의 피에몽 계곡으로, 튀르키예의 아라랏산 계곡에 숨어 살게 된 것입니다. 그들은 한결같이 예수가 인생의 구주라는 점을 믿었습니다. 사제를 두지 않았고 목회자가 신자 위에 군림하지도 않았습니다. 누구 한 사람만 말씀을 전하지 않고, 여러 사람이 예언을 했으나, 그들의 말을 맹목적으로 받아들이지 않고 진짜 그 말이 옳은지 모두가 따지고 판단했습니다. 가정에서 예배를 드렸기에 예배당을 교회라고 착각할 일도 없었습니다. 예배당이 아니라 신자 공동체가 교회라는 것은 그들에게 상식이었습니다. 공동체에 새롭게 예수 그리스도를 주로 고백하는 이가 있을 때 형제자매들은 즉시 그에게 세례를 베풀었으며, 어느 특정한 지도자에게 의존하지 않고, 각자 내주하시는 성령님을 의지하며 교회를 이루었습니다. 그뿐 아니라 세상에 소금과 같은 존재가 되기도 했습니다. 세계적인 베스트셀러 《로마인 이야기》(한길

2부 목회자 없이 교회 없다?

사)의 저자 시오노 나나미는 기독교를 아주 싫어하는 분이라고 합니다. 그러나 그조차도 로마가 기독교에 무릎 꿇은 이유를 이렇게 설명합니다. 1-3세기 기독교는 노예를 교회로 초대해서 평등한 형제로 품었으며, 갈 곳 없는 과부들과 고아들을 돌보았고, 그들의 가족이 죽었을 때 대신 장사를 지내주었으며, 전쟁터에서 퇴역해 갈 곳 없이 가난해진 군인들을 품었다, 그게 교회의 힘이었고, 그게 로마를 무너트린 비결이었다, 이렇게 말이지요.

수평적인 우리 평신도교회들은 그런 교회를 본받고자 모인 것입니다. 따라서 우리는 족보가 없지 않습니다. 우리의 족보는 무엇입니까? 313년 로마제국의 교회가 된 가톨릭교회에 동의하지 않고, 1세기 교회의 정신을 지키며 살았던 수많은 무명의 교회들, 리옹의 기독교인들, '발도'를 따르던 교회들, 존 웨슬리에게 영향을 준 모라비아 형제단, 루터의 구원론에 동의하면서도 그의 한계를 넘어서고자 했던 수많은 교회들이 우리의 족보입니다.

그 교회들이 지금은 어디에 있습니까? 중국과 북한에 있습니다. 남미와 이란과 튀르키예에 있습니다. 《1세기 교회 예배 이야기》(IVP)의 저자 로버트 뱅크스 박사가 있는 호주와 뉴질랜드에 있습니다. 함께 평신도교회 공부 모임에 참여하는 마이크 형제가 영국과 독일에서 이끄는 난민 교회들에 있습니다. 그들은 목사가 없어도 그들을 교회라 여기기를 주저하지 않았고, 예배당이 없어도 자신들의 공동체를 교회라 부르면서 살아갑니다. 그런 이들이 온 세상에 많으므로, 한국 땅에서 우리 같은 존재가 많지 않다고 해서 외롭지 않습니다.

우리는 이렇게 올바른 교회관을 붙들고 오직 믿음으로, 또한 주님의 제자로 세상의 고통을 안고 함께 십자가 지는 삶을 살아내어, 한국 교회를 새롭게 하는 일에 기여하고자 합니다. 그렇다고 해서 우리가 무슨 거창한 조직도 아닙니다. 홈페이지도 없고 변변한 연락망이나 매체도 없습니다. 작은 규모이고 어려움이 생길 때 우리를 지켜 줄 유명한 인물도 없습니다. 큰 사업을 계획하지도 않고, 세력을 만들려 하지도 않습니다. 하지만 우리는 한국 교회를 새롭게 하는 여러 흐름 중에서 꼭 필요한 존재들이라고 생각합니다. 우리가 외치는 소리는 작지만, 우리의 존재는 작지 않기 때문입니다.

아무 소리도 내지 않고 믿는 바를 좇아 사는 사람이, 믿는 대로 살지 않으면서 소리만 요란한 사람들보다 힘이 있습니다. 저는 사교육걱정없는세상이라는 단체를 운영하면서 그런 경우를 수없이 봤습니다. 기득권 집단들은 저희 단체를, 그리고 저를 공격합니다. 저희는 기껏해야 4천 명밖에 안 되는 조직이고 쥐꼬리만 한 권력도 없는데 우리보다 힘이 센 기득권 집단들은 우리를 두려워하고 우리를 아주 불편해합니다. 이유는 간단합니다. 그 가치를 붙들고 자기 인생을 던져 사는 사람들이 지닌 힘과 영향력을 봤기 때문입니다. 교회도 그렇습니다. 외치는 소리가 요란하지 않아도, 우리가 교회를 이루는 것 자체가 힘입니다.

그렇다면 우리의 목표는 무엇입니까? 모든 한국 교회가 우리처럼 평신도교회가 되는 것입니까? 아닙니다. 목회자가 중심인 교회는 앞으로도 대세일 것입니다. 그럼 우리의 목표는 무엇입니까? 그분들이 우리를 보고 참다운 교회가 어떠해야 하는지 깨닫는 것입니다. 목회자들이 우리를 보고 자신은 신자들 공동체의 일원이지 결코 신자 위에 군림하는 존재가 아니라는 점을 깨닫는 것입니다. 목사란 존재는, 신자들이 목사가 아닌 오직 예수를 의지하면서 세상에서 등불로 살아가도록 돕는 코치 같은 사람임을 깨닫는 것입니다. 목회자가 설교를 하되 은사가 있는 신자들도 정기적으로 말씀을 전하도록 단상에 초대하게 하는 것입니다. 또한 교회가 세상의 고통에 관심을 갖고 그들의 눈물을 씻어 주는 자리에 서도록 하고, 자기 직업의 영역에서 약자들의 눈물을 씻어 주는 삶을 살도록 신자 한 사람 한 사람을 가르치고 설득하며 깨우치도록 하는 것입니다. 목회자 중심의 허다한 교회들이 그렇게만 될 수 있다면, 우리는 기뻐할 것입니다.

그렇다면 우리가 구해야 할 중요한 한 가지가 무엇입니까? 바로 성령 충만입니다. 성령께서 교회 안에 머무시고 나의 일상에 임재하심을 경험하는 것입니다. 신자들의 삶에 변화가 있고 슬픔과 고난 가운데서도 예수님으로 인해 기쁨을 누리는 것입니다. 마른 뼈에 생기가 돋는 일을 경험하는 것입니다. 이는 교회의 생명에 관한 것입니다. 예수님이 말씀하셨습니다.

내가 온 것은 양으로 생명을 얻게 하고 더 풍성히 얻게 하려는

것이라 (요 10:10)

교회의 구조가 올바르지 않으면 생명이 있어도 잘못 흐를 수 있습니다. 그러나 구조가 올바르다고 해서 생명의 기운이 저절로 생기는 것도 아닙니다. 우리는 평신도교회의 구조가 초대교회를 닮았다고 자랑할 것이 아니라, 내 속에, 우리 교회 속에, 아니 우리 평신도교회들의 연합 모임 속에 생명이 약동하는지 돌아봐야 합니다. 그것을 경험하며 살아야 합니다. 무엇보다도 우리 자녀들이 그 생명의 믿음을 경험하며 살아야 합니다. 그러나 어찌 그것이 우리가 힘쓴다고 될 일이겠습니까? 그러므로 우리는 매일 기도해야 합니다. 주의 성령이 우리 개인의 삶에, 우리 자녀들 위에, 교회 공동체 위에, 우리 평신도교회 공동체인 '수평적교회네트워크'에 참여한 모든 교회와 형제자매들 가운데 임하시도록 기도해야 합니다. 초대교회에서 배울 것이 많습니다만, 그중 가장 중요한 것은 바로 성령이 충만해서 큰 기쁨과 사랑과 믿음을 경험하여 그 힘으로 이웃들을 섬기며, 그래서 그들이 '하나님이 진짜 계시는구나' 하고 받아들이도록 이끄는 삶을 사는 것입니다. 그것을 잃어버리면 아무 소용이 없습니다.

3부 | 부모가 아이 앞에서
성경을 들어야 한다

주일학교 시효는 끝났는가?[7]

1

제 이야기가 교회와 부모들에게는 불편할 것입니다. 치우친 이야 기니 반박도 가능할 것입니다. 그러나 더러 새겨들어야 할 것도 있겠습니다. '주일학교 모델 무용론'에 관한 이야기입니다. "교회 대신 부모가 아이들 앞에서 성경을 들자, 그러기 위해 부모가 신자로서 독립적 삶을 살자, 그리고 목회자는 그런 선택을 두려워 말자"는 촉구입니다. 교회 중고등부 교사 20년, 학교 기독학생반 지도 교사 10년의 경험 속에서 나온 이야기입니다.

이제 주일학교를 통한 신앙 교육 모델은 시효가 끝난 듯합니다. '듯하다'고 말하는 것은 확신이 부족해서라기보다는 단정적

---

7   이 글은 2018년 1월 1일 페이스북에 올린 내용을 다시 다듬은 것으로, 페이스북상에서 844회 이상 공유되었습니다.

인 표현을 삼가고 싶기 때문입니다. 또한 주일학교 신앙 교육 프로그램을 다 폐기하라는 뜻도 아닙니다. 유효한 곳에서는 사용해야 합니다. 그러나 유효하지 않은데도 허울 속에서 뭔가 이루어지겠거니 하는 헛된 기대는 버리라는 것입니다.

주일학교 교육 모델은 D. L. 무디가 20세기 미국 산업화 시절에 길거리에서 방황하는 아이들, 신앙이 없는 가정의 아이들을 위해 만든 어린이 교육 시스템입니다. 교회는 당시 문화의 중심이었고, 가정 내 신앙의 자극이 없는 아이들을 위해 이 모델은 의미 있는 선택이었습니다. 교회는 아이들로 넘쳐났고 아이들로 인해 교회로 오는 부모들도 생기기 시작했습니다. 우리도 지난 수십 년간 그런 기적을 경험했습니다. 그러나 무디 시절에도 신앙이 있는 가정과 주일학교 교육 모델은 그리 썩 맞지 않았을 것입니다. 그 가정에서는 부모가 최고의 교사이니 주일학교가 없어도 불편이 없었을 테니 말입니다.

문제는 주일학교가 등장하기 시작한 이후일 것입니다. 신앙이 있는 가정이든 아니든 주일학교는 아이들의 신앙을 책임지는 교육 공간이 되어 버렸습니다. 주일학교가 전적으로 아이 신앙교육을 책임지는 곳이 되어 버리니, 부모들은 교육의 주체가 아니라 지원자가 된 격이었습니다. 마치 공립학교 부모들의 경우처럼 말이지요. 그 시절은 그렇게 해도 문제가 없었습니다. 주일학교 교사들은 뜨거웠고, 주말에 아이들을 위한 기독교 교육 행사는 풍요로웠으며, 영적 분위기는 충만했습니다. 주일학교에서 아이들을 권유해서 문학의 밤, 전도 집회, 토요일 예배, 찬양의 밤에 초대했고, 아이들은 그 속에서 자기 세대의 감수성으로 믿음의 도전을 받았습니다. 부모가 손 놓고 있거나 교육의 조력자 위치에 머물러 있어도 그 시절 아이들은 스스로 커 갔습니다.

더 큰 문제는 최근 상황입니다. 주일학교 교육이 폭삭 망가진 것입니다. 폭삭이라는 표현이 이렇게 자연스러울 수 있다니! 토요일 예배나 문학의 밤 집회는 종적을 감추었고, 입시 경쟁 때문에 이젠 주일 예배마저 위태합니다. 한 시간에서 한 시간 30분의 예배와 공과 공부가 아이들을 위한 교육의 전부입니다. 주일학교를 담당하는 젊은 목회자는 청소년 선교에 대해 깊은 식견이나 소명이 있어서 담당 사역자가 된 것이 아닙니다. 그저 목회자로서 거쳐 가는 코스이기 때문일 때가 많습니다. 곧 떠날 존재가 아이들 곁에 있는 셈이니, 그 가르침은 공허하기 마련입니다. 성인들에게 탁월하다는 평가를 받는 강사도 가장 힘겨워하는 대상이 학생들 아닙니까? 그런 아이들을 만만히 보고 성인 설교를 요약해 주는 정도로 그들을 변화시킬 수 있겠습니까?

그러니 아이들을 변화시키기 위해서는 그들의 삶과 특성, 문화를 잘 이해해야 합니다. 그들의 삶으로 들어가야 합니다. 지금껏 저는 청소년 사역을 성공적으로 수행한 분을 제 주변에서 딱 한 명 봤습니다. 그는 교회 담임 목사를 꿈꾸지 않고, 자기 인생을 아이들 신앙 교육에 쏟은 분이었습니다. 아이들의 친구였고 결혼해 마흔 살이 넘은 지금도 아이들 곁에 있습니다. 그는 아이들과 함께 피시방에 가서 게임도 즐기고 축구도 하면서 아이들에게 복음이 들어갈 길을 찾느라 애썼습니다. 그러니 결실이 있었습니다. 그의 설교 내용은 살아 있고, 아이들의 마음속에 파고드는 힘이 있었습니다. 이렇듯 전 존재를 기울여야 힘 있는 메시지가 가능한 것입니다. 아이들 곁에서 살겠다고 다짐하지 않는데, 어떻게 그들을 움직일 메시지가 나오겠습니까?

예배 시간에 스마트폰으로 시간을 때우는 아이들, 집회 시간에 졸기만 하는 아이들, 반전을 시도하기에는 너무나 짧은 공과 공부 시간, 피상적인 주제의 정답 찾기 문답 교육, '자본주의 교육'과 크게 다르지 않은 '달란트 잔치'… 그나마 시험 기간이 되면 아이들이 참석하지 않아 주일학교는 된서리를 맞습니다.

이렇게 부실한 교육 속에서 신앙이 자랄 것을 기대하는 것은 무리입니다. 인격적 만남도, 말씀에 대한 온전한 이해도 없는 가운데 아이들 속에 어떻게 신앙이 들어차겠습니까? 부모들은 주일학교에 아이들을 맡겼으니 잘되는 줄 알 것입니다. 아니, 어쩌면 부모들도 미덥지 않다는 것을 어렴풋이 감지했을 것입니다. 매주 관찰하는데 보이겠지요. 그러나 주일학교가 있으니, '저들을 교회에 맡겼으니 내 책임은 아니다'라고 생각하며 교사들을 탓하는 위치에 설지도 모르겠습니다. 차라리 주일학교라도 없었다면, 부모들 스스로 고민이라도 했을 텐데 말입니다. '저 아이들 신앙 교육이 내 책임이니 어찌할꼬!' 하고 말입니다.

그러나 주일학교가 있으니 부모들의 책임감은 반감되고, 주일학교는 부실해서 아이들을 놓치고 있습니다. 아이들은 교회와 기독교 가정에 머물고 있지만, 역설적이게도 과거 D. L. 무디 시절처럼 길거리에 방치된 셈입니다. 그 대신, 입시 경쟁과 자본주의가 아이들을 맡아 경쟁에서 살아남는 자로, 자본을 숭상하는 존재로 길러내고 있습니다. 두려운 일입니다.

부모가 자녀 신앙 교육을 책임져야

길은 두 가지입니다. 하나는 주일학교의 기능을 제대로 회복하는 것입니다. 지금도 주일학교 교육을 제대로 하는 곳이 있습니다. 그러나 일반화할 수는 없습니다. 아이들을 향한 거친 영적 파도가 몰려오는 시대에 피난처로서 적합한지는 잘 따져 봐야 합니다. 성공하려면 교회가 다음 세대에 관심을 갖고 비상한 대처를 해야 합니다. 자본주의에 맞서는 신앙 교육을 해야 하고, 아이들을 경쟁과 자본의 신에 빼앗기지 않겠다고 다짐해야 하며, 교회의 자원을 아낌없이 아이들에게 투자해야 합니다. 또한 무엇보다 부모들이 '어떻게 내 삶을 반듯하게 살 것인가?' 고민하며 각성해야 합니다. 그런 교회가 드물어지니, 주일학교가 시대의 도전에 맞설 모델인지 자신할 수 없으나 그래도 저는 응원합니다.

다른 하나는 부모가 교회에 의존하지 않고 스스로 아이들 신앙 교육을 책임지는 것입니다. 자녀는 부모에게 맡겨진 존재이니 주일학교에 의존하지 않고 자신이 가르치겠다고 결심하는 것입

3부 부모가 아이 앞에서 성경을 들어야 한다

니다. 일요일 단 하루, 한 시간만 교회에 맡기는 시스템에서 일주일의 삶 속에서 오롯이 부모가 책임지는 체제로 전환하는 모델입니다. 물론 지금껏 자녀 교육의 책임을 교회에 다 맡겼는데, 이제와서 부모 자신에게 귀속하려니 그 권한과 책무가 부담스러울 수 있습니다.

이 두 가지는 모두 힘든 선택입니다. 그나마 둘 중에는 후자가 낫습니다. 지금 당장 부모가 아이를 붙들고 성경을 가르쳐야 합니다. 성경을 통해 대화해야 하고, 그 속에서 아이를 바로잡을 부분과 인정하고 존중할 부분을 구별하며, 자녀의 삶에 개입해야 할 시점이 언제인지도 분별해야 합니다. 그러기 위해서는 오래 관찰해야 하고, 개입할 때는 확실히 개입해야 합니다. 바쁘고 성경 지식이 없다는 점은 이유가 될 수 없습니다. 하루 이틀이라도 시간을 내면 됩니다. 성경 말씀을 나누다 보면 꼰대 같은 나의 말과 메마른 나눔으로는 아이를 바꿀 수 없다는 것을 느낍니다. 둘 사이에 신뢰가 필요합니다.

신뢰는 어떻게 찾아옵니까? 아이의 삶을 자신의 기대로 강요하지 않겠다는 결심, 점수와 등수에 대한 압박을 멈추기, 자녀를 다른 아이와 비교하려는 욕구를 멈추기, 영재고나 특목고에 가지 못하면 도태될 것 같은 내 속의 불안감과 맞서 싸우기, 조건 없는 사랑을 퍼부어 주는 태도가 차곡차곡 쌓여야 합니다. 그래야 비로소 아이와 성경을 두고 대화할 수 있는 정서적이고 인격적인 공간, 믿을 만한 대화의 끈이 생깁니다.

저는 시효가 다해 가는 주일학교 교육 모델에 매달리지 말고, 부모가 주일학교 교사라는 마음으로 아이들을 책임져야 한다고 봅니다. 물론 부모가 이 모든 것을 책임질 테니 교회는 신경을 쓰지 말라는 것이 아닙니다. 부모가 자녀들의 신앙 교육을 책임지겠다고 할 때, 교회는 부모들이 주저앉지 않도록 도와야 합니다. 어떻게 도와야 합니까? 주일조차 아이와 부모를 떼어 놓는 구조를 없애고, 예배 공간을 공유하는 것입니다. 부모가 아이들을 가르치는 믿음의 교사가 되도록, 스스로 말씀을 깨우치고 자기 인생의 문제를 목회자에게 의존하지 않고 그리스도를 통해서 풀어내도록 격려하고 가르쳐야 합니다. 부모가 달라지면 아이들도 달라지니까요.

저는 자녀의 신앙을 남에게 맡기는 교육과 부모가 책임지는 교육 중 후자를 선택했습니다. 그 길에도 고민은 태산과 같습니다. 그러나 포기하고 돌아갈 만큼 무겁지도 않습니다. 그 자리에 있었기에 자녀들과 풍요로운 관계를 누려 왔습니다. 비루먹은 말처럼, 신자들을 무지몽매하게 만드는 오늘의 교회에 침묵할 것입니까? 끝없이 누군가에게 의존하며 자기 영혼을 의탁하는 삶을 계속할 것입니까? 그러면 자녀들 앞에 우리는 설 수 없습니다. 어느 길을 선택하시렵니까?

부모가 아이 앞에서 성경을 들어야 한다

2

앞서 자녀의 신앙 교육과 관련해 교회에 대한 의존을 내려놓고 부모가 직접 아이들 앞에 성경을 들고 서야 한다고 했습니다. 그 의미를 '성경 통독, 성구 암송, 교리문답'으로 받아들이는 분들이 계십니다. 그것이 무익하다는 것은 아닙니다만, "성경을 들어야 한다"는 말은 의미가 조금 다릅니다. 부모가 아이 앞에서 성경을 든다는 것을 무엇을 의미합니까? 무엇이 있어야만 성경을 드는 것이 힘을 발휘하겠습니까? 성경의 원리와 흐름을 꿰는 사람이어야 하겠습니까? 아니면 사람들에게 신망을 받는 인격자여야 하겠습니까?

오래전 학교 선생 시절, 제가 근무하던 학교에서 아이들끼리 논쟁이 있었습니다. 어느 수학 교사의 자질 시비였는데요. '유능하지만 못된 선생과 무능하지만 착한 선생 중 누가 낫냐'는 문제를 두고 어떤 선택을 할지 고민한 것입니다. 고민이라 함은 둘 다 마땅치 않다는 뜻이요, 선택을 한다 함은 그래도 하나를 정해야 한다는 의미입니다. 그 막다른 선택 속에서 아이들은 마침내 전자를 선택했습니다. 즉 '유능'이 '인격'을 눌렀습니다. 입시 경쟁 승리가 교육의 목표가 되어 버린 현실에서, 이를 어찌 탓하겠습니까?

다시, 부모가 성경을 들기 위해서는 어떤 자질이 필요합니까? 간단한 질문이 아닙니다. 일단 성경의 원리와 흐름을 꿰는 지식과 통찰의 능력이 있어야 합니다. 그러나 지식을 펼쳐 내는 것만으로는 무슨 의미가 있겠습니까? 심령의 변화를 이끌어 내지 못하는 지식의 향연, 말라빠진 교리의 반복적 주입이라면, 내 지식이든 남의 지식이든 내적 변화에는 힘을 쓸 수 없을 것입니다.

그럼 다시, 어떤 자질이 추가되어야 합니까? 구주를 만난 경험입니다. 한 번으로 끝난 뜨거운 경험이 아니라, 계속되는 경험 즉 과정으로서의 경험입니다. 말씀으로 심령이 변화되고 변화된 마음이 매일 말씀 앞에 무릎을 꿇고 "한 말씀만 주시옵소서!" 조아려 기도하며 얻은 깨달음, 한때의 경험이 아니라 매일의 반복, 젊은 시절 뜨거웠던 첫사랑의 열기는 식었어도 더 깊어지는 관계, 감정이 이끌고 가는 사랑만이 아닌 순종과 헌신으로 화답하는 사랑이 필요합니다. 그렇게 더 깊어지고 넓어지는 관계와 성경에 대한 이해, 무릇 지식이 경험을 이끌고 그 경험으로 얻은 지식이 믿음을 잉태하고 그 믿음으로 선택한 길에서 다시 새로운 지식을 만나는 그런 순환이 일어나야 합니다. 그 과정에서 더러 삶의 실수와 연약함과 부족함으로 다시 처음 출발했던 곳으로 되돌아온 것 같고 반복되는 것 같지만, 딛고 일어서는 은총으로 다시 서는 그러니까 나선형으로 전진하고 깊어지는 인식, 이것이 성경을 들고 자녀 앞에 서는 데 필요한 지식이요 능력일 것입니다.

그러나 그것으로 충분합니까? 그 지식은 자기 속에 숙성된 지식일 뿐 남에게 풀어낼 때는 다른 과정을 거쳐야 합니다. 타인에게 내 속에 쌓인 이 지식과 경험과 믿음의 세계를 어떻게든 풀어내야 합니다. 그것은 마치 학자가 오랜 연구와 조사를 통해 발견한 학설을 강단에서 가르칠 때의 일과 같습니다. 그것은 마치 자기 속의 경험들에 질서와 의미를 부여하고 해석하는 것이나 외국어를 번역하는 일, 전문가의 용어를 대중적 언어로 풀어내는 일과 같습니다. 그렇게 하지 않으면, 내 이야기일지라도 심령에 변화를 주지 못하는, 해독 불가한 지식에 불과합니다. 번역하기 위해서는 들려주어야 할 상대를 잘 이해해야 합니다. 그렇다고 해서 우리가 흔히 듣는 이야기, 즉 "이들을 깊이 이해하라, 학습자의 내적 요소에 대한 이해가 있어야 한다, 그들의 문화를 이해해야 한다, 그리고 알게 된 그들의 언어와 문화로 내 경험, 내 믿음의 신비를 번역해 들려줘라" 같은 당연한 학습 이론을 말하고 싶지는 않습니다. 틀리지 않은 말인데 어쩐지 좀 나릅니다. "내가 학습 전문가가 아닌데 나보고 어쩌라고!" 부모들은 이렇게 항변할 수 있습니다. 제 이야기를 해 볼까 합니다.

자신과의 싸움: 성경을 드는 일

아이들 앞에서 성경을 든다고 할 때 해석과 번역이 필요하다고 했습니다. 그 본질은 소통이요 대화입니다. 말이 통해야 나누어 주고 이해시킬 수 있으니까요. 그러니 번역이 필요하다는 것입니다. 그러나 다시 말하거니와, 꼭 아이들의 문화, 그들의 세계, 그들만의 언어를 이해하는 것만이 소통과 대화의 핵심은 아닙니다. 아이들 세계를 정확히 이해한다 해도, 소통이 보장되는 것은 아닙니다. 그것은 너무 앞선 주문입니다. 소통과 만남은, 아이들이 부모와 선생을 대화 상대로 인정해 주는 것이 전제입니다. 부모를 마음을 열고 대화할 상대로 인정하지 않는 아이들에게, 설명력이 뛰어난 가르침, 경험으로 확증된 가르침, 학습자의 문화를 잘 이해한 가르침은 자칫 공허할 수 있습니다. 물론 탁월하고 열정적 가르침으로 구비된 부모 앞에 어느 자식이 마음을 닫을까 역질문을 하는 것도 가능합니다. 제 주장은, 두 행위는 개념상 다르다는 것이며, 탁월한 교사가 탁월한 부모 됨을 보장하지 않는다는 말입니다.

부모들은 알 것입니다. 그럭저럭 괜찮은 나, 평균 이상의 성품과 성경 지식을 갖춘 나를 아이가 대화 상대로 가슴 깊은 곳에서 인정하지 않을 때의 그 놀람과 당혹감을 말입니다. 어느 순간 부모 앞에서 말수가 적어지고, 자기 세계로 들어가 버리고, 지난날 그렇게 살갑게 대하며 나를 따르던 아이가 이 녀석이 맞나 싶을 정도의 곤혹스러움과 상실감을 말입니다. 번역해 들려줄 충분한 의사와 지식이 있어도 도무지 들으려 하지 않는데, 지식과 번역이 무슨 소용이 있단 말입니까? 예리한 칼처럼 접촉하면 베일 것 같은 조심스러운 관계 속에서 부모가 아이 앞에 성경을 든다는 것은 대체 무슨 의미이겠습니까?

이젠 돌리지 말고 말해야겠습니다. 제가 부모로서 무수한 실패와 눈물과 좌절을 겪고 돌아보니, 소통과 만남은 '내 것을 포기함'에서 시작되는 것 같습니다. 무엇을 포기한다는 말입니까? '자식을 향한 내 기대, 내 요구, 내 원함'입니다. 성적과 점수와 등수로 아이들을 바라보며 무엇인가를 압박하는 마음을 내려놓는 것입니다. 자본주의 경쟁 사회 속에서 저렇게 살면 도태될 것이라는 불안감을 내려놓는 것이요, 살아오면서 내가 짓밟히고 억울해했던 그 좌절을 아이가 반복하지 않기를 바라는 소망을 내려놓는 것입니다. 그것은 슬픈 일입니다. 자식을 향한 꿈이라지만 사실 나를 향한 꿈이며, 나의 좌절된 열망이며, 때로 부모로서 품는 정당한 소망을 내려놓는 것이니 말입니다. '당신이 내게 그 기대를 해도, 나는 내 인생이 있습니다, 당신이 해결했어야 할 것을 내 인생에게 요구하지 마십시오!' 아이들은 말없이 그렇게 항변합니다. 그러므로 아이들 앞에 성경을 들 때는, 내 심령 깊은 곳에 머물고 있는 좌절된 갈망이라는 이름의 상처를 먼저 직면하고 넘어야 합니다. 넘을 수 있다면 왜 여기까지 달고 왔을까 그런 항변 또한 마땅히 할 수 있습니다. 그것조차 그리스도 앞에 내놓고 더 이상 누추한 지난 시절이 나를 끌고 가지 않도록 그분께 내 인생을 먼저 드려야 합니다. 내 어둠이 나를 끌고 가지 않으면, 나도 아이를 끌고 가지 않을 것입니다. 그러므로 아이들 앞에 성경을 들고 선다는 것은, '나와의 싸움, 나와의 투쟁'입니다.

어두운 기대, 욕망 섞인 기대, 상실의 회복을 위한 기대를 내려놓는 것만이 아닙니다. 좋은 기대, 좋은 열망도 때로 내려놓아야 할 대상입니다. 사회를 향한 기개, 공익적 삶, 깊은 독서, 모나지 않고 부드러운 성품에 대한 기대도 내려놓아야 할 때가 있습니다. 이마저 포기한다는 것은 이해하기 힘들 수 있습니다. 악한 욕망을 내려놓는 것은 마땅한 일이나, 선한 소망조차 내려놓는다는 것은 부당한 것이 아닐까 의문이 들 수 있습니다.

어떤 강요도 없이, 선한 소망조차 내려놓는 결심

제 말은 그보다 더 우선순위에 있는 것이 있다는 말입니다. 내가 너와 친구가 되고 싶다는 뜻과 의지를 가장 중요한 것으로 품으라는 말입니다. 선하지 못한 상태로 사는 너, 공익적 삶을 살지 않는 너, 삶의 이타적 전망을 갖고 살지 못하는 너일지라도, 그로 인해 실망하고 분노와 염려를 하며 자식에게 무엇인가를 요구하고 강요하지 말라는 것입니다. 너의 삶을 있는 모습 그대로 인정하고, 너를 사랑하고 너와 대화하기 원하며, 너의 아픔, 너의 슬픔, 너의 격동, 너의 희망을 나누며 말 상대가 되고 싶다는 뜻을

3부 부모가 아이 앞에서 성경을 들어야 한다

전하는 것, 그것을 자녀를 바라보는 최고 기준으로 삼으라는 말입니다. 나는 선한 삶을 추구하지만 너에게는 강요하지 않으며, 너를 만나고 너와 대화하고 싶다는, 지금 있는 그대로의 너를 내가 품고 함께 만나고 싶다는 결심이 최우선이라는 것입니다. 그게 가능하다고 어느 누가 장담하겠습니까? 그러나 때가 차서 그 처연하고 외로운 갈림길에 부모들이 설 때가 반드시 올 것입니다.

그러고 보니, 제가 그리고 당신이 그렇게 해서 구주를 만났습니다. 흠이 많은 나, 약점이 많은 나, 욕망 앞에서 흔들리는 나, 흔들리기만 한 것이 아니라 넘어지기도 했던 나, 수치와 부끄러움을 한가득 안고 살아온 나. 그런데 주님은 그것을 책망하거나 내 힘으로 일어서기를 기대하거나 내 속에 아무런 힘도 없는데 나로 그렇게 살아가는 것이 사람됨의 마땅한 도리라고 윽박지르지 않으셨습니다. 그 모습 그대로의 나에게 그냥 와 주셨습니다. 그래서 오늘의 내가 되었고, 변화의 미동도 보이지 않다가 그 조건 없는 사랑 때문에 그래도 덜 망가졌고, 비록 부족하지만 오늘 세상을 바꾸는 이 자리에 서 있게 된 것이니, 어찌 이보다 큰 사건이 있겠습니까? 변화는 모름지기, 곁에 서는 데 있습니다. 욕망이나 선한 소망조차 내려놓고, "네가 달라지지 않아도 나는 네가 좋다"는 고백, 말이 아니어도 몸짓으로 내보이는 그런 의지 말입니다.

이러한 고백이야말로 부모가 자식 앞에서 성경을 들 때, 그 성경을 단절 없이 받을 수 있는 소통의 거의 유일한 비결입니다. 아이들 세계에 대한 깊은 이해와 지식이 없어도 좋습니다. '요즘 아이들' 문화에 대한 식견이 없어도 좋습니다. 내려놓을 것을 내려놓는 것, 그러면서도 사랑하는 마음은 놓지 않는 자세, 그것만 있다면 부모는 자식 앞에서 성경을 들 수 있습니다. 부모가 말할 때, 아이들은 들을 것입니다. 또한 그런 친구로 아이들을 품는다면, 굳이 아이들을 가르치려 들 필요가 있겠습니까? 부모 된 자가 먼저 말씀 앞에서 자기를 내려놓고, 때로 깨달은 것으로 기뻐하고, 때로 "주님, 이것만은 안 됩니다!" 하며 붙들었던 것을 내려놓고, 주께서 허락하신 길이니 위험이 기다리는 길이라도 마다하지 않는 삶을 산다면, 그것만으로 아이들은 부모에게서 충분히 배우는 셈입니다. 그런 삶의 자세로 부모들은 아이들 앞에 성경을 들고 서야 한다는 말입니다.

아이들의 관심을 끌기 위해 성경에서 기발한 질문을 만들어 유도하고 가르치려는 것이 아니라, 내가 궁금해서 질문을 끄집어내고 그것에 대한 답을 찾게 한다면, 아이들도 결국 궁금해할 것입니다. 그러니 소요리문답을 가르쳐야겠다고 생각할 필요가 없습니다. 아이들 앞에 좋은 선생으로 서야 한다는 부담도 가질 필요가 없습니다. 신학적 배경지식이 부족하다고 눌릴 필요가 없습니다. 아이들이 묻는 도전적인 질문에 답변이 막힐까 봐 위축될 필요가 없습니다. 내가 궁금했던 것, 지금 나이가 들어서도 여전히 의문이 드는 것, 내가 괴로운 것들을 말씀을 붙들고 해결하는 과정에 아이들을 초대해서 함께 걸어가면 됩니다. 혹 아이들이 물으면 아는 만큼 답하고, 답할 것이 없으면 모른다고 말하면 됩

3부 부모가 아이 앞에서 성경을 들어야 한다

니다. 우리는 성령께서 깨닫게 해 주신 만큼만 말하면 되고, 그것으로 충분합니다.

그래야 아이들과 성경 공부를 오래 할 수 있습니다. 그래야 지치지 않습니다. 그래야 성경을 품고 아이들을 변화시키려다가 도중에 좌절에 빠지지 않게 됩니다. 나를 말씀 앞에 내려놓아야 아이들도 말씀을 대하는 자세를 배웁니다. 그래야, 성경을 가르치다가 자식을 잃지 않게 되고, 마침내 나 자신도 잃지 않게 되는 것입니다.

상급을 가불해서
제 아들에게 주십시오

3

"그러면 자녀들 신앙 교육을 어떻게 하나요?"

주일학교 교육 체제 무용론을 말하니 이런 질문을 받기도 합니다. 바쁘고 힘겨운 나더러 어쩌라는 거냐며 항변하시는 분도 계십니다. 제 글은 그저 아이디어가 아니라, 지나온 삶의 실패와 고통, 누적된 선택의 고백에 근거한 것입니다. 평범했던 제 삶에 찾아온 복이니, 그대들도 빼앗기지 말라는 것입니다. 이 글에서 불가피하게 가족 이야기를 나누고자 합니다.

좋은교사운동 대표 시절, 저는 교사 운동을 책임지는 자리가 두렵지 않았습니다. 누구보다 맹렬하게 선생의 삶을 살아왔고, 제가 가진 것을 남과 나누기 위해 노력했습니다. 다른 교사들을 도전하고 설득하고 또 앞장서기도 했습니다. 그래서 좋은교사운동의 깃발을 든다는 것이 불편하지 않았습니다. 불편은커녕, 오

3부 부모가 아이 앞에서 성경을 들어야 한다

히려 뜨거웠다고 하는 것이 맞겠습니다. 그러나 그 책임을 내려놓고 사교육걱정없는세상의 깃발을 들 것인지 고민하던 2007년, 저는 망설였습니다. 그 깃발은 '좋은 교사'가 아니라 '좋은 부모'가 들어야 했고, 저는 좋은 부모로서 자격이 부족하다는 것을 알았기 때문입니다. 저희 부부 사이에 자녀 둘이 생겼습니다. 보배 같은 존재였지만 모든 아이들이 다 그렇듯이, 우리 아이에게도 연약함이 보였습니다. 그늘이 보일 때마다 제 속의 어둠 때문은 아닌지 자책하기도 했습니다. 그래서 부모로서 저 스스로에게 자주 이렇게 물었습니다. '아이가 독립해서 네 곁을 떠날 때, 아이는 누군가에게 의존하지 않고 두 발로 우뚝 서서 자기 신앙을 가질 것인가?'

신앙은 교육받은 결과가 아닙니다. 교육은 신앙을 보장하지 않습니다. 그렇다고 해서 교육을 하지 않을 수도 없습니다. 그 둘의 간극을 이어 붙이는 것은 '경험'입니다. 즉 부모로부터 받은 신앙 교육을 통해 그리스도를 아는 직접적인 경험을 통과해야 자기 신앙을 갖게 됩니다. 간극을 넘기 위한 경험의 도약, 그게 아이들에게 어떻게 찾아올지 아득했습니다. 자식들이 나와는 다르기에, 제가 걸어온 길을 공식으로 제시할 수도 없었습니다. 자주 마음이 무거웠습니다. 좋은교사운동에 대한 책임감으로 새벽마다 교회 예배실에서 기도할 때, 유일한 기도 제목은 교사운동이었습니다. 내 힘으로 감당할 수 없는 한계가 턱턱 나의 목을 졸라 오니, 기도하지 않을 수 없었습니다. 그래서 얻은 통찰, 용기, 담력으로 맡겨진 일을 꾸역꾸역 받아 냈습니다. 그리고 가끔, 아주 가끔, 다른 제목으로 기도할 시간이 있을 때, 이렇게 기도했습니다. "하나님, 제가 이 운동을 함으로써 주님 나라에 가서 받을 상급이 있습니까? 그 상급이 있으면 그날 저에게 주지 마시고 오늘, 저의 아들에게 가불해 주십시오." 그렇게 기도하다 울기도 했습니다.

좋은 교사였을지는 모르나 좋은 아빠는 아니라는 부끄러움. 그 감정이 제 속에 자리 잡고 있으니 사교육걱정없는세상을 시작하는 것이 망설여졌습니다. 그러나 가지 않을 수 없는 길이었습니다. 자격이 없어도 나서야 할 때가 있는 법이니까요.

과정이 즐거웠던 성경 공부 시간

아이가 사춘기에 들어설 무렵, 23년간 머물던 고향 같은 교회를 떠나 다섯 가정과 함께 광야 같은 교회 생활을 시작했습니다. 그런데 어디에도 아이를 맡길 수 없었습니다. 주일학교도 없었고, 전도사도 없었습니다. 결국 어른 예배 시간보다 한 시간 일찍 와서 제가 아이를 가르치기로 했습니다.

제 친구 목사의 두 딸과 제 큰아들, 이렇게 셋을 앉혀 놓고, 저는 요한복음을 펼쳤습니다. 어떤 부교재나 공과 공부 해설서도 없이, 오직 성경만 펼쳤습니다. 무조건 한 장씩 한 시간 동안 가르치기로 결심한 후 토요일에 홀로 성경을 펼쳐 놓고 예습을 했습니다. 성경을 펴고 저는 오직 요한복음의 이야기 속으로 들어가

3부 부모가 아이 앞에서 성경을 들어야 한다

기로 결심했습니다. 제가 인용하고 싶은 구절이 아니라, 말씀의 구조와 이야기 속으로 저를 던졌습니다. 그 속으로 들어가니 도무지 이해할 수 없는, 예수님과 사람들의 대화에 혼란스러웠습니다. 요한복음 1장에 나다나엘과 예수님의 대화가 나옵니다. 예수께서 "네가 무화과 나무 아래 있을 때 너를 보았다"라고 말씀하니, 나다나엘이 갑자기 자존심을 버리고 "나의 주"라 외쳤습니다.

'왜 그랬을까? 3장에서 니고데모가 밤에 주를 찾아오자 왜 예수는 그에게 하필이면 다시 태어남에 대해 이야기하면서 그를 흔들었던가? 요한복음 11장에서 나사로가 죽은 날, 예수는 왜 늦게 왔고, 마르다와 예수의 이상한 문답은 어떻게 풀어야 하는가?'

이야기의 구조 속으로 들어가자 도무지 피해 갈 수 없는 의문이 생겼고, 그 질문에 대한 답을 찾아보기로 했습니다. 주석은 거의 참고하지 않고 성경을 성경으로 풀었습니다. 주석은 일본 무교회 평신도인 동경대 총장 '야나이하라 다다오'의 설교집 정도를 참고했습니다. 그러나 그의 설교집에는 제가 궁금해하는 질문이나 그에 대한 답이 태반도 없었습니다. 그래도 질문을 하니 보이지 않던 실마리가 보였습니다. 실마리라는 것은, 충분한 답은 아니라는 의미입니다. 결론을 내리지 못한 상태로 주일에 아이들 앞에 설 때가 빈번했습니다. 아이들과 함께 성경을 펼치고 읽은 후, 저는 아이들에게 이야기의 구조를 설명했고, 그 속에서 제가 찾아낸 의문거리를 끄집어내어 아이들에게 물었습니다.

"여명아, 왜 예수님은 나다나엘을 만나자마자, '너는 참 이스

라엘 사람이구나, 간사한 것이 하나도 없구나'라고 이야기하셨을
까? 그를 자기 사람으로 삼기 위해 아부한 것일까? 만일 그게 아
니라면 예수님은 무슨 근거로 그런 이야기를 했을까? 그리고 말
이야. 나다나엘은 그런 이야기를 듣고, '제가 참 이스라엘 사람이
라고요? 아부 떨지 마세요. 저는 그런 사람이 아닙니다'라고 말하
지 않고 '저를 어떻게 아세요?'라고 되묻는데, 참 황당하지 않니?
너무 교만하잖아. 자기가 참 이스라엘 사람이라는 것을 인정하는
셈이니 말이야. 그러다가 주님이 '너를 무화과나무 아래에 있을
때 보았다' 말하니, 갑자기 태도를 바꿔 나다나엘은 '나의 주여,
당신은 하나님의 아들입니다'라고 대답하면서 예수님 앞에 고꾸
라지는 이유가 뭘까?" 이렇게 질문했습니다.

아이들로선 성경 내용도, 질문도 생소한 것이었습니다. 저도
그 질문에 대한 대답의 실마리를 어느 정도 품고 있었지만 답 없
이 아이들 앞에 설 때가 많았습니다. 때로 아이들과 함께 있으니
그제야 생각나는 질문도 있었습니다. 그러나 딱히 정답이 정해져
있지 않다는 것을 눈치챈 녀석들은 흥미로운 서사가 있는 질문에
부담을 갖지 않고 이리저리 생각하기 시작했습니다. "거기 그 나
무 아래에 앉아 있으면 훌륭한 사람이었나 보죠 뭐." 여명이가 심
드렁한 태도로 말한 저 피상적 대답을 듣고 저는 이렇게 질문을
되돌려주었습니다. "무화과나무 아래 있으면 무조건 참 이스라엘
사람일까? 그렇다고 치자. 그럼 누구나 아는 일이라면 즉, 지나가
는 모든 사람들이 '야, 쟤는 무화과나무 아래 있네. 참 대단한 사

3부 부모가 아이 앞에서 성경을 들어야 한다

람이야'라고 말했을 것 아니겠니? 그 행동이 참 이스라엘 사람임을 알리는 객관적 증거에 불과했다면, 예수님이 그렇게 이야기했을 때 나다나엘은 왜 그렇게 소스라치게 놀라며 예수께 엎드렸을까? 누구나 다 아는 사실을 언급했을 뿐인데 말이지. 그게 아니라면 뭘까?" 이렇게 다시 묻고 대답하는 과정을 숱하게 거쳤습니다.

어차피 정답은 없었습니다. 다만 저는 궁금했습니다. 말씀 속 예수를 만났던 수많은 사람들이 왜 그런 예수와의 간단한 문답을 통해 인생이 달라졌는지, 그 맥락을 알고 싶었고 아이들에게 물었던 것입니다. 가르치기 위해서가 아니라 저부터 알고 싶어서 질문을 던졌습니다. 질문을 하고 아이들이 답을 하다 보면 예상치 않은 질문이 추가로 생기고 그 질문을 다시 돌려주기 위해 설명하다 보면, 갑자기 신기하게도, 제 속에 답이 찾아오는 기쁨을 맛보았습니다. 때로 아이들이 무심하게 툭 던져 준 대답 속에 어떤 신비로운 힌트가 있기도 했습니다.

그렇게 주고받는 한 시간의 성경 공부 시간이 제게는 퍽이나 흥미로웠습니다. 모든 것에 심드렁하던 아들 녀석도 그 성경 공부 시간이 싫지 않았던가 봅니다. 이야기 구조가 어렵지 않고 질문 또한 진짜 궁금한 것 중심이니 생각을 멈출 수가 없었습니다. 그렇게 성경 공부 모임을 통해 서로 깨달아 갔습니다. 답을 깨닫는 것보다 과정 자체가 즐거웠습니다. 그리고 그 깨달은 바를 정리해서 예배 시간과 설교 시간에 전체 교우들과 나누었습니다. 그 말씀을 나눌 때마다 제가 울지 않은 경우는 거의 없었습니다.

이야기의 흐름 속에서 제가 아이들에게 던진 질문은 예수를 알기 원하는 제 속의 궁금함에서 비롯된 것이었습니다. 삶을 살아가면서 겪은 제 고통, 슬픔, 갈망이 찾아낸 질문이었습니다. 그렇게 해서 알게 된 예수님의 마음을 나누었고, 오병이어 기적 사건에 등장하는 소년의 마음을 나누었고, 니고데모와 베드로의 마음을 나누었습니다. 그렇게 알게 된 마음은 제 삶 속에 있는 숙제와 연결된 것이니만큼, 성경 속 인물들의 마음이 이해되는 순간 동시에 제 감정선이 건드려지고, 그래서 준비해 간 설교 원고를 읽다가 그만 눈물을 여러 번 쏟기도 했습니다. 어른들과 아이들이 다 모여 있는 예배 시간이었고, 아이들을 고려한 설교는 아니었지만, 아이들은 저와 함께 공부한 기억이 있으니, 집중하는 데 어렵지 않았습니다.

아이들과 성경을 공부하는 주일 아침 시간을 저는 고수했습니다. 그렇게 2년을 보냈고, 손봉호 장로님이 계시는 다니엘새시대 교회를 출석하면서도 저는 계속 주일학교 교사로 제 아들 곁에 남아 문답을 이어 갔습니다. 물론 제 가르침과 주일학교 체제는 잘 맞지 않았습니다. 달란트 잔치, 생일 축하 시간, 짧은 공과 공부 시간, 이 모든 구조가 제게는 불편했습니다. 그러나 공간 한 귀퉁이에서 저는 교사로서 아이의 영혼을 얻기 위해 말씀을 붙들고 문답하기를 계속했습니다. 고집스런, 그러나 이유가 있는 집착이었습니다.

3부 부모가 아이 앞에서 성경을 들어야 한다

새롭게 시작한 평신도 가정교회

또 다른 이야기를 나누겠습니다. 신혼 때부터 저희 부부는 가정 예배를 드리려 했습니다만 여의치 않았습니다. 그러다 세월이 흘러 큰아이가 중학교 2학년 때, 아내는 어느 날 아이와 이야기하다 '기독교적인 생활 가치'가 비어 있는 아이의 내면을 발견하고 놀랐습니다. "우리 어린 시절에는 '교회 다니면 지켜야 할 것'이 지나칠 정도로 엄격하고 많은 게 문제라고 생각했는데, 우리 아이들에게는 오히려 너무 비어 있는 것이 문제네요. 다시 가르쳐야겠어요." 그렇게 해서 가정 예배를 시작했습니다. 지금 생각해 보니, 뒤늦었다기보다는 '적기'였습니다. 주일 성경 공부 외에도, 주중에 한두 번 가정 예배를 드렸는데, 가끔 예배 시간이 매우 길어지기도 했습니다. 아이들이 이런저런 질문을 하면 그것으로 한참 이야기했기 때문입니다. 그러다 보면 성경에 대한 도전적이고 논리적 질문과 빈정 섞인 해석이 나오기도 했는데, 몹시 못마땅해하던 저와 다르게 아내는 침착하고 사려 깊게 잘 응대했습니다. 아내의 그런 침착함은 아이들의 도전적 질문과 고민이 지나온 시절 자신이 겪은 고민과 대답의 범위 안에 있었기에 가능했을 것입니다.

2013년에 우리 가정은 다니엘새시대교회를 떠나, 새롭게 교회를 시작하기로 했습니다. "세상의 고통에 응답하는 평신도 가정교회." 자신이 있어서 시작한 것이 아닙니다. 어두운 교회 현실에서 나중에 아이들이 "엄마 아빠는 그 시절에 무엇을 하셨어요?" 물을 때 내놓을 대답이 있어야 한다고 생각했기 때문입니다. 아내는 그 이유를 친구 부부에게 설명하다가 눈시울을 붉혔습니다. 공적인 자리에서 눈물을 잘 비치지 않는 아내였기에, 저는 그 눈물을 지금도 기억합니다. 그 눈물과 그 소망을 함께하고 싶었고, 지켜 주고 싶었습니다.

1년간 우리 가족 네 명만 주일에 예배를 드렸습니다. 제가 아이들과 함께 질문하고 대답한 성경 공부와 가정예배 시간이 주일 예배로 확대된 것입니다. 아이들을 가르칠 대상이 아니라 대등한 인격, 말씀을 함께 풀고 나누는 독립된 존재로 여겨 물었고, 또 그들이 대답하는 것을 경청했습니다. 세 시간 정도는 기본이고, 어떨 때는 네다섯 시간 예배를 드리기도 했습니다. 가끔 부부간 혹은 저와 아이들 간에 갈등이 있을 때에도 예배 시간은 지켰습니다. 그러나 갈등과 감정의 벽이 있는 채로 도저히 예배를 이어갈 수 없다는 것을 알고 그 불편함에 직면해야 했고, 예배 시간은 길어질 수밖에 없었습니다. 어떤 날은 열 시 반경에 시작한 예배가 오후 네 시에야 끝나서, 점심을 건너뛰기도 했습니다.

그렇게 1년을 버티다 보니, 네 명의 나눔이 기쁘고 놀랍고 신비로웠습니다. 가족이 교회를 이루는 최소 단위임을 경험하니, 이제 누구와도 교회를 시작할 수 있겠다는 확신이 찾아왔습니다. 그래서 함께 교회를 이룰 사람들을 찾았고 몇 가정이 같이 예배를 드렸습니다. 그렇게 또다시 4-5년이 지났습니다.

3부 부모가 아이 앞에서 성경을 들어야 한다

그 사이 아이들은 많이 자랐습니다. 말씀에 대한 이해도 깊어지고 스스로 질문을 던지고 대답을 찾는 일에 부쩍 진보를 이뤘습니다. 첫째 여명이는 설교 시간에, 구원자 예수 그리스도의 속죄 원리를 〈불타는 청춘〉이라는 TV 프로그램 이야기로 비유하는 아내의 가르침에 마음이 크게 움직였는지 끝내 눈물을 흘렸습니다. 교육과 경험이 통합되어야 찾아오는 '신앙'의 순간이라 할까요. 수많은 성경 공부 시간과 주일 가정 교회의 나눔 자산이 쌓이고 쌓여 신앙의 경험으로 도약한 것이라고 저는 믿습니다.

그 후 다시, 4년이 지났습니다. 우리 교회는 아이들을 보조 출연자로 보지 않고 말씀 나눔의 공식적 일원으로 참여시킵니다. 중학생 정도면 다들 성경 말씀을 스스로 해석할 수 있습니다. 그래도 부족한 것은 서로가 채워 주며 공동의 학습으로 메꿉니다. 여명이는 대학 입시를 끝냈을 때 예배 시간에 생애 첫 말씀 나눔 시간을 맡았습니다. 말씀 나눔을 준비할 때, 스스로 본문을 선택하고 고민하면서 정리하다, 주중 가정예배 때 대강의 이야기를 나누었고 우리는 피드백을 해 주었습니다. 여명이는 다시 틀을 해체하고 고민하다가, 토요일에 리허설을 하고 주일예배 말씀 나눔의 자리에 섰습니다. 주제는 '예수께서 광야에서 받은 시험과 기드온이 하나님께 증거를 요구한 시험의 차이'였습니다. 간증이 아니라 말씀 자체를 파고드는 구조였는데, 지나온 고단한 시절에 생겼던 자기 실존의 질문이 담겨 있었습니다. 아이들을 포함해 온 교우들이 그렇게 집중한 설교가 드물었습니다. 자기의 연약함과 역경의 의미를 말씀 속에서 정리하고 넘어서려는 자세와 말씀 나눔 내용을 곁에서 보고 들으며, 여명이의 신앙이 여물어 감을 느꼈지요. 그래서 교우들은 여명이를 공식적인 말씀 나눔자 그룹에 포함시키기로 했습니다.

아이들을 믿음의 주체로 세워야

저는 더 이상 아이들의 신앙을 염려하지 않습니다. 부모로서 불안한 점, 미덥지 않은 부분이 없지 않지만, 그럼에도 저는 아이들이 세상에 나갔을 때나 제가 아이들 곁을 떠났을 때 아이들이 독립적인 신앙인으로 살아갈 것을 의심하지 않습니다. 고등학교를 졸업하고 대학에 들어간 후 태반이 신앙을 버리는, 대학과 공부가 우상인 자본주의 사회 속에서 우리 아이들은 결코 중심을 잃지 않고 살아갈 것입니다.

선생 시절에 여러 아이들을 교회로 인도하고 말씀을 전하고 신앙을 갖게 했습니다. 선생직을 그만둔 지금의 저에게는 제자들이 없습니다. 쓸쓸한 일입니다. 그래도 자식을 지킬 수 있게 되어 감사합니다. 어머니는 제게 예배당 건물도 없고 간판도 없는 교회에서 왜 전도하지도 않느냐고 저를 훈계하시지만, 저는 이제 속으로 대답합니다. "어머니, 당신의 손주 둘이 저희 부부가 전도한 신자입니다."

그 옛날, 제가 새벽 예배실에서 드리던 기도를 다시 떠올립

3부 부모가 아이 앞에서 성경을 들어야 한다

니다. "아버지 하나님, 제가 이 운동을 섬김으로 주님 나라에 가서 받을 상급이 있습니까? 그 상급이 있으면 그날 저에게 주시지 마시고 오늘, 제 아들에게 가불해 주십시오." 이제는 그렇게 기도하지 않습니다. 가불할 상급이 있다고 자부하기 부끄러운 삶이기도 하지만, 그 기도가 어느 정도 응답되었기 때문이기도 합니다.

누군가에게 기대지 않고 오직 그리스도에게만 의존하는 독립적인 신앙. 저는 오늘날 신자들이 이것을 회복해야 한다고 생각합니다. 교회 교육의 그럴싸한 형식과 틀을 뜯어 보면 실상 별것이 없다는 사실을 자주 발견합니다. 그때 아이들을 지켜야 할 존재가 부족한 나 자신 외에 아무도 없다는 판단이 들 때, 우리는 성경을 들게 될 것입니다. 아이들을 믿음의 주체로 키우려고 애쓰다 보면, 부모 스스로가 그렇게 커 갈 것입니다.

바쁘다는 것, 성경 지식이 짧다는 것은 현실적인 장애입니다. 그러나 자식을 잃지 않고자 한다면, 장애는 보이지 않고 가야 할 길만 환하게 비추일 것입니다. 저도 그랬듯이, 당신도 그럴 것입니다.

평신도교회에서 자란
어느 청년 이야기

4

이 글은 평신도교회를 이루는 17년간의 여정에서 저와 함께한 아들의 이야기입니다. 아이는 중학교 1학년 때 친구들과 함께 다니던 교회를 왜 자신만 떠나야 하는지 모른 채 부모를 따라나섰습니다. 그렇게 17년을 지내 온 아들이 평신도교회 속에서 자기 삶을 결산한 고백입니다. 지난 2023년 5월, 평신도교회 모임에서 나눈 아들의 이야기를 듣는 동안 미안함과 슬픔, 안도와 감사 등 수많은 감정이 올라왔습니다. 평신도교회의 모습과 관련해, 진실의 실체를 엿볼 수 있는 내용이 아닐까 합니다.

저는 산아래교회 송여명이라고 합니다. 모르는 분들을 위해 말씀을 드리자면 산아래교회는 현재 서울 용산구에 있는 '교육의봄'

이라는 단체의 건물을 빌려서 주일마다 예배를 드리고 있고요. 보통 일고여덟 명이 모입니다. 저는 중학교 1학년 때부터인가 평신도교회를 다녔습니다. 물론 그때는 산아래교회가 아닌 다른 교회였는데요. 중간에 몇 년 일반 교회를 다녔고 후에 다시 산아래교회를 다니게 되었습니다. 제 나이가 스물여덟 살이니까 이제는 평신도교회에서 보낸 시간이 그렇지 않은 시간보다 많네요.

그런데 그렇게 긴 시간을 보냈음에도 아직 스스로도 평신도교회가 일반 교회라는 생각이 들지는 않습니다. 평신도교회는 분명 독특한 형태인 것 같습니다. 교회의 원형이긴 해도 말입니다. 저도 가끔 어느 교회를 다니냐는 질문에 대해서 이런 대답을 하곤 합니다. "어, 저는 산아래교회를 다니는데요. 평신도교회라, 익숙하진 않으실 텐데 목사님이 없는… 네, 그렇다고 이단은 아니고요." 아마 이런 답변을 한 경험이 있는 분이 계실지 모르겠습니다. 네, 평신도교회는 아직까지는 분명 많은 설명을 필요로 하는 것 같습니다. 그리고 이렇게 설명할 점이 많다는 것은 곧 정체성 문제로 이어집니다.

우리나라에 살면서 대한민국이라는 나라를 설명할 일은 많지 않습니다. 하지만 외국에 나가 '대한민국'이라고 하면, 요즘은 조금 나아졌지만 십여 년 전만 하더라도 "독재 국가가 아니며 김씨 일가와는 관련이 없고…" 이러한 설명을 덧붙여야 했습니다. 스스로 정체성을 계속해서 증명해야 했죠.

우리나라에서 대형 교회 혹은 일반 교회들이 가지는 장점은 이러한 것입니다. 그 자체로 정체성을 주장하고 소속을 증명해 줍니다. "당신은 기독교인입니까? 당신은 신앙이 있습니까? 당신은 이단이 아닙니까?" 라는 복잡하고 심오한 질문은 "저는 K장로교회, K감리교회, K성결교회를 다닙니다"와 같은 간단명료한 답변으로 해결됩니다. 정말 대단한 논증이 아닐 수 없습니다. 하지만 소속이 없음에서 오는 정체성에 대한 고민이 분명히 우리에게 도움이 되는 측면이 있다고 생각합니다. 이와 관련해서 저의 이야기를 조금 더 하겠습니다.

저는 모태신앙입니다. 그리고 평범한 교회 생활을 했습니다. 그래서 초등학교 때 거의 10년 동안 다니던 교회를 옮겨야 한다는 말씀을 부모님께 들었을 때는 하늘이 무너지는 것 같았습니다. 저에게 교회는 그때까지 신앙의 공간이라기보다는 '친구들을 만나는 공간'이었기 때문입니다. 얼마 만나지 않은 학교 친구들보다 교회 친구들이 저에게는 더 친하고 소중한 존재들이었습니다. 실제로 평신도교회를 가 보니 상황은 심각했습니다. 저는 자녀들 중에서는 제일 나이가 많은 편인 동시에 어른들과는 나이 차이가 크게 났죠. 어디에도 낄 수 없는 상황이었습니다. 아이들에게는 한두 살이라도 큰 구분으로 느껴지기 때문입니다. 예를 들어, 4학년은 3학년과 절대 또래라고 생각하지 않습니다. 그래서 평신도교회는 진정한 의미에서 또래 집단이 생기기는 어렵습니다. 그래서 저는 처음으로 교회에 대한 고민을 하기 시작했습니다. '만약 친구들을 만들 수 없다면 교회란 무엇일까' 하고요.

3부 부모가 아이 앞에서 성경을 들어야 한다

예배는 어려웠고 또래와 재미있는 시간을 보낼 수도 없었습니다. 구성원도 계속 바뀌었습니다. 결국 오랜 시간을 가족끼리만 예배를 드리기도 했습니다. 예배, 친구, 건물. 교회라고 정의 내릴 수 있던 모든 것들이 고정되지 않고 계속해서 바뀌어 갔습니다. 이제는 내가 교회를 다닌다고 말을 할 수 있는지도 의심스러운 지경이었습니다. '교회라는 이름을 달고는 있지만 정말 이것이 교회가 맞을까?' 하는 생각이 들었습니다. 말씀을 함께 나눌 때면 저에게서 좋은 소리가 나오지 않았습니다. 나눌 때도 비판적 자세를 취했고 모순처럼 보이는 성경의 내용을 저는 지적했습니다. 그러다가 고등학교 2학년, 저는 하나님을 만나게 됩니다. 어머니가 말씀을 나누시던 날이었습니다. 평소라면 아무렇지 않게 넘길 수 있었던 어떤 말씀이 그날 가족들과 말씀을 나누면서 제 마음속에 큰 감동으로 다가왔습니다. 그리고 그 순간 하나님이 저를 찾아와 주셨다고 확신할 수 있습니다.

저는 고등학교 2학년 때 마술사가 되려던 제 진로를 포기하고 방황하고 있었습니다. 지금까지 살아오면서 삶의 목표가 변하기는 했어도 부재한 적은 없었습니다. 그러나 고등학교 2학년은 제 인생에서 거의 유일한 진공의 상태였습니다. 삶의 목적을 잃고, 주어지는 날들에 살아 있기만 하는 것이 인생의 전부였던 시간이었습니다. 하지만 아무것도 남지 않은 바로 그 순간에, 여느 때처럼 비판적이고 냉소적으로 앉아 있던 그 순간에, 하나님은 저에게 찾아와 주셨습니다. 예배 시간, 가족들과의 나눔이라는 형태로 말입니다. 저는 비로소 그제야 하나님을 진정한 구주로 인정할 수 있었습니다. 그리고 얼마 후 진로를 정하고 공부를 시작하여 교육 속에서 고통받는 학생들을 돕겠다는 마음으로 사범대에 입학하게 됩니다.

지금 저에게 평신도교회의 의미를 묻는다면 여전히 말씀드리기 어렵습니다. 저는 신학과에 다니지도 않고 특별히 평신도교회에 대해 따로 공부하고 있지 않습니다. 하지만 한 명의 평신도로서 경험한 것들은 있습니다. 교회는 한 주간 살아온 투쟁을 나누는 곳이기도 하고 다음 한 주를 살아가는 데 필요한 주님의 말씀을 듣는 곳이기도 합니다. 또한 열심히 살아왔다고 생각했지만 꾸중을 듣는 곳이기도 하고, 방황하고 허송세월을 보냈다고 생각했지만 위로를 받는 곳이기도 합니다. 그래서 저는 평신도교회란 어떤 곳인지 정의하지 않기로 했습니다. 왜냐하면 교회는 이 모든 것이기 때문입니다.

여기에는 다양한 분들이 모여 계십니다. 도대체 평신도교회는 무엇을 하는 곳인가 궁금해하시는 분들, 평신도교회를 운영하는 과정 속에서 다양한 시행착오를 겪으신 분들, 이미 오래 해 왔지만 그것을 더욱 확장하여 많은 사람들이 이러한 즐거움을 누렸으면 하시는 분들까지 말입니다. 아마 이러한 연합이 확장된다면 미래에는 더 많은 사람들이 평신도교회가 무엇인지 잘 알게 되지 않을까 생각합니다. 그날에는 더 이상 해외에 나가 대한민국을 설명하지 않아도 되는 것처럼 우리 평신도교회도 그렇게 되지 않을까 생각합니다.

하지만 저는 그날에도 우리가 누구인지 쉬이 대답할 수 없었으면 합니다. 저는 산아래교회에 다니고 있지만 '산아래교회'가 아니고, 평신도교회 연합에 속해 있지만 '평신도교회 연합'은 아닙니다. 매일 변화하는 일상 속에서 송여명이라는 저는 계속 변합니다. 그리고 그 안에서 하나님과 맺는 관계도 계속해서 변합니다. 어느 날에는 하나님을 너무나 사랑하고 어느 날에는 사랑하는 만큼 원망을 하고 싶습니다. 어느 날에는 주님의 약속이 목전에 있는 것 같고 어느 날에는 저를 버리신 것만 같습니다. 그 모든 순간들 속에서 교회의 의미는 다르게 느껴집니다.

그리고 더욱이 제가 그렇게 변하는 것처럼 우리 주위 성도들도 매일 달라집니다. 어제와 같은 얼굴을 하고 나의 옆에 앉아 있고 말씀과 삶을 나누고 있지만 그들의 마음속에는 누구에게도 말하지 못한 고통이 있을 수 있습니다. 제가 평소와 같은 얼굴로 앉아 있던 고2 시절 어느 날처럼 말입니다.

우리가 각자의 신앙적 정체성에 대해 명료하게 답하는 것보다 더욱 중요한 것이 있다고 생각합니다. 그것은 매일 변하는 우리 주위의 사람들 마음속으로 적극적으로 들어가고 그들의 고통과 필요를 듣는 것입니다. 우리를 자신의 한계나 교회의 한계 안에 가두지 않는 것, 하나님께서 주시는 마음이 가닿는 대로 교회 안과 밖에 도움이 필요한 이들을 돕는 것, 우리는 이것을 위해 모였습니다.

저나 여기 계신 분들이 모든 기성 교회가 잘못되었다고 생각
하지는 않으실 겁니다. 하지만 우리는 좋은 기성 교회를 찾아가
는 것이 아니라 '굳이' 평신도교회를 하기 위해 모였습니다. 그 이
유는 무엇일까 묻는다면, 저는 이렇게 말할 수 있을 것 같습니다.
내가 속한 사회와 공동체 구성원의 고통에 더욱 민감하게 반응하
고 그것을 교회의 과제로 삼기 위해서라고 말입니다. 그래서 그
들의 친구가 되기 위해서라고 말입니다.

모인 사람이 적어 친구가 생기지 않는다면
고통받는 이들을 너의 친구로 만들어라.

이것이 하나님이 제게 들려주신 말씀이었습니다. 이것이 교
회에서 방황하던 어린 저를 지금의 이 자리까지 인도해 주신 하
나님의 뜻과 약속이라고 생각합니다. 감사합니다.

3부 부모가 아이 앞에서 성경을 들어야 한다

선생님 소리가
제일 시끄러웠어요![8]

평신도교회를 시작한 지도 5년 정도 지났습니다. 기껏해야 네 가정이지만, 제겐 소중합니다. 지난주 우리는 한 가지 새로운 실험을 했습니다. 4-6세 아이들의 신앙 교육에 대해 말입니다.

미취학 아이들의 신앙 교육

우리 집 두 아이는 이미 고등학교를 졸업했거나 고3이라 성인 그룹에서 예배를 드리고 나눕니다. 첫째 아이는 설교 당번으로 말씀을 나누는 차례도 맡습니다. 초등 4, 5학년만 되어도 어떻게든 예배에 참여할 수 있습니다. 문제는 4-6살 아이들 교육입

---

8   이 글은 2018년 12월 4일 페이스북에 올린 내용을 새롭게 다듬은 것입니다.

니다. 천둥벌거숭이 같은 녀석들이지요. 그래서 이 아이들을 예배에 끌어들이는 것은 어려운 일입니다. 그동안 묵상과 찬송, 기도 시간, 말씀과 나눔 시간 모두에 이 아이들은 참여할 수가 없었습니다. 아이들을 위한 예배를 조직하자니 번거롭고, 어른들이 돌아가며 아이들을 책임지자니 성인들의 예배와 교제가 흔들릴 것 같아서 그것도 조심스러웠습니다. 어차피 아이들 신앙 교육은 주일이 아니라 주중 가정에서 부모들에 의해 이루어지는 것으로 했으니, 이 아이들이 초등학교 4, 5학년이 될 때까지는 옆에서 간접 경험하는 상태로 지내도록 하기로 했던 것입니다.

우리 집 거실에서 어른들이 예배를 드리면 4-6세인 아이들 두세 명은 한쪽에서 색종이를 오리거나 소꿉장난을 하며 시간을 보냅니다. 그런데 고민스럽게도, 어른 예배 시간이 세 시간 동안 이어지니, 아이들이 견딜 수 없어 했습니다. 그뿐이 아니었습니다. 어른들과 아이들이 거실에서 각각 활동을 하다 보니, 어른들은 예배 시간에 아이들이 큰 소리를 내거나 쿵쾅거리는 것에 신경이 쓰입니다. 게다가 아이 한 명이 더 늘어나니, 두 명일 때와는 비교가 안 되는 역동이 생깁니다. "좀 조용히 해 줄 수 없겠니?" 단속을 하지만 한계가 있습니다. 얼마 전부터는 아이들이 자기들 활동을 하다가, 우리가 설교 나눔 시간에 큰 소리로 이야기를 하니, 되레 "좀 조용히 해 줘요!" 하고 불평을 합니다.

2주 전, 공교롭게도 제가 설교 당번이었던 주일 예배 시간에, 아이들 상황이 극에 달했습니다. 아주 악을 썼지요. 설교하면서 교우들과 토론을 하거나 혹은 나의 감정적 흐름을 따라 멈추고 생각을 다듬고, 말씀이 주는 여운을 느낄 틈이 없었습니다. 저 소음에 밀리면 안 된다 생각해서 악을 쓰며 설교를 마쳤습니다. 힘겨운 시간이었습니다. 저도 이렇게 힘든데, 저 악동들의 소음을 무릅쓰고 설교를 이어 갈 사람은 많지 않겠다 싶은 걱정이 찾아왔습니다.

더 이상 이 방식을 유지할 수 없었습니다. 생각해 보니, 아이들의 아우성이 문득 저에게는 "우리에게도 예배에 참여할 수 있는 기회를 주세요. 우리에게도 말씀을 가르쳐 주세요"라고 부르짖는 것 같았습니다. 그날 점심 식사를 하며, 교우들과 이야기했습니다. "이제 안 되겠어요. 주일날 저렇게 방치할 수는 없겠어요. 아이들도 예배의 일원으로 참여케 하지요. 찬송과 기도, 성만찬, 말씀 읽기까지는 아이들도 참여하게 해요. 그 후에는 말씀 나눔 시간을 분리해요. 제가 앞으로 아이들 성경 이야기 나눔을 20분 정도 진행하겠습니다. 저는 그 후에 다시 돌아와서 어른 예배에 합류할게요."

성경이 우리처럼 아이들을 변화시킬 것

지난주는 아이들을 예배에 참여시킨 첫 예배였습니다. 기도, 찬송, 성만찬 순서까지 아이들은 스스로 예배의 주역으로 초대받았다고 느껴서인지 참 조용했습니다. 예배가 무엇인지 이해하는 걸까 싶지만, 그래도 어른스럽달까요. 겨우 다섯 살, 여섯 살짜리가 말입니다. 성만찬을 끝내고 설교 시간부터 방으로 들어가서 아이들을 앉혔습니다. 그리고 제가 어린이 성경책을 폈습니다. 세례 요한의 부모, 스가랴와 엘리사벳 이야기를 나누었습니다. 아이를 가질 수 없는 노인 부부, 오랫동안 드리던 기도의 멈춤, 성전에서 제사 지내다가 아이를 얻게 될 것이라는 천사의 예고와 말을 못 하는 상태로 성소에서 퇴장한 일, 엘리사벳의 은둔 시절, 아이가 태어날 무렵 이름을 요한이라 할 것이라고 서판에 쓰자 말문이 터진 이야기, 요한은 예수님을 소개하러 미리 온 사람이라는 그의 정체성 이야기 등을 들려주었습니다.

스가랴의 기도, 이스라엘의 회복을 위한 기도의 장면을 연기하고, 말을 못 하는 상태로 서판에 글을 쓰는 것을 과장된 음성과 행동으로 들려주었습니다. "얘들아, 기도가 무엇인지 아니?" "내가 할 수 없으니 하나님께, '아버지 도와주세요!' 그렇게 부르짖는 것이란다." "기도는 도와달라고 말하는 것이야. 친구가 미워질 때, '아버지, 제가 저 친구를 미워하지 않게 도와주세요' 하고 기도하는 것이란다." 그저 아이들 수준에서 알아들을 수 있는 정도로 이야기를 풀었습니다.

제 아이들이 어릴 때 저는 성경을 그렇게 읽어 주었습니다. 창세기 천지창조와 아브라함 이야기, 형 에서로부터 쫓겨나 고향을 떠나는 야곱 이야기를 읽어 주었던 때로 기억합니다. 홀로 있는 사막에서 기도할 때, 하나님께서 "야곱아, 두려워 말라, 내가

3부 부모가 아이 앞에서 성경을 들어야 한다

너와 함께하겠다" 하신 이야기를 읽어 주다 저는 그만 눈물을 쏟고야 말았습니다. 사람은 외롭습니다. 그 외로움 가운데 쓸쓸할 때, 주께서 나타나 우리 손을 잡아 주실 때 삶은 든든해지고 감사가 생깁니다. 제가 야곱이 되었던 시간이었고, 아이에게 읽어 주는 성경 이야기로 제 삶도 뜨거워질 수 있음을 경험했습니다. 제 인생 가운데 숱하게 겪은 그 위로의 말씀, 격려의 경험을 저는 다시 성경 이야기로 우리 아이들에게 들려준 것입니다. 중학교 시절 사춘기가 맹렬할 때도 그것만큼은 포기하지 않고, 아이들이 읽고 생각하게 하며 오늘에까지 이르게 한 것이 성경 이야기입니다.

이제 둘을 다 키웠으니 끝난 일 같았는데, 손주 같은 4-6살 짜리 아이들에게 성경을 들려줄 기회가 찾아왔습니다. 슬며시 설레었습니다. 돈을 최고라고 가르치는 자본주의 사회 속에서 성경이 우리 두 아이들을 지켜 주었고 생각을 열어 주고 삶을 이끌어 주었는데, 네 살 정이, 다섯 살 현정이, 여섯 살 하준이에게 성경은 또 어떤 변화를 안겨 줄 것인가, 저는 기대합니다.

그날, 아이들에게 성경을 다 읽어 준 후 말씀을 이해했는지 확인하고자 몇 가지 질문을 했습니다. "얘들아, 사가랴 할아버지가 천사를 만난 후 아이가 생길 것이라 말했는데 그때부터 1년간 눈을 못 떴지? 이렇게 말이야." 질문을 하며 눈 감은 채로 더듬는 시늉을 했습니다. 아이들은 웃으며 "아뇨~ 말을 못 했어요." "세례 요한은 뭐 하는 사람이지?" "예수님을 소개한 사람요." "기도는 뭐 하는 거라고?" "하나님께 도와달라고 하는 거요." 대답은 충분했습니다. 뱃심이 강하고 어른 예배 시간에도 개의치 않고 큰 소리로 자기들 할 것 다하던 현정이의 대답이 특히 우렁찼습니다.

두 손 모으고 기도하자고 했습니다. 현정이가 말했습니다. "송 선생님, 저 아까 예배 시간에 눈 뜨지 않고 기도했어요." "그래, 잘했어! 이제부터는 너희들끼리 색종이 오리면서 놀아. 그러다가 정 힘들면 나한테 와. 재미있는 만화 보여 줄게." 그렇게 말하고 기도했습니다. 녀석들, 어찌나 기도에 진지하던지! 그 후 든든한 마음으로 저는 어른 예배에 합류했습니다.

거실로 돌아와 예배에 합석하면서 교우들에게 물어보았습니다. "아이들이 조용했지요?" 교우들이 말했습니다. "네, 대신 송 선생님 소리가 시끄러웠어요!" 끙, 짓궂은 어른들이 아닐 수 없었습니다.

4-6살 아이들이지만 성경을 읽어 주는 한, 그 말씀이 아이들 가슴 속에 심길 것입니다. 저를 바꾸고 제 아내를 바꾸고 두 아들을 바꾸었던 말씀이 그 아이들을 바꾸어 갈 것입니다. 예수의 이야기, 스데반의 이야기, 바울과 베드로 이야기, 삼손과 아브라함과 에스더 이야기를 통해 아이들은 하나님을 알게 될 것입니다. 무엇보다 그 아이들에게 제가 말씀을 읽어 줄 때, 제 마음속에서 뜨거운 격동이 일어날 것입니다. 저희 집 두 아이가 어릴 때 성경을 읽어 주던 제 눈시울이 뜨거워졌던 그 시절 그때처럼 말입니다.

3부 부모가 아이 앞에서 성경을 들어야 한다

교회 시작과 운영을 위한
9가지 질문

1

평신도들이 기존 교회를 떠나 목회자에게 의존하지 않고 교회를 시작해야 하겠다고 할 때, 많은 고민과 어려움을 겪을 수밖에 없습니다. 실무적인 경험이나, 설교를 할 수 있는 지식이 없다 보니, 크고 작은 어려움이 생기면 어떻게 헤쳐 나가야 할지 질문과 고민은 끝도 없이 생길 수 있습니다. 이와 관련한 고민의 유형과 대답을 정리해 보고자 합니다.

Q1. 평신도교회를 시작하기에 적합한
계기나 동기는 무엇인가?

평신도들이 중심이 되어 교회를 이룰 수 있다는 것을 인정한다고 해도, 지금 머무는 교회를 곧바로 떠나 평신도들 간에 교회를 이루겠다고 마음먹기는 어렵습니다. 기존에 머물던 교회 공동체를 벗어나는 것부터가 어려운 일입니다. 떠남에 대한 믿음의 확신이 있어야 합니다. 그래야 새로운 교회를 이룰 때 찾아올 수많은 어려움을 이겨낼 수 있기 때문입니다.

지금 섬기는 교회에 불만이 있을 수 있습니다. 그러나 그것이 지금의 교회를 떠날 충분한 이유가 되지는 못합니다. 교회를 교회답게 이루는 일이란 목회자만의 몫은 아니기 때문입니다. 한정된 여건이더라도 평신도 역시 기여할 부분이 있습니다. 우선, 교회가 잘못 운영될 때 성도의 한 사람으로 바른 목소리를 내야 합니다. 기회가 주어진다면, 목소리를 내는 데서 머물지 않고 교회 안에서 온전한 교회를 이룰 길을 적극적으로 모색해야 합니다. 목회자 중심의 기성 교회라고 해서 평신도교회가 기대하는 교회 됨의 모습들, 성도들 간의 친밀함이나 영적인 변화를 누릴 길이 없는 것은 아닙니다. 내가 속한 작은 공동체는 교회 됨을 이루는 공간이며, 그 안에서 진행되는 변화와 생명의 역사는 교회 전체에 영향을 미치게 됩니다. 그런 과정을 거치지 않은 채 교회에 실망을 느껴 새로운 시도를 하게 된다면, 이내 또 다른 실망을 마주하게 됩니다.

평신도로서 교회를 이루어야겠다는 깨달음과 의식이 찾아올 때까지 지금 머무는 교회에서 충분히 헌신해야 합니다. 여기서 '헌신'은 교회 운영을 하는 데에 하나의 부속물처럼 기능하는 것을 의미하지 않습니다. 오히려 참다운 교회가 무엇인지 공부하며, 배운 바를 교회 내에서 성취하도록 깨어서 힘쓰는 것을 의미합니다. 이 과정에서 누군가에게는 격려받겠지만 누군가로부터는 비난을 받습니다. 그 과정의 경험이 차곡차곡 쌓여서 새로운 교회를 이루는 영적 자산과 경험으로 축적되는 것입니다. 그러다가 어떤 뜻밖의 결정적인 계기가 찾아오면, 변화를 시도할 수 있습니다.

제가 강조하려는 것은, 평신도교회를 이루고자 하는 목적을 목회자의 전횡이나 교회 내 여러 문제들을 견디지 못하겠으니, 내 마음대로 편하게 교회 생활을 하는 데 두어서는 안 된다는 점입니다. 머물던 교회 안에서 내가 할 수 있는 최선의 노력을 해야지, 나중에 떠날지 말지를 구별할 수 있습니다. 그렇게 해야 평신도교회에서도 그 마음으로 교회를 섬길 수 있습니다. 평신도교회에 참여한다는 것은 수동적인 교회 생활이 능동적인 생활로 전환되는 것이며, 비판할 대상이 없이 자기 스스로 책임지고 비판받는 자리에 서는 것입니다. 더욱이 평신도교회는 목회자 중심의 기성 교회와 결별하는 길이 아니라, 기성 교회도 주님의 몸된 교회임을 인정하고 그 교회를 새롭게 하기 위해 선택한 새 길일 뿐입니다. 마치 대안학교가 생긴 후 공교육이 영향을 받아 공교육 내에 대안학교 즉 혁신학교가 세워지듯이, 우리가 목적하는 바도 이런 평신도교회가 지렛대 되어 기존 목회자 중심의 한국 교회를 새롭게 하고자 함입니다. 이것을 잊어서는 안 됩니다.

Q2. 누구와 함께 할 것인가?

교회를 시작하고자 할 때, 누구와 함께 할지에 대해 하나의 원칙을 제시할 수는 없습니다. 어떤 이는 교회를 책임지는 위치에 있을 수 있고, 어떤 이는 그런 교회에 참여하는 구성원이 될 수도 있기에 더욱 그렇습니다. 그러나 어느 경우든 가급적이면 먼저 가정 안에서 교회를 이루어 보기를 권합니다.

가정에서 교회를 이루어 보라는 것은, 주중이나 주일에 가정이 단위가 되어 가족 간에 말씀으로 서로를 세우는 경험을 하라는 말입니다. 일단 주중에 가정 예배를 드리다가 주일 예배로 확장할 수 있습니다. 다른 가정의 합류 없이, 1년 정도 자기 가정 안에서 교회를 이루는 시도를 하는 것도 좋습니다. 그 과정에서 가족 간에 신앙적 유익을 누릴 수 있습니다. 아이들이 바로 서고 부부간에 일치를 경험하게 될 것입니다. 그 과정을 거쳐 드디어 주일에 모이는 교회를 시작하게 된다면, 자연스럽게 다른 이들이 합류하게 됩니다. 새로운 구성원들이 참여해서 교회를 이루게 되면, 기쁠 때도 있지만 어렵고 흔들릴 때도 있을 것입니다. 그러나 가정 안에서 1년간 교회로서 온전한 경험을 했다면, 그 어떤 흔들림에도 견고하게 버틸 수 있습니다. 그래서 가정 안에서 교회를 이루어 보는 게 중요합니다. 한 가정만으로 교회를 이룬 경험이 없으면, 크고 작은 어려움 앞에서 쩔쩔매게 됩니다. 처음부터 다른 가정이 함께해야 교회를 이룰 수 있다고 생각하면 새로운 가정이 참여해도 교회 됨의 온전함을 맛보기 어렵습니다.

또한 기존의 평신도교회에 합류하고자 할 때, 혼자만 합류하지 말고 가족 전체가 참여하는 것이 좋습니다. 교회에서 경험하는 것이 서로 다를 때, 설령 좋은 경험을 하더라도 부부간에 소통이 어렵게 되거나 심리적인 틈이 벌어질 수 있고, 이것이 자칫 갈등으로 이어질 수 있습니다. 함께 바른 선택을 하고, 함께 움직이는 것이 좋습니다.

Q3. 어디서 모일 것인가?

아시는 바대로, '예배당'이 교회는 아닙니다. 그리스도를 주라고 고백하는 신자들의 공동체가 교회입니다. 따라서 교회는 장소에 구애받을 필요가 없습니다. 적은 수로 모일 경우, 가정집에서 시작할 수 있습니다. 가정에서 모이면 여러 유익이 생깁니다. 공간은 사람들 간의 관계, 대화 방식 등에 영향을 줍니다. 따뜻하고 친밀하며 깊은 대화가 가능해지고, 어린이들이 편안함을 느껴 부모는 안심할 수 있습니다.

그러나 인원이 차차 늘어나면 문제가 생깁니다. 신자 수가 늘고 찬송과 기도할 때 소리가 커지면, 소음이나 주차 문제 등으로 이웃들의 항의를 받게 됩니다. 불가피하게 장소를 바꾸어야 할 때가 올 것입니다. 이때 시민단체나 공공시설의 빈 공간을 사용하는 것도 좋습니다. 우리 교회는 처음에는 가정에서 예배를 드리다가 지금은 제가 일하는 '교육의봄' 공간에서 예배를 드리고 있습니다. 그러나 이런 경우에도 구성원을 무한정 늘릴 수는 없습니다. 일정한 규모를 넘게 되면 적은 수로 모였을 때 예배 공동체로 누렸던 장점들을 잃게 됩니다. 그러므로 인원이 늘어나면 장소를 넓히려고만 할 게 아니라, 인원을 조정하는 선택도 고려해야 합니다. 예컨대, 교회를 둘로 나누어 각각 예배를 드리고 때로는 두 공동체 간 인원을 바꿔서 모이다가, 한 달에 한 번은 연합 예배를 드리는 방식을 취할 수도 있습니다. 그렇게 하면 신자들의 수가 늘어도 평신도교회의 장점을 유지할 수 있습니다.

Q4. 교회의 방향을 어떻게 세울 것인가?

아무리 친밀하고 신실한 교우들일지라도 막상 교회를 시작해 보면, 교회관이나 성경관이 달라 서로 당황하게 될 수 있습니다. 일반 교회에서는 교회에 일정한 규율이나 질서가 존재하기 때문에 개개인의 영향력이 크지 않습니다. 공동체 인원이 많다 보니, 개인의 차이가 잘 부각되지 않습니다. 그러나 두세 가정 규모의 교회 공동체에서는 한두 사람이 끼치는 영향력이 큽니다. 떠나온 교회의 문제점을 나누고 비판하며 생긴 공감대 때문에 새로운 교회로 함께 모였더라도, 일단 교회를 시작하면 매일같이 교회다움의 실제를 어떻게 이루어 갈 것인가 하는 문제에 당면하고, 그 과제를 어떻게 풀어낼지 몰두할 수밖에 없습니다. 그 과정에서 교회의 방향에 대해 이견이 생길 수 있습니다. 어떤 이는 선교 중심의 작은 교회 공동체를 지향할 수도 있고, 다른 이는 제법 큰 교회 공동체를 지향할 수도 있습니다. 헌금에 대한 입장 차이, 교회의 운영과 관련한 의사 결정 방식에 대한 입장 차이, 신앙고백 부분에서 그동안 숨겨졌던 개인의 특성이나 차이가 드러날 수도 있습니다. 작은 문제가 큰 문제로 부각되기도 합니다.

이런 문제를 완전히 피해 갈 수는 없습니다만, 좋은 예방책 중의 하나는 교회의 운영 원칙을 정리해 놓고, 거기에 동의하는 이들을 중심으로 교회를 이루는 것입니다. 운영 원칙에는 성경 말씀에 근거한 불변의 요소도 담기겠지만, 상황과 구성원에 따라 달라지는 임시적인 요소도 포함될 수 있습니다. 규칙이 있는가 없는가는 중요합니다. 생길 수 있는 갈등을 상당 부분 예방할 수 있기 때문입니다. 미리 구성원들이 동의하는 규칙과 신조를 만들어 놓으면 때마다 어떤 결정을 하느라 서로 감정을 상할 필요가 없어집니다. 이와 관련해서는 뒤에 나오는 '산아래교회의 신조'를 참고하기 바랍니다.

Q5. 교회의 모임 형태, 직분, 호칭을 어떻게 정할까?

평신도교회도 사람들이 모인 공동체이므로 일종의 조직입니다. 조직 내에서 이를 운영하는 규율과 질서, 리더십이 있기 마련입니다. 그것이 호칭으로 드러날 수 있습니다.

4부 평신도교회 운영의 실제

평신도교회 신자들 간의 관계는 매우 수평적입니다. 누군가 홀로 결정하고 나머지는 그것을 따르는 방식의 리더십이 존재하기 어렵습니다. 그렇다고 해서 리더십 자체가 없는 것은 아닙니다. 리더십을 부정한다는 것은 일종의 무정부주의적 태도입니다. 우리가 목회자 중심의 기성 교회를 비판은 하지만, 리더로서 목회자 자체를 부정하지는 않습니다. 어느 조직이든 리더는 있기 마련입니다. 리더가 신자들 위에 군림하고, 자신을 특권적 지위를 갖는 존재로 격상시켜 신자들을 자신에게 의존하는 존재로 만들며, 그 눈과 귀를 흐리게 함으로써 그들이 말씀에 입각해 바른 판단을 못 하게 하는 것이 문제일 뿐입니다. 성경에서도 질서와 권위는 존중하라고 말합니다.

그럼 누가 리더인가요. 로버트 뱅크스 박사가 말했듯이, 그가 빠졌을 때 교우들이 가장 그리워할 사람, 즉 구성원들 사이에서 신망이 높은 이가 리더입니다.[9] 그는 굳이 리더라고 불리지 않아도 리더인 것입니다. 다만 그 리더는 평신도 구성원들과 다른 구름 위의 존재가 아니라 신자들이 그리스도 안에서 성장하도록 돕는, 섬기는 자입니다. 권위를 누리지 않고, 다른 사람들을 섬기는 종의 위치에 있으며, 교회에서 크고 작은 문제로 책임을 져야 할 때, 기꺼이 그 책임을 지려는 이입니다.

여기서 또 유의할 것은, 리더십을 인정한다고 해도 모든 영

---

9   로버트 뱅크스, 《교회, 또 하나의 가족》(IVP), 223쪽 참고.

역에서 한 사람이 결정하고 책임지는 방식만 생각해서는 안 된다는 점입니다. 교회 구성원마다 자기 은사에 따라 리더십을 발휘하는 영역이 다양할 수 있습니다. 그런 기능적 리더십을 서로 존중하며 교회를 이루어 가야 합니다.

그렇다면 이들을 '장로'나 '집사' 등의 직분으로 불러야 할까요? 그럴 수도 있습니다. 그러나 이런 호칭은 기본적으로 많은 수의 신자들이 교회를 구성할 때 필요합니다. 적은 수로 모일 때는 제직회니 공동의회니 하는 형태의 모임을 가질 필요가 없고, 한 사람이라도 그 결정에 소외당하지 않도록 배려하고 설득하며 기다리는 회의 방식이 중요합니다. 따라서 직분에 따른 호칭도 사용할 필요가 없게 됩니다.

그렇다면 직분과 관련 없이 교회 내에서 서로를 부르는 호칭은 어떻게 할까요? 교회들마다 다를 수 있습니다. '형제' '자매'나 '선생님' 같은 호칭을 많이들 사용하지만, 가족처럼 '형님' '누님'이라고 하거나 상대가 손아랫사람일 경우 이름을 부르기도 합니다. 이것은 원칙이 있는 게 아니니 구성원 간에 편하게 부를 수 있다면 어떤 호칭도 무방할 것입니다.

Q6. 예배와 설교는 어떻게 해야 하는가?

예배를 드리는 방식에 어떤 원칙이 있을까요? 이에 대한 대답은 교단 혹은 교파마다 다를 것입니다. 가톨릭교회는 성찬이 핵심입니다. 개신교회는 말씀이 핵심입니다. 그러나 어떤 예배에도 찬송과 기도, 말씀과 나눔, 성례 등이 주요 요소로 들어가 있고, 이를 풀어내는 방식이나 예배 중 배치 및 주기가 다를 뿐입니다. 브루스 M. 메츠거에 따르면, 개신교회 예배의 주요 요소들은 근원적으로 유대교 회당 예배 순서에서 따온 것이라고 하니 그 전통이 깊습니다.[10]

평신도교회에는 말씀을 나누는 시간이 있으나, 이를 '설교'라고 부르지는 않습니다. 설교는 일종의 말씀 선포 즉 '케리그마'입니다. 이 케리그마는 설교자가 하나님께 말씀을 받아 대언하는 것입니다. 최소한 성경을 이해하는 전문적인 식견이 있어야 합니다. 그러나 평신도교회는 말씀 나눔을 그렇게 이해하지 않습니다. 평신도교회는 교회를 '성경 해석의 공동체'라고 정의합니다. 즉 어느 누가 혼자 말씀을 해석해서 선포하고 나머지는 이를 순종하는 것이 아니라, 함께 말씀을 해석한다는 것입니다. 또한 예수를 주라 고백하는 사람이라면 남녀노소 가릴 것 없이 누구나 말씀을 나누는 짐을 감당할 수 있습니다. 그래도 위험하지 않습니다. 우리는 성령께서 모든 신자들에게 말씀을 해석할 힘을 주셨다는 사실을 믿기 때문입니다. 그래서 우리는 교우들이 말씀을 전할 만큼 믿음의 중심이 있는지 확인한 후에, 적절한 때가 오면 그에게 말씀을 나누도록 권유합니다. 누구든 제자의 삶을 살게

10 　브루스 M. 메츠거, 《신약성서개설》(대한기독교출판사), 54-58쪽.

되면 언제고 어려움이 따라옵니다. 말씀은 그 어려움을 돌파하라고 성령께서 주시는 지혜입니다. 신자로서 산다면 누구에게나 그 지혜가 찾아옵니다. 말씀 나눔 당번은 해당 주에 자신이 발견한 지혜를 나누고, 또 다른 이들이 그 해석을 보완하여 말씀 나눔을 완성합니다. 그는 공동체를 통해서 완성될 말씀의 마중물을 내놓는 존재이고, 성도들은 나눔에 참여하여 그 공동체를 향해 하나님께서 주시고자 하는 말씀, 즉 '케리그마'를 완성하는 것입니다 (자세한 내용은 3장 '교회의 말씀 나눔 원리와 실제'를 참고하시기 바랍니다).

Q7. 성례전(세례와 성찬식)은 어떻게 해야 할까?

개신교에서 대표적으로 중시하는 성례전이 있다면 세례와 성찬식입니다. 기성 교회에서는 목회자가 이 두 가지를 책임집니다. 그러나 평신도교회에는 직업적인 목회자가 없습니다. 그렇다면 세례나 성찬식은 누가 할 것이며, 언제 할 것인가를 놓고 낯선 고민을 하게 됩니다.

세례는 예수를 주라고 고백하는 이들이 있을 때, 베푸는 의식입니다. 예수를 모르던 이전의 삶과 결별하고 그리스도 안에서 새롭게 삶을 살겠다는 다짐입니다. 그 다짐에 공적인 의미를 부여하는 절차가 세례입니다. 사도행전을 보면, 사마리아에서 복음을 전하던 빌립이 예루살렘에 예배하러 왔다가 고국으로 돌아가던 에디오피아 내시에게 예수에 대한 말씀을 가르친 후 그가 예수를 주라 고백하게 되니, 그 즉시 물로 내려가 그에게 세례를 베푸는 장면이 나옵니다. 빌립은 사도도 아니었고, 오늘날의 목회자도 아니었습니다. 그는 현대 개신교회에서 '집사'라고 부르는 직분을 부여받은 존재였습니다. 그럼에도 불구하고 그는 내시에게 세례를 베풀었습니다. 회중들이 모여 있는 가운데 공식적으로 베푼 것도 아니고, 둘이 있는 비공식적인 상황에서 베풀었습니다. 그 고백이 진실하다면, 때와 장소를 불문하고 말씀을 전한 자는 즉시 세례를 베풀 수 있다는 것입니다. 물속에 완전 입수하는 침례를 할 것인가, 상징적 수준으로 적은 양의 물을 뿌림으로 세례 의식을 가질 것인가 등은 큰 문제가 아닙니다. 이미 세례 방식과 관련해서 여러 길이 열려 있으므로 교회마다 논의하여, 적절한 방식을 선택하면 되겠습니다. 다만 세례를 가볍게 받아들이지 않고, 이전 삶과 결별하며 자기 생을 걸고 그리스도의 길을 따라가겠다는 새로운 결심이 있느냐가 중요합니다. 그 결심과 다짐이 없는 세례는 공허합니다. 세례는 그 자체로 구원의 절차가 아닙니다. 그 다짐을 공적으로 표현한다는 점에서 교회 회중 앞에서 세례를 베푸는 것은 권장할 만합니다.

개신교회는 대부분 절기를 맞아 성찬식을 하고, 가톨릭교회는 매주 미사에서 성찬식을 진행합니다. 성찬식 방식으로는, 상징성을 강조해서 작은 빵 조각과 작은 컵의 포도주로 진행하는 경우도 있고, 실제 식사를 성찬식으로 진행하는 경우도 있습니다. 예수를 주라고 고백하는 성인들만 참여하도록 한정할 수도 있지만, 교파에 따라서는 어린아이들까지 모두 참여하는 경우도 있습니다. 한 사람이 성찬식을 집례할 수도 있지만, 당일 예배를 책임지는 자가 인도할 수도 있습니다.

이처럼 방식에 대해서는 교파나 교단에 따라 차이를 보입니다. 그러나 평신도 가정교회를 이루다 보면, 매주 성인들뿐 아니라 자녀들까지 모두가 참여하는 성찬식을 진행하며, 당일 예배를 책임진 이들의 인도로 성찬식이 진행되는 것이 자연스럽게 됩니다. 부모들이 아이들에게 성찬이란 그리스도의 죽음과 부활에 참여하는 행위임을 알려주면, 이 시간이 교육적으로 기능할 수도 있습니다. 다만 실제 식사를 성찬식으로 연결하는 것은 아직 대부분의 평신도교회들에는 익숙하지 않습니다. 이는 우리가 풀어야 할 과제입니다.

Q8. 헌금을 어떻게 사용할 것인가?

신약에서 헌금은 구제를 위한 용도 외에 특별히 강조되지 않습니다. 즉 십일조, 감사헌금, 절기헌금 등은 구약의 전통이거나 이후 사람들이 교회 운영 과정에서 개발한 것들입니다. 그러나 신약의 말씀에 근거하지 않는다고 해서 이를 다 부정할 것은 아니며, 훗날 개발됐다고 해서 다 무시할 것도 아닙니다. 구약의 전통이라고 다 부정할 필요도 없습니다. 누구든지 따라야 할 보편적인 원칙이나 강제 사항으로 제시하지만 않으면 됩니다.

다만 헌금의 취지와 온전한 정신을 지켜야 합니다. 헌금은 이웃 특히 고통받는 약자에 대한 긍휼에서 비롯되었습니다. 구약 성경에서조차 십일조의 용도 중 하나가 자기 땅이 없는 레위인들과 가난한 과부와 고아, 외국에서 온 나그네들을 구제함에 있으며, 신약에서도 헌금의 용도는 기근으로 힘겨워하는 교회들을 돕는 데 있었습니다. 그러니 우리도 교회 내 연약한 지체들을 돕는 용도로 사용할 수 있습니다. 예컨대, 코로나19 팬데믹 같은 시기에 직업을 잃은 지체들의 생계비를 지원하는 데 쓸 수 있습니다. 평신도교회는 직업적 목회자가 없기에 그들을 위한 사례비를 지출할 필요가 없게 되니, 자연스럽게 선교와 구제에 헌금 전액을 사용할 수 있을 것입니다.

대상을 더욱 더 확장할 수도 있습니다. 해외 선교를 위해 선교사님들을 후원하거나 교회 내 연약한 지체들을 돕는 것으로 끝나지 않고, 세상 속에서 고통받는 이들을 돕는 용도로까지 활용할 수 있습니다. 불의의 재난으로 고통받는 이들과 가난한 이들을 위해, 또는 외국인 노동자들을 돕는 이들이나 기관을 위해, 잘못된 제도와 환경과 맞서며 하나님의 나라를 위해 일하는 단체들을 위해, 지진과 전쟁 등으로 인해 고통받는 세계 각국의 사람들을 돕는 일에도 헌금이 활용될 수 있습니다.

이처럼 교회의 헌금을 교회 바깥의 이웃들을 위해 사용해도 되는 근거는 무엇입니까? 그들은 우리 주님이 사랑하는 자들이요, 특별히 주님은 약자들을 편애하시는 분이기 때문입니다. 교회 내의 신자들만 사랑하시는 분이 아니라 교회 바깥의 모든 고통받는 약자들을 긍휼히 여기는 분이 주님이시기 때문입니다. 그러니 주님의 마음과 시선이 향하는 곳에 우리의 헌금도 향해야 합니다.

Q9. 갈등과 긴장은 어떻게 풀 것인가?

갈등을 푸는 일은 평신도교회에서 다루기 어려운 문제 중 하나입니다. 평신도교회든 목회자 중심의 기성 교회든 모두 사람들이 모인 곳이기에 갈등은 피할 도리가 없습니다.

평신도교회는 작은 공동체이고 모든 이들의 삶이 개방되기 때문에 서로 영향을 받기 쉽습니다. 각자가 상대에 주는 영향이 크기 때문에 누리는 기쁨과 유익이 크지만, 때로는 불편함도 큽니다. 신앙적, 신학적 이견과 방향의 차이도 있지만, 미성숙함이나 도덕적인 문제, 성품과 기질의 차이 등 다양한 원인들이 공동체 안에 갈등을 불러옵니다. 자칫 이런 갈등으로 교회가 멈출 수도 있습니다. 소위 지속 가능성이 문제가 됩니다.

이 중에서 신학적 이견과 방향의 차이에서 비롯한 문제는 신조를 세워서 풀어갈 수 있습니다. 그러나 신학적 방향의 문제라고 해도 공동체 안에서 윤리적 태도나 기질의 차이, 서로의 연약함 문제와 연결되어 드러나기 때문에 그리 간단한 것은 아닙니다. 크고 작은 의사결정을 할 때도, 의사결정이 얼마나 민주적인

가를 놓고 의견이 갈리면 갈등을 풀기 어려워지기도 합니다. 작은 교회 공동체는 일종의 확대된 가정입니다. 그래서 명확한 신조 외에도, 서로의 차이를 수용하며 허물을 인정하고 진솔하게 대화하지 않으면 마음에 담이 쌓이기 쉽습니다.

당연한 말이지만, 여기에서 리더의 역할이 중요합니다. 그러나 목회자 중심의 기성 교회와는 달리, 평신도교회의 리더십은 수평적입니다. 교회의 대표가 누구인지도 명시화되어 있지 않습니다. 갈등이 생기면 서로가 당사자가 되어 상처를 주고받기 쉽습니다. 그래도 중심되는 가정이 정서적 안정감을 갖고 인내하면서 갈등을 관리하고, 진솔하게 대화하며 사과하는 모범을 보이면 교회는 안정될 것입니다. 법적인 권위와 물리적 권세가 없이 교회 안에서 나타나는 다툼과 갈등을 어떻게 풀 것인가, 그 비결을 발견하고 그 힘이 어디에서 오는지 경험으로 깨달아야 합니다. 그렇게 얻은 경험과 비결은 교회를 진정한 의미에서 지속 가능한 공동체로 만들 것입니다.

오늘날의 교회는 지속 가능성을 위해 규율과 조직 체계를 앞세우고 물리적 힘과 권세를 동원하는 데 익숙합니다. 그 힘과 권세에 대한 의존도가 커져서 교회가 부패하거나 연약해지곤 합니다. 그런 익숙한 것을 버리고 교회를 참답게 지속 가능한 공동체로 만들기 위해 어떤 자산이 필요한가 묻는 질문은 결코 가볍지 않습니다. 그런데 평신도교회는 존재 자체로 이 질문 앞에 선 공동체입니다. 우리는 의지할 조직 체계와 권세, 물리적 힘이 없이 인격적 만남과 영향력으로 교회를 견고하게 세워갈 수밖에 없으니까요. 갈등과 위기에 취약한 공동체이지만, 그 과정에서 얻은 통찰과 경험이 여러 갈등으로 위기에 빠진 한국 교회를 건강하게 세우고 지속 가능하게 하는 데 또 다른 자산이 될 것입니다.

교회의 고백과
신조

2

교회를 이루는 과정에서 제일 중요한 것은, 우리가 이룰 교회의 모습에 대해서 그 상(像)을 제대로 정립하는 일입니다. 그것을 제대로 정하지 않고 시작하면, 구성원들 간에 교회의 모습과 방향을 두고 이견이 생길 때 자칫 크고 작은 갈등과 시비로 번질 수 있습니다. 기성 교회에서는 목회자에게 대부분을 맡기고 그의 결정을 존중하지만, 평신도들이 모인 교회는 자발성과 수평성이 강조되고 특별히 압도적인 리더십이 없기 때문에 각자 지닌 생각의 차이가 드러날 수밖에 없습니다. 나아가 여러 가지 이견으로 혼란을 겪을 수도 있습니다. 그러므로 교회를 시작할 때 먼저 교회다움의 기준과 원칙을 잘 정립해 놓아야 합니다.

평신도교회의 신조를 구성하는 핵심 요소는 크게 네 가지입니다. 첫 번째는 그리스도의 주되심과 통일된 신앙고백입니다.

이 부분이 흔들리면 교회로서 설립 근거가 허물어집니다. 기성 교회에 있을 때는 몰랐는데 새로운 교회를 이루려 하다 보니, 이 부분에서 차이를 발견하고는 서로 당황하는 경우가 있습니다. 누구나 당연히 수용할 것 같지만, 실상은 그렇지 않다는 점을 유념해야 합니다.

두 번째로 목회자와 평신도의 수직적 위계를 인정하지 않고 모두가 주 안에서 한 지체임을 강조하는 것입니다. 이것은 서로 관계 맺는 방식의 수평성도 의미하지만, 말씀을 전하는 자로서 목회자의 배타적 설교 권한을 허용하지 않는다는 점까지 의미합니다. 권한을 뺏기 위한 정치적 목적이 아니라 신자들이 자신들이 말씀에서 깨달은 것으로 서로 배우고 성장하기 위함입니다. 신학적 훈련을 받거나 목회자 자격증을 지니고 평신도교회에 출석하는 지체가 혹 있다면, 이 부분을 유념해야 할 것입니다.

세 번째로 교회의 타자지향성을 강조하는 것입니다. 교회는 교회를 이루는 구성원들의 삶뿐 아니라, 교회 바깥의 고통받는 사람들의 삶에 대해서도 관심의 끈을 놓지 말아야 합니다. 교회는 세상의 고통과 담을 쌓는 폐쇄적인 공동체가 아니라 세상 고통에 신자들이 적극적으로 응답하도록 권고하고 격려하기 위한 공동체입니다. 그런 역할을 포기한다면 교회는 짠맛을 잃은 소금일 뿐입니다.

네 번째로 다음 세대 신앙 교육을 강조하는 것입니다. 가정과 부모가 자녀 신앙 교육의 1차적인 책임자라는 사실을 분명히 하며, 교회는 이를 강조하고 지원하는 위치에 선다는 것을 강조해야 합니다.

그 외에 다른 요소들도 있지만, 이 네 가지는 우리가 평신도교회를 이룬다고 할 때 양보해서는 안 되는 가장 기본적인 요소입니다. 첫 번째 요소가 빠지면 교회라 할 수 없고, 두 번째 요소는 평신도교회의 핵심 정체성이며, 세 번째 요소는 오늘날의 교회가 잃어버려서 세상으로부터 외면받게 된 중요 요인이며, 넷째는 교회의 앞날과 관련된 사항입니다.

이상의 내용을 담은 평신도교회의 신조 하나를 사례로 제시합니다.

평신도교회로서 산아래교회의 신조

그리스도에 대한 고백

1. 우리는 예수 그리스도가 세상과 인간을 구원하시기 위해 하나님이 보내신 유일한 길임을 믿는다. 그는 내세에 우리 전 존재를 구원하실 분이실 뿐 아니라, 지금 이 세상 속에서 벌어지는 온갖 고통과 가난, 질병, 억압에 관심을 가지며 그 속에서 고통받는 이들을 긍휼히 여기시는 분임을 믿는다.

2. 우리는 교회가 세상과 구별되지만 분리되는 것이 아님을 믿는다. 세상은 교회가 관심을 가지고 섬기고 변화시켜야 할 대상이며, 교회의 교회 됨을 확인할 수 있는 주된 공간이다. 그러므로 교회와 신자 됨의 의미는 교회 안에서만이 아니라, 세상 속에서 고통받는 이웃들의 삶에 대한 관심과 헌신으로 드러남을 믿는다. 따라서 '복음 전도' 뿐 아니라 '사회적 책임' 역시 중요한 성도의 사명이며, 교회는 교인들로 하여금 그 두 가지 삶을 잘 살도록 격려해야 한다.

3. 우리는 사도신경의 신앙고백을 인정하는 한, 신자들 가운데 있는 생각과 신학적 경향에 대해 열린 마음으로 받아들이며 다양성을 포용하되, 이 과정에서 그리스도의 교훈에 대한 더 깊은 깨달음과 신학적 일치를 추구한다.

교회 됨의 의미

4. 우리는 눈에 보이는 건물이 교회이거나 성전이 아님을 믿는다. 교회란 건물이 아니라 성도들의 공동체이며, 성전은 그리스도인 한 사람 한 사람임을 믿는다.

5. 우리는 교회의 성장이 소유를 확보하고 확대함에 있지 않다고 믿는다. 교회의 성장이란, 신자 한 사람 한 사람이 그리스

도를 닮고 그를 본받는 과정의 성장과 성숙임을 믿는다. 교회는 소유가 부족함으로 약화되는 것이 아니라 오히려 그리스도를 잊고 소유를 쌓아 감으로 약화된다는 것을 인식한다.

6. 우리는 모든 소유가 주께로부터 온 것이며 주의 뜻을 따라 사용하도록 위임받은 것임을 명심한다. 그중 특별히 십일조와 각종 주일헌금 등은 교회 자체를 위해 소비하지 않고 전액을 세상의 고통받는 이웃들을 위해 선교하고 구제하는 일에 사용한다(※그 밖의 교회 운영을 위한 비용은 일체 신자들의 별도 재정을 통해서 해결한다).

7. 교회가 관심을 갖는 '구제'란 고통받고 가난한 이들을 돕는 것을 넘어서 그런 고통과 가난을 만들어내는 잘못된 제도와 관행을 고치는 일에 나서는 기관과 개인을 돕는 것까지 포함하는 것임을 믿는다.

자녀 교육과 예배의 통합

8. 자녀 교육의 일차 책임은 교회가 아닌 가정에 있으며, 가정은 부모의 삶과 가정 속 예배를 통해 그 교육적 사명을 다해야 하며, 교회는 이를 촉진하고 격려하는 역할에 힘써야 한다.

9. 우리는 효율주의로 인해 부모들과 자녀들, 청년들이 따로 예배를 드리는 '세대가 단절된 예배'는 더 이상 우리 세대에 통용될 수 없는 예배 형태임을 유의한다.

10. 우리는 모든 세대가 한 공간에서 같은 예배를 드림으로 자녀들도 부모들의 자세를 통해 예배를 배우도록 힘쓴다. 우리는 부모들과 함께 드리는 예배를 통해 자녀들이 말씀과 기도, 찬송 등 예배의 모든 활동을 이해할 수 있으며 아이들도 그 과정에서 신자로서 성장해 가는 귀한 깨달음을 얻을 수 있다고 믿는다.

교회의 직분과 연합

11. 우리는 목회자와 평신도의 이분법을 배격한다. 예배와 설교, 교회의 운영 등에서 은사를 고려하여 직분을 위임하는 것은 타당하다. 그러나 예배 주재와 설교를 목회자의 배타적 권한으로 보지는 않는다.

12. 모든 신자들은 교회 내 특정한 지도자에게 의존함 없이, 스스로 매일 말씀과 기도를 통해 자기의 문제를 주 앞에 내어놓고 그를 통해 얻은 깨달음과 위로와 믿음의 용기를 경험함으로, 오직 그리스도에게만 의존한 '독립적 삶'을 사는 존재임을 기

억한다.

13. 우리는 그리스도의 뜻을 따라 교회를 운영하되, 그리스도의 뜻은 신자 한 사람 한 사람이 기도 가운데 품게 된 의견을 공동체적으로 통합하는 과정을 통해 확인됨을 믿는다.

14. 우리는 교회 내 모든 성도들의 인격적 만남과 사귐을 중시하며, 이것이 불가능할 정도의 규모가 될 때 이를 분화시키고 교회 간 서로 교통함을 중시한다.

15. 우리는 특정 교단에 소속을 두지 않되, 이런 우리의 신조를 공감하는 어떤 교단과 교회와도 열린 마음으로 교류한다.

교회 말씀 나눔의 원리와 실제
: 깊이 읽기, 나를 집어넣기, 상상하기

3

저는 평신도교회 예배 시간에서 '말씀 나눔'의 기능이 지대하다고 여깁니다. 평신도교회는 목회자가 없는 작은 교회이고 그래서 기성 교회가 누릴 수 있는 여러 경건한 문화적·교육적 혜택을 제대로 누릴 수 없습니다. 물론 공동체적인 만남과 기쁨이 있겠습니다만, 그것을 교회의 본질로 보기는 어렵습니다. 공동체적 만남과 기쁨은 세속의 수많은 공동체에서도 발견됩니다. 그런 의미에서 평신도교회가 교회로서 의미와 힘, 지속성을 얻으려면, 말씀 나눔이 예배의 핵심으로 기능해야 할 것입니다. 가끔 평신도교회에서 말씀 나눔이 부실하거나 이를 강조하지 않는 경우를 보는데, 무척 안타까운 일입니다.

때로는 주일날 모여서 인터넷에 올라온 훌륭한 목사님의 말씀을 함께 듣는 것으로 말씀 나눔을 대신하는 경우도 있습니다.

우리끼리 말씀을 나누면 부실하고 은혜롭지 않으며 전문적이지도 않을 것 같아 자신이 없기 때문일 것입니다. 그렇다면 목회자 없이 평신도교회로 모일 필요가 없습니다. 인터넷에서 훌륭하게 말씀을 전하시는 목회자의 소속 교회로 가면 됩니다. 내가 속한 교회 목회자의 설교가 만족스럽지 않아서, 혹은 또 다른 문제로 목회자 중심의 기성 교회를 떠나왔을 뿐, 교회에서 말씀을 전하는 중심적 권위가 목회자에게 있다고 전제하는 한, 평신도들이 이루는 교회는 불가능합니다.

평신도교회는 비록 전문적인 목회자가 없어도 함께 모여 예배를 드리고, 서로 말씀을 나누며 신자로 살아가는 데 필요한 힘을 얻는 것이 가능하다고 믿는 공동체입니다. 우리가 믿건대, 신자들이 오늘을 살아갈 힘은 낯선 타자의 고통에 관심을 갖고 성경을 읽으며 기도할 때 나옵니다. 내가 신자로서 주를 따라가다가 힘겨운 일이 생길 때, 나와 똑같은 처지에 놓인 성경의 인물을 하나님께서 다루시고 인도하시는 과정을 통해서 큰 위로를 경험합니다. 성경을 보는 과정 속에서 위로를 얻기도 하고, 기도하다가 위로와 힘을 얻기도 합니다. 말씀이 자기 삶의 맥락과 이어지고 말씀과 기도가 통합되어, 삶의 문제를 풀거나 현실을 뚫어갈 힘을 얻기도 합니다.

이와 같은 성경 읽기의 유익은 우리에게 비교적 익숙합니다. 그러나 저는 평신도교회에 참여하면서 우리가 남달리 경험하는 유익이 더 있다고 생각합니다. 그것은 '질문의 힘'입니다. 우리는 때로 성경 말씀을 읽다가 우리의 상식에 비추어 이해할 수 없는 의문거리를 발견합니다. 그러나 그 말씀이 무엇을 의미하는지 깊이 고민하는 데까지 나아가지는 않습니다. 고민을 하더라도 답답한 마음을 이기지 못해 주석이나 권위 있는 목사님의 말씀을 듣습니다. 그러나 저는 성경에서 이해할 수 없는 대목, 궁금증이 생기는 사건들이 우리의 시야에 들어올 때, 혹시나 그 말씀을 통해 성령께서 우리에게 하실 말씀이 있는 것은 아닌가 하는 마음으로 성경을 다시 보아야 한다고 생각합니다. 물론 누구나 궁금해하는 '객관적 질문'도 있겠지만, 나만 궁금해하는 '주관적인 질문거리'도 있습니다. 특히 주관적인 질문거리는 그 질문이 공연히 생긴 것이 아닐 것입니다. 이는 불경스러운 일이 아닙니다. 우리의 할 일은 하나님께서 혹시 내게 하실 말씀이 있는가 살피며, 그 질문 앞에 오롯이 서는 것입니다.

예를 들어 요한복음 1장에서 나다나엘이 예수님을 찾아왔을 때, 예수님은 그와 아는 사이가 아니셨는데도 "그는 참 이스라엘 사람이다, 간사한 것이 하나도 없는 사람이다"라고 칭찬하십니다. 이에 나다나엘은 "어떻게 나를 아시나이까"라고 질문하고, 예수님은 "내가 너를 무화과 나무 아래에 있을 때 봤다"라고 대답합니다. 그러자 나다나엘은 예수님 앞에 무릎을 꿇고 주님을 메시아로 인정하고 자기 삶을 드립니다. 이 두 분의 대화를 따라 가다 보면, 대화 내용이 참으로 이상합니다. 무화과 나무 아래 있을 때 봤다는 그 말 한마디로 어떻게 예수님에 대한 태도가 그렇게 확

바뀐다는 말입니까?

또 있습니다. 초막절에 예수님의 동생들이 형인 예수님께 예루살렘으로 올라가 자신을 세상에 드러내라고 했을 때(요 7:3-4), 예수님은 "내 때는 아직 오지 않았다"라고 하시며 이번 명절에는 올라갈 뜻이 없음을 분명히 하셨습니다. 그러다가 며칠 후에 심사가 바뀌어 아무도 모르게 예루살렘으로 올라갑니다. 저는 그런 예수님의 모습이 몹시도 이상하고 그 행동의 배경이 궁금했습니다. 기껏해야 며칠 차이밖에 나지 않는데 마치 이번 명절에는 안올라갈 것처럼 동생들의 요청을 거절하고, 며칠 후 홀로 예루살렘에 간 이유는 무엇인가 하는 것입니다. 구약을 보면, 삼손은 분명히 하나님께 사명을 받은 사사로서 제 마음대로 행동하여 나중에 비참한 죽음을 맞이했습니다. 그런데 왜 신약의 히브리서 기자는 그를 '믿음의 사람'이라고 불렀을까요? 그가 믿음의 사람이었다면 어떤 점에서 그런가요? 요한복음에서 왜 베드로는 다른 제자들과는 달리 예수님을 만나자 마자 따르지 않고, 여러 시간이 지난 뒤 예수님이 자기 배에 오르셔서 말씀을 전하자 그제서야 따랐을까요?

이렇게 질문은 꼬리에 꼬리를 물고 끝없이 이어집니다. 이런 질문들은 단순한 호기심 때문에 촉발되는 경우도 많지만, 질문하는 사람이 처해 있는 어떤 상황과 심리 상태에서 비롯되는 경우가 적지 않습니다. 그러므로 성경을 읽을 때 생기는 의문을 객관적인 호기심으로만 여기지 말고, 하나님께 물어야 할 내 삶의 문제와 연결된 것이라고 여겨도 될 것입니다. 그러니 그 문제를 하나님 외에 누군가의 말씀과 성경 주석으로 풀어낸다는 것은 옳지 않습니다.

저는 자기 자신과 세계에 대한 질문을 가지고 성경을 통해 하나님께 나아가는 사람을, 하나님은 환영한다고 생각합니다. 성경의 문제를 파고 들어가 보면 그 문제의 답을 찾는 과정을 통해 내 문제에 대한 대답도 알 수 있을 뿐 아니라, 더욱 본질적으로 '내가 이 문제 때문에 성경 속 그 상황을 그토록 이상하게 여겼구나' 하는 깨달음, 즉 성경을 통해 자기를 인식하는 과정이 일어난다고 봅니다. 그렇다면 그 문제의식을 갖고 성경을 읽고 해석할 때, 우리가 전제할 점은 무엇인가에 대해 제 생각을 나누고자 합니다.

출발: 말씀을 읽고 해석할 때의 자세와 과정

성경을 볼 때, 위에서 말한 바와 같이 내가 성경에 대해서 질문을 품는 것이 불경하지 않고 자연스럽다고 받아들이는 게 가장 중요합니다. 그리고 중요한 다른 하나는 그 질문에 대해 하나님께서는 반드시 답을 주실 것이라는 믿음입니다. 성경의 맥락과 상황에 대해서 의문을 품는 동시에 그 의문에 대한 대답도 성경 속에 있다고 믿는 것입니다. 물론 모든 의문을 성경을 통해서 다 규명할 수는 없을 것입니다. 그러나 신자로서 오늘을 살아가는 힘을 우리가 매일 보는 말씀을 통해서 반드시 얻을 것이라는 점만큼은 믿어야 합니다. 그 믿음이 있느냐 없느냐에 따라 말씀을 대하는 자세나 집중력이 달라질 것입니다. 이점을 전제로, 그동안 저와 우리 교회가 선택한 성경 나눔의 구체적인 절차를 말씀드리면 다음과 같습니다.

① 텍스트에 대한 기본적인 이해

우선 성경 말씀이 정확히 무엇을 의미하는지 객관적으로 이해하는 과정을 거쳐야 합니다. 문단을 정확하고 꼼꼼하게 이해하며, 필요하다면 당시 역사적인 상황에 관한 배경 지식을 찾아보는 것도 도움이 될 것입니다. 여기에 한글 성경뿐 아니라 NIV 영어 성경을 곁들여 보시는 것이 좋습니다. 한글 성경은 논리적 관계가 분명하지 않아서 자칫 말씀의 복잡한 맥락과 전후 관계를 이해하는 데 어려움이 생길 때가 있습니다. 이런 과정을 거쳐 전체 상황을 온전히 파악하다 보면, 제대로 이해되지 않는 부분, 의아한 부분, 독자로서 이야기의 주인공에게서 발견한 특이점 등을 만나게 됩니다.

② 주석을 참고하지 말 것

성경을 읽고 그 의미를 해석할 때, 저는 처음에는 가급적 주석을 참고하지 말라고 권합니다. 물론 당시 역사적인 상황에 대한 참고 자료는 필요합니다만, 그 정도에서 그치는 것이 좋습니다. 내가 궁금해하는 것에 대해 성경 주석이 말하는 바를 읽다 보면 대개 하나가 아니라 여러 개의 해석으로 나뉘어 있거나, 별로 신통하지 않은 피상적인 해석만 내놓은 경우도 흔합니다. 더욱이 정답이 되는 주석을 발견하는 순간, 그들의 해석에 매몰되는 것은 물론이요 그 문제에 대한 나의 의문도 사라져 버리게 될 때가 많습니다. 마치 수학 문제를 스스로 끙끙대며 풀어가는 과정을 거쳐야 참 실력이 되고, 제대로 문제를 풀기도 전에 답답해서 답을 찾아보면 내 실력이 되지 않는 것과 마찬가지입니다. 아침에 큐티 말씀을 묵상할 때도 오른쪽의 묵상 해설을 가급적 보지 말고 끙끙대는 것이 좋습니다. 이는 교만한 자세가 아닙니다. 의존적인 자세를 벗어나 독립적인 주체로서 말씀을 탐구하며 하나님께서 주시는 교훈을 기다리는 자세입니다. 굳이 설명하자면, 사람에 대한 의존을 버리고 하나님을 의지해 말씀을 묵상하는 자세라고 말해도 좋을 것입니다.

③ 성경 인물들의 마음과 상황 속으로 들어갈 것

이 과정에서 내가 성경 속에서 품는 의문은, 성경에 등장하는 인물의 내면으로 들어가 생각하고 묵상해 보면 많은 부분이 풀립니다. 감옥에 갇힌 바울이 되어 보고, 내일이면 목이 잘려 죽을 옥중의 야고보가 되어 보는 것입니다. 아들의 죽을 병을 끌어안고 예수를 찾아 가버나움까지 온 헤롯의 신하 입장이 되어서, 예수님과 그의 대화에 참여하는 것입니다. 오병이어의 기적 사건의 경우라면, 자신이 가져온 먹을 것을 예수님께 드린 어린 소년의 입장에 서 보는 것이요, 늦은 밤중에 사람들의 시선을 피해 예수를 찾아온 니고데모의 마음을 가지고 주님과의 대화에 참여해 보는 것입니다. 이렇게 성경의 인물과 나를 분리하지 않고 내가 그들의 입장 속으로 들어가면, 그들에 대해서 품었던 의문이 풀리는 순간, 내가 참으로 바라고 원하는 것, 내 마음속에서 나도 인식하지 못했던 열망을 만나고 그것이 다루어집니다. 저는 오병이어 기적 사건에서 소년의 도시락을 주님께서 축사해 만인을 배불리시기 전에 어떻게 제자들이 소년의 도시락을 주님께 가져왔을까, 그분의 도시락 축사 사건이 소년에게 어떤 의미를 가졌을까 등을 소년의 입장에서 생각하며 묵상한 적이 있습니다. 그러다가 소년의 마음이 어느 순간 이해되어 말씀을 해석하다가 눈물을 쏟고야 말았습니다. 소년의 행동과 마음속에 제 감정을 발견한 것입니다. (그 해석은 IVP에서 나온 《만남》 6장에 소개되어 있습니다.)

④ 성경의 여러 지점을 점검하며 단서 찾기

말씀에서 궁금한 점이 발견될 때, 우리는 그 말씀을 푸는 단서가 말씀 속에 있다는 것을 전제해야 합니다. 예를 들어, 사사기에서 삼손이 믿을 수 없는 허망한 삶을 살아가는 모습은 애석하지만, 독자인 우리가 그의 삶을 부정적으로 평가하면서 '왜 그가 사사로 실패했는지' 정리하는 것은 절반의 진실만 다루는 것입니다. 왜냐하면, 히브리서 11장은 그런 실패한 사사인 그를 '믿음의 사람' 계보에 포함시키니까요. 만일 그가 믿음의 사람이라면, 사사기 말씀을 읽을 때 우리의 관점은 달라집니다. 말할 수 없이 비참하고 어처구니 없는 삶인데도 성경이 그를 믿음의 사람으로 본다면, 그 삶의 어떤 부분에서 그가 믿음을 가졌는지, 그가 사사로 살았던 전 과정을 아주 다른 시선으로 보아야 합니다. 한편으로 부끄러운 삶인데 다른 한편으로 믿음의 삶이라는 그 양면성은, 따지고 보면 우리 삶의 본질입니다. 그 문제를 규명하는 과정에서 삼손을 믿음의 사람으로 인정하시는 하나님께서 우리 삶도 다루시는 것을 경험할 수 있습니다.

베드로가 예수를 만났을 때, 어느 성경(마가복음 1장)은 그물을 버리고 즉시 예수를 따랐다고 말하지만, 또 다른 성경(요한복음 1장)은 처음부터 모든 것을 버리고 예수를 따른 것은 아닌 듯 말합니다. 두 가지 상이한 내용을 접하면, 어떤 성경이 옳고 누구의 기억이 옳은지 다툴 수도 있습니다. 문서 비평으로 넘어가는 순간이 될 수도 있습니다. 그러나 저는 그런 상이한 본문을 만났을 때, 두 개의 텍스트 모두 시사하는 바가 있다고 봅니다. 어느 하나를 부정하지 않고, 두 가지를 품고 함께 묵상하다 보면, 베드로를 보다 폭넓게 이해할 수 있게 될 것입니다.

⑤ 도무지 연결점이 없을 때, 상상력 활용하기

그러나 성경 속에 어떠한 단서도 없어서 상황을 이어 붙일 수 없는 구절이나 맥락이 있습니다. 이럴 때는 불가피하게 상상

4부 평신도교회 운영의 실제

하는 수밖에 없습니다. 예를 들어 예수님께서 물을 포도주로 바꾸며 혼인 잔치에서 기적을 베푼 지역인 가나를 훗날 다시 방문하셨을 때, 가버나움에서 헤롯의 신하가 찾아옵니다. 자신의 아들이 중병에 걸려서 예수님을 모시러 온 것입니다. 그가 예수님께 자기 아이가 매우 아프니 함께 가서 고쳐달라고 하자 예수님은 "가라, 네 아들이 살아있다"라고 말씀하십니다(요 4:50). 헤롯의 신하는 아이가 죽어 가는 것을 보고 왔기 때문에 예수님의 이 말씀이 이해되지 않았을 것입니다. 그러니 함께 가시자고 예수님을 더 재촉할 법도 한데 재촉하지 않습니다. 그는 예수님의 말씀을 믿고 집으로 돌아갑니다.

그런데 의아한 것은, 그가 예수님의 말씀을 듣고 아이의 병세 호전을 확인하기 위해 곧바로 집으로 간 것이 아니라는 사실입니다. 성경의 전후 맥락을 샅샅이 살펴보아도 그렇습니다. 헤롯의 신하는 집으로 돌아가는 길에 자신의 종들을 만나 아들의 병이 전날 오후 1시에 나았다고 전해 듣습니다(요 4:51-52). 가나에서 가버나움까지는 32킬로미터 거리입니다. 아들의 병이 나았는지 확인하기 위해 서둘러 집으로 갔다면 낙타로는 두세 시간, 걸어서는 일고여덟 시간이어서 당일 저녁 늦은 시각이면 고향에 도착할 수 있었을 것입니다. 그런데 그는 그날 고향으로 가지 않고, 다음날이 되어서야 고향으로 갔습니다. 그렇다면 '그는 왜 시간이 충분함에도 불구하고 당일에 집으로 가지 않았을까' 하는 점이 저는 궁금했습니다. 물론 이런 궁금증은 성경을 읽는 누구나 품는 것이 아닙니다. 그 궁금함은 성경 본문을 꼼꼼히 따져 읽고 양 지역의 거리 간격을 찾아보는 등 전후 맥락을 조사하고 자세히 살펴봐야 뒤늦게 찾아오는 궁금증입니다. 이 궁금증을 해소할 단서는 성경에 별로 없습니다.

이때부터가 저는 자유로운 상상의 시간이라고 생각합니다. 내가 아이의 아비가 되어, 아이의 질병을 확인하고 여행을 떠나 가나에 도착해서 예수님을 만난 일, 그리고 예수님께 대답을 들은 뒤 고향으로 즉시 내려가거나 그게 불안하여 주님께 직접 함께 가자고 강청하거나 해야 하는데, 이도 저도 아닌 방식으로 행동하며 그날 하루를 가나에 머물게 된 이유를 상상하게 된 것입니다. 그가 가나에 머물렀다면 남는 시간에 술집에 가서 놀지는 않았을 것입니다. 아마도 예수님을 따라다닌 청중의 무리에 끼어 그분의 말씀을 경청했을 것이고, 그 밤에 여관에 누워 여러 생각으로 엎치락뒤치락했을 것입니다. 그날 그의 마음 속에 오고 간 생각은 무엇일지 상상하며, 그가 씨름했을 법한 어떤 고민거리들을 끄집어내어 보기도 했습니다. 이런 상상의 과정에서 저는 유익한 경험을 많이 했습니다.

저는 믿음 생활에서 상상력이 차지하는 비중을 우리가 너무 과소평가하는 것은 아닌가 생각합니다. 교회 안에 상상을 위험한 것으로 여기는 경향이 있습니다. 논리와 교리의 빗장을 풀고 제 마음대로 생각하게 될 위험이 있다는 것이지요. 그러나 상상력도 하나님이 우리에게 주신 것입니다. 답답한 현실 문제 속에 갇혀

4부 평신도교회 운영의 실제

있을 때, 길이 도무지 보이지 않는 것 같아도 상상력을 발휘하면 길을 찾을 수 있습니다.

'상상'은 '몽상'과 다릅니다. 근거 있는 추측이며, 여러 현실적인 조건에 매이지 않고 믿음을 변수로 넣었을 때 가능한 미래의 한 형태를 추정하는 것입니다. 저는 과거 '사교육걱정없는세상'에서도, 지금 '교육의봄' 일을 하면서도, 상상의 힘을 자주 사용합니다. 가령 이런 믿음이죠. 하나님께서 지금 저에게 마음껏 축복하셔서 어떠한 장애나 걸림돌도 다 제거하신 후에 "네 마음속에서 상상한 대로 다 이루어 주겠다. 너는 이 문제를 어떻게 풀고 싶으냐?" 그렇게 물으신다면, 나는 어떤 대답을 할 것인가 스스로에게 묻습니다. 그리고 그 생각대로 움직입니다. 제게 주어진 일이 하나님의 뜻과 연결된 소명이니, 그런 믿음을 가지는 것이 무슨 잘못이겠습니까? 저는 문제를 풀기 위해 지금껏 상상하는 대로 달려왔습니다. 선행교육 규제법도 그렇게 시작했고, 하버드 대학 가드너 교수에게 "당신의 다중이론을 한국의 학원업자들이 얼마나 악용하는지 아느냐"며 편지를 보내고 답장을 받아내 사교육업자들과 싸운 것도 그렇습니다. 교육 문제가 풀리려면 학벌 중심의 채용 문화가 바뀌어야 한다는 생각을 현실로 옮겨 '교육의봄'이란 단체를 만든 것도 '믿음'과 '상상'이 만난 결과라 할 것입니다.

사도행전 2장 17절을 보면 하나님께서 "말세에 내가 내 영을 모든 육체에 부어 주리니 너희의 자녀들은 예언할 것이요 너희의 젊은이들은 환상을 보고 너희의 늙은이들은 꿈을 꾸리라"라고 말씀하십니다. 저는 예언과 꿈과 환상이 상상과 완전히 일치하지 않지만, 꿈과 환상이 현재 상황에 눌려 땅만 바라보는 것이 아니라 지금과는 다른 현실을 바라보는 행위라는 점에서 상상의 요소가 있다고 봅니다. 즉 환상이란 하나님이 그 자녀들에게 주신 상상이라는 것입니다. 이처럼, 우리 자신뿐 아니라 부모로서 우리 자녀들에게도 마음껏 의문을 품게 하고, 마음껏 상상하게 하면서 자기 인생의 길을 찾도록 해야 한다고 봅니다. 성경을 읽을 때에도 마찬가지라고 생각합니다. 의문은 상상할 때 생기는 것이며, 상상하면 의문이 풀리는 것입니다. 상상할 때 우리는 현실 속에 압도당하며 끌려다니느라 보지 못하던 것을 볼 수도 있습니다.

⑥ 도무지 연결점이 없을 때, 경험 입력하기

앞에서 상상은 몽상과 다르다 했습니다. 자신이 말씀 속에서 상상한 것이 몽상에 그칠 때가 있습니다. 바로 믿음과 연결되지 않을 때입니다. 믿음과 연결되는 상상이라는 것은, 말씀을 해석하는 데 상상력을 동원할 때, 그 이해할 수 없는 상황에 자기가 예수를 믿는 과정에서 얻게 된 경험과 통찰, 원리와 깨달음을 대입하는 자세입니다. 아무런 근거도 없는 상상을 펼치는 해석이 아니라, 내 삶에도 주께서 그렇게 역사해 주셨으니 이 성경 속 인물도 틀림없이 그런 의식의 경험을 거쳤을 것이라는 판단하에, 자기가 경험한 믿음의 이치로 텍스트의 여백을 메꾸는 것입니다.

그게 믿음의 상상입니다.

예를 들어 보겠습니다. 바울은 로마로 선교를 떠나려는 소망을 품고 있음에도 불구하고, 3차 선교여행을 마친 후 곧바로 로마로 가지 않고 오순절에 맞추어 예루살렘으로 옵니다. 예루살렘으로 오는 길에 가이사랴에 들러 빌립의 집에 머무는 동안에 선지자 아가보가 찾아와서, 예루살렘으로 가면 유대인들이 바울을 이방인의 손에 넘겨줄 것(죽게 될 것)이라고 경고합니다(행 21:10-11). 제자들은 성령에 충만해서 울며, 그에게 예루살렘으로 올라가지 말라고 합니다. 그럼에도 바울은 그들의 만류를 뿌리치고 예루살렘으로 올라갑니다. 주석가들은, 바울이 예루살렘으로 가는 것은 구제 헌금을 전달하기 위해서라고 하지만, 그것을 굳이 오순절날 유대인들이 모여 바울을 죽이려고 하는 타이밍에 가져갈 필요는 없다고 말합니다. 더욱이 제자들에게 그 일을 맡길 수도 있으니, 굳이 바울이 직접 예루살렘에 갈 이유는 없는 것입니다. 그렇다면 그가 예루살렘에 올라가는 본질적인 이유는 무엇입니까? 성경은 예루살렘의 유대인들에게 복음을 전하기 위해서라고 말합니다(행 20:13-24).

그러나 그렇게 정면으로 부딪히면 소아시아 각국에서 바울과 전쟁했던 유대인들이 예루살렘에서 그를 그냥 두지 않을 것입니다. 거기서 잡혀 죽으면 "로마도 보아야 하리라" 했던 자신의 소망이 깨집니다(행 19:21). 그것을 알면서도 그는 예루살렘으로 가겠다고 고집했습니다. 안전하게 로마로 가려면 예루살렘으로 가는 길은 피해야 하는데, 어떻게 그는 죽음이 기다리는 예루살렘으로 가면서도 로마로 가는 길을 포기하지 않았을까요? 동쪽(예루살렘)으로 가려는 이유는 "주 예수께 받은 사명, 곧 하나님의 은혜의 복음을 증언하는 일을 마치려 함"에 있었습니다(행 20:24). 그러나 동쪽으로 가면 목숨을 부지하기 어렵기 때문에 서쪽(로마)으로 갈 수 없습니다. 그렇다면 동쪽으로 가면서도 서쪽까지 가고야 말 것이라고 그가 확신할 수 있었던 비결은 무엇일까요? 그런 의문을 품고서 고민하고 상상하다가, 제가 2008년 사교육걱정없는세상을 시작할 때 경험했던 사건을 이어 붙였더니, 바울의 심정이 비로소 이해되었습니다. 나아가 제가 현재 겪고 있는 온갖 혼란과 공격, 비판을 해석할 힘도 생겼습니다. 나도 바울처럼 동쪽에서 싸워도 죽지 않고 서쪽으로 갈 수 있구나, 그런 마음의 힘이 생겼습니다.

우리가 이와 같이 성경을 읽을 때 성경의 인물들과 혼연일체가 되어 그 상황 속에 내가 들어갈 수 있습니다. 그렇게 혼란과 위기, 소망과 절망의 온갖 과정 속에서 오늘을 살아가는 힘을 얻게 되는 것입니다.

이렇게 텍스트 분석 → 인물 속에 들어가서 공감하기 → 성경의 단서를 종횡으로 찾아보기 → 상상하기 → 경험 입력하기 등의 과정을 거치면서 성경 말씀의 의미를 파악하다 보면, 말씀을 보는 눈이 열리고 이전에는 알지 못한 것을 알게 되며, 주께서 성경 속 인물만이 아니라 오늘 나에게도 말씀을 주시는 것을 경

4부 평신도교회 운영의 실제

험하게 되는 것입니다.

확장: 공동체적 말씀 나눔 과정

지금까지 말씀드린 것은 한 사람의 신자가 말씀을 묵상하고 적용하는 과정이었습니다. 그렇다면 이를 공동체적으로 나눌 때의 과정은 어떻게 될까요? 그 과정도 설명해 드리고자 합니다. 평신도교회에서 성경 말씀을 전하는 과정은 기성 교회와 사뭇 다릅니다. 그렇다고 해서 기존 교회 생활 속에 전혀 없는 방식도 아닙니다. 사실 구역예배와 중고등부 성경 공부, 대학생들을 대상으로 하는 성경 공부가 우리가 지지하는 성경 말씀을 전하는 방식과 유사합니다. 그런 방식은 저급하며, 주일날 전문적인 사역자가 전하는 말씀은 격이 다르다고 말하는 것에 저는 온전히 동의할 수 없습니다.

① 혼자서 큐티 말씀을 통해 정리하기

주일날 평신도교회에서 말씀을 담당하는 이들은 우선 자신이 매일 읽었던 성경 본문에서 말씀 나눔 본문을 선택하는 것이 자연스럽습니다. 이는 자신을 설교의 1차 대상자로 선택하는 자세입니다. 누군가에게 영향을 끼치기 위해 본문을 선택하는 순간, 자신은 말씀 적용의 대상에서 비켜나게 됩니다. 그럴 때 말씀 나눔은 어느 누구에게도 영향을 끼칠 수 없는 내용이 되기 쉽습니다. 그러니 말씀 나눔 당번이 되어 말씀을 묵상하고 준비할 때, 스스로를 끌고 와서 말씀 앞에 세워야 합니다.

② 큰 틀의 줄거리 정리하기

이후에는 본격적으로 말씀 본문을 읽고 묵상하며, 궁금한 부분을 정리해서 백지 한두 장 위에 전체 내용을 구성하는 설계도를 작성합니다. 이것은, 무엇이 어떻게 서로 연결되어 있는지를 파악하고, 글이 어디를 거쳐 어디에서 마무리될지 가늠하는 일종의 건축물 설계도와 같은 기능을 합니다.

③ 말씀을 정리해 경어체로 기록해 보기

이 과정을 끝내면 원고를 쓰기 시작합니다. 저는 간결하게 요점을 나열하는 개조식으로는 가급적 원고를 작성하지 않고, 최대한 내용을 자세하고 정확하게 경어체로 묘사하려고 합니다. 이렇게 정리하는 과정에서 애초에 구성했던 설계도와는 전혀 다른 결론이나 방향으로 가는 경우도 있습니다. 저는 이 과정이 흥미롭습니다. 내가 생각하고 판단했던 방향이 아니라 글을 풀어감에 따라 전혀 다른 생각과 의문, 그리고 깨달음이 생기는 과정이니, 저는 이 과정에 성령께서 역사하는 순간이 있지 않을까 하는 생각도 합니다. 이 과정에서 말씀을 대하는 마음에 치유와 감격이 찾아오며, 말씀을 듣는 1차 대상자로서 자신이 먼저 은혜를 경험하는 것입니다. 본인이 본문을 이해하는 과정에서 어려움을 겪었던 대목을 다룰 때는, 교회 구성원들도 함께 그 과정을 경험하도록 원고 중간중간에 토론의 순간을 넣으면 좋습니다.

④ 공동체 앞에서, 공동체와 더불어 나누기

말씀을 나눌 때 원고를 중심으로 읽어 나가되, 내가 말씀을 묵상할 때 가졌던 문제의식이나 궁금증, 즉 말씀 나눔의 핵심 고민거리를 교우들과 공유하는 게 중요합니다. 성급하게 내 생각으로 넘어가지 말고, 내 고민에 대해서 공감하는지 점검하고, 또 그 고민에 대하여 각자 어떻게 생각하는지 나누게 합니다.

그 과정에서 말씀을 준비했던 이의 생각 및 판단과 다른 통찰이 찾아올 때, 그것을 유연하게 소화하고 그 길도 수용하게 된다면, 거기서 얻는 유익도 클 것입니다. 저는 주로 원고를 중심으로 이야기를 하고 필요한 부분에서 토론을 시킵니다. 반면 제 아내는 원고를 준비하지만 저보다 한결 유연하게 말씀에 대해서 자유 토론을 시키는 편입니다. 그래서 저보다는 제 아내가 설교할 때 청중들의 반응과 참여가 더 많은 편입니다.

다른 방식도 있습니다. 이렇게 원고를 빈틈없이 정리하기 보다는 설계도만 가지고 말씀 시간에 임하는 것입니다. 즉, 사전에 말씀을 읽고 정리하며 깨달은 부분과 난제, 내가 생각했을 때 이해되는 지점과 석연치 않은 부분들을 내놓고, 보다 열린 방식으로 고민을 던지며 그 답을 찾는 과정으로 진행할 수도 있을 것입니다. 질문에 대한 대답 가운데 타당한 대답은 수용하면서 말씀을 이해하고, 타당하지 않을 경우에는 그것이 왜 타당하지 않은지 그 근거를 찾아 인용합니다. 그렇게 다시 질문과 대답을 반복하는 과정 속에서, 서로가 생각하지 못했던 길과 뜻을 발견하는 것입니다. 이는 제가 아이들과 성경 공부를 하면서 많이 사용한 방식이기도 합니다.

이렇게 자신이 묵상하고 깨달은 것을 공동체 구성원들과 공유하면서, 그 깨달음이 심화되고 부족한 부분은 보완되는 과정이 저는 평신도교회 말씀 나눔이 지닌 유익이라고 봅니다. 한 사람이 말씀을 선포하게 되면 참여자들은 수동적일 수밖에 없습니다. 반면 말씀을 가지고 함께 논의하며 깨달음의 근거를 찾는 과정을 거치다 보면, 모두가 적극적인 참여자가 됩니다. 그 과정에서 설교자가 준비한 말씀의 내용이 고스란히 살거나 더욱 풍성해지기도 하고, 거의 흔적을 찾아볼 수 없는 만큼 엉뚱한 방향으로 결론이 수정되는 경우도 있습니다. 말씀을 준비했던 이들은 약간 당황할 수도 있지만, 열린 마음으로 새로운 지혜와 통찰을 기대한다면 자신이 준비한 것과는 다른 해석을 만난 것에 오히려 기뻐하며, 공동체적 말씀 나눔의 신비를 경험할 수도 있습니다.

정리하며

이 과정을 아나뱁티스트 교회들은 아주 자연스럽게 여깁니다. 그들은 교회를 "말씀을 해석하는 공동체"라고 부릅니다(《아나뱁티스트 성서해석학》(대장간) 참고). 저는 아나뱁티스트 교회를 몰랐으나 그들이 해석해 온 방식처럼 성경을 해석하다가, 그들의 교회론을 접하고 나서야 우리의 성경 해석 방식에 대해 안정감을 얻었습니다. '아, 우리도 나름 족보가 있는 성경 해석 방식을 갖고 있는 것이구나' 하고 생각했습니다.

아나뱁티스트들은 말씀 나눔이나 설교를, 한 명의 권위자가 해석해 제공하는 것이 아니라 교회 공동체가 함께 모여 각자 깨달은 바를 함께 해석하는 과정을 통해 정리되는 것이라고 봅니다. 그러므로 말씀 나눔을 준비해 온 이들은 자신의 관점이 교정(correction)되는 것을 감수해야 하며, 그 과정에서 성령께서 공동체에 필요한 말씀을 주실 수 있다는 것입니다.

우리는 성경을 해석하고 묵상할 때 내 욕망, 내 관점을 따라 성경을 읽고 그 말씀을 내 편으로 끌어오려 해서는 안 됩니다. 나를 넘어서 하나님이 누구신지, 그분이 이 역사와 시대 속에서 내게 말씀하시는 바가 무엇인지를 묵상하고 그 관점으로 나를 바라봐야 할 것입니다. 즉, 나 자신을 하나님의 관점에서 상대화해야 합니다. 또한 어떤 특정한 사람이 홀로 한 해석이 아니라, 공동체적 나눔을 통해서 말씀의 의미가 좀 더 온전해지는 성경 읽기가 필요합니다. 이때 우리는 낯선 이들의 고통을 경청하는 자리에도 서 봐야 합니다. 낯선 이의 고통은 나의 안일을 경고하며 그들의 고통에 응답할 것을 요구합니다. 그 부담을 가지고 우리가 제자로서 말씀 앞에 함께 설 때, 우리는 자신의 한계를 넘게 되고 예수의 제자로서 전진하게 됩니다.

이런 방식은 결코 목회자 1인의 해석보다 저급하지 않습니다. 방향과 접근은 다르지만, 어떤 의미에서 더 강력한 해석 방식입니다. 저희 집 두 아이는 비록 부족하고 자기 삶의 숙제가 많지만, 20대에도 신앙을 떠나지 않고 성경을 바라보는 자신들의 관점과 해석을 깊고 안정감 있게 유지하고 있습니다. 이는 평신도교회에서 이 아이들이 성경을 함께 보아 온 오랜 과정의 결과라고 생각합니다. 우리는 그런 방식으로 성경을 해석하는 길로 자녀들을 초대해야 합니다. 부모는 평신도교회에 출석하고 아이들은 다른 교회에 맡겨야만 하는 경우도 있습니다. 자녀의 선택을 강제할 수는 없으니까요. 그러나 가급적이면 자녀들은 부모와 한 교회에 머물며 함께 성경을 해석하고 고민하는 것이 좋겠습니다. 아이들의 해석 방식을 존중하며, 덧붙이고 보완하여 스스로 성경의 뜻을 찾아가도록 돕는 것은 기존의 한국 교회가 전혀 할 수 없는 매력이라 할 것입니다.

그렇게 아이들의 해석을 존중하고, 그들이 자기 감정까지 내놓으며 말씀 속으로 들어가게 하려면, 자녀를 기르는 종래 방식에서 많은 변화를 주어야 합니다. 아이를 자기 식대로 끌고 가려하지 말고, 인격의 주체로 인정해야 합니다. 궁금해하며 의문을 가지는 아이의 태도를 존중하고, 아이의 판단도 수용할 수 있는 동등한 인격체로 대우해야 합니다. 그래야 말씀 나눔 시간에 아이들을 대하는 자세가 유연해집니다. 평상시에는 아이들을 험하게 키우다가 갑자기 주일에 아이들을 말씀 나눔의 동등한 인격체로 부드럽게 대우할 수는 없습니다.

그러므로 우리 앞에는 두 가지 갈림길이 놓여 있습니다. 입시 위주의 교육 속에서 부모가 아이들을 압박하는 세속적 방식을 주일날 교회 교육으로까지 밀고 갈 것인가, 아니면 거꾸로 말씀 나눔의 수평적 예배 공동체에 아이들을 초대하고, 아이들을 독립된 인격으로 존중하며, 주일에 아이들을 대하는 자세를 주중 가정과 학교 생활로도 확장할 것인가 하는 두 가지 길 말입니다. 각자가 선택할 몫이겠지만, 답은 분명하다 할 것입니다. 그리고 후자의 선택을 하는 기독교 가정이 많아지는 만큼, 세상도 교육도 달라질 것입니다.

그러니 우리는 평신도교회로 모여 말씀을 나누는 기회가 우리에게 주어진 것에 감사하며, 말씀이 나와 우리 공동체에 주시는 의미를 파악하기 위해 힘써야 할 것입니다. 처음에는 어색하고 부담스럽지만, 나중에는 무엇과도 바꿀 수 없는 기쁨을 경험할 것입니다.

말씀 나눔 사례 ①
: 마리아를 주목하신 예수님(요한복음 11장 1-57절)

4

여기서 소개하는 내용은 한 평신도교회에서 주일에 진행된 말씀 나눔 사례입니다. 이 말씀 나눔은 목회자 중심 교회에서 목사님이 선포하는 '설교'와는 사뭇 다릅니다. 하나님께서 교회 공동체를 향해 말씀을 주실 때 탁월한 전문 사역자를 사용하시기도 하지만, 평범한 신자들의 말씀 해석 과정을 활용하시기도 합니다. 우리는 평신도교회 예배를 통해서 그 후자의 증거를 확인합니다. 이 장에서 등장하는 말씀 나눔자는 20대 청년입니다. 일반 교회에서는 말씀을 듣는 청중에 지나지 않는 존재입니다. 그런 젊은 신자가 말씀을 묵상하고, 말씀 앞에 자기를 비추며 그 결과를 가지고 주일날 예배 시간에 신자들 앞에 선다는 것은 신선한 일입니다. 본문 내용을 읽어 보면 아시겠지만, 그가 나누는 말씀 해석은 신학적 소양이 부족한 신자들의 피상적인 개인 간증이라고 치부할 수 없습니다. 이처럼 예수 그리스도를 주라 고백하는 이들이라면 남녀노소 누구라 할 것도 없이, 성령께서 각 개인들에게 말씀을 해석할 은혜를 주십니다. 그리고 그것을 공동체에서 나누고, 해석 과정에 함께 참여할 때 어느 탁월한 설교자가 주는 것 못지않은 영적 유익이 예배 가운데 나타납니다. 아래는 그 사실을 증거하는 한 사례입니다. (※말씀 나눔자를 제외하고 대부분 가명.)

사회자 오늘 송여명 군이 말씀을 나누는 시간을 갖도록 하겠습니다. 우선 오늘 말씀의 본문을 돌아가며 읽도록 하겠습니다. 한 사람이 5절씩 읽겠습니다.

송여명 오늘 말씀을 나누게 되어서 영광스럽게 생각합니다. 본문 내용은 모두가 익숙하실 것입니다. 그렇죠? 여기서 일단 나사로 얘기가 나오는데 나사로가 누구냐 했을 때, 그 가족들이 예수님과 매우 친하다는 말이 있더라고요. 그런데 지금 그 사람이 병에 걸린 거예요. 두 누이가 심각한 표정을 지으면서 오빠의 병 간호를 하고 있고, 지금 예수님은 어디 계신가 하면, 유대인들이 예수님을 죽이려고 해서 예루살렘으로부터 막 피신한 상태입니다. 그 상황에서 두 누이들이 예수님께 "우리 오라버니가 아프니까 와주세요" 그러면서 예수님께 사람을 보냅니다.

친한 사람이 아프니까 예수님이 '빨리 가서 내가 구해줘야겠다' 하고 생각하실 수 있잖아요? 그런데 안 가세요. 며칠 동안 안 가실까요? 네 맞아요. 이틀 동안 안 가십니다. 그리고 이틀이나 지나서야 가시는 거예요. 이때 예수님은 쫓기는 몸이었기 때문에 제자들은 예수님이 베다니로 가는 것을 무서워했어요. 예수님을 잡으려는 사람들이 몸이 아픈 사람 집 근처에 살았거든요. 그래서 제자들이 "거기로 가면 위험한데 굳이 가셔야 됩니까?" 하고 말합니다. 그래도 예수님은 가야 한다고 하셔서 이틀 후에 출발하십니다.

이렇게 도착했는데 슬픈 표정으로 예수님을 기다리는 여자분이 있었습니다. 초등학생인 오언이와 제인이를 위해 그림을 만들어 왔어요. 보세요. 이 여자분 이름이 무엇이지요? 네, 마르다 맞습니다. 그 다음에 마르다가 마리아한테 가서 "예수님이 오셨다, 너를 보기 원하신다"라고 하니까 마리아가 "아이고, 예수님이 오셨다" 하면서 뛰어나갑니다. 그 후에 예수님은 죽은 나사로가 있는 무덤 앞에 섭니다. 그런데 나사로는 4일 전에 이미 죽었어요. 그리고 그 무덤 앞에서 뭘 하시느냐면, 기도를 하십니다. 나사로를 살려 달라고 하나님께 기도를 드리시자, 나사로가 살아나게 돼요. 많은 사람들이 그걸 보고 놀라게 됩니다.

그런데 좋아하는 사람만 있는 게 아니었어요. 여기에는 그림 사진이 없는데, 예수님을 죽이려고 했던 악당들은 예수님이 이렇게 대단한 일을 하는 걸 보니까 '안 되겠다. 사람들이 계속 이렇게

216

가다가는 예수를 너무 좋아하게 될 것 같아. 하루라도 빨리 예수를 잡아다가 십자가 매달아야겠다'라고 생각하는 거예요. 그래서 오늘 이 기적 사건이 나중에 예수님을 돌아가시게 하는 또 하나의 원인이 됩니다. 이게 오늘 성경 말씀 줄거리예요. 다들 이해되셨죠?

사회자 와, 오늘 성경을 설명하는 그림 사진이 정말 생생해요. 어떻게 저런 그림을 찾았어요?

송여명 네, 챗지피티(ChatGPT)에게 명령해서 얻어낸 그림이에요. 조건을 주고 요구하니까 이렇게 자기가 그림을 그려 주었습니다. 시각 자료로 쓰기가 편해요.

윤주민 그거 유료 아니에요?

송여명 네, 유료 맞아요. 초등학생인 제인이와 오언이를 생각해서 가져왔는데, 이 그림이 도움이 되셨길 바라고요. 이제 본격적으로 본문 내용에서 몇 가지 포인트를 짚어 보려 해요.
　　첫 번째, 예수님이 늦게 출발하셨다고 했죠? 짚고 넘어가야 할 필요가 있어서 사실 확인부터 하겠습니다. 우선 예수님이 베다니로 가기 전, 이틀을 기다렸다고 했습니다. 제게 의문은 예수님은 왜 이틀 동안 기다리셨는가였어요. 문제입니다. 누가 이 부분에 대해 대답할 수 있나요?

이제인 제자들을 위해서예요.

송여명 와! 맞아요. 초등학교 2학년에게는 진짜 쉽지 않은데 대답을 잘 했어요. 그러면 이제 조금 더 생각을 해 보겠습니다. 우선 이런 생각을 할 수가 있어요. 예수님이 이틀 빨리 가셨으면 나사로가 애초에 안 죽을 수도 있지 않았을까? 예수님이 괜히 나사로를 죽게끔 방치하셨다가 살려야 효과가 좋으니까 '일부러 이틀 기다렸다가 가야지' 이렇게 생각하셨을까요? 안 그러셨겠죠? 그러면 대체 왜 그러셨을까 생각을 해 볼 거예요.

우선 베다니라는 지역을 알아야 해요. 성경에서 베다니가 두 군데 나옵니다. 요한복음 10장 끝에 보면 예수님이 자신을 죽이려는 사람들을 피해서 베다니로 도망갔다고 나오거든요. 이걸 보고 '뭐야, 나사로가 사는 그 동네 아니야?' 하고 생각할 수 있는데, 여기서 예수님이 피신하신 베다니는 다른 베다니에요. 세례 요한이 세례를 주었던 요단강 위쪽에 베다니가 있는데, 이곳은 예루살렘 근처에 있는 베다니가 아닙니다. 그 두 베다니 사이의 거리가 32 킬로미터 정도예요. 하룻길 정도 된다고 합니다. 예수님이 그동안 계셨던 곳은 요단강 부근 베다니예요. 예루살렘 근처 베다니는 예수님을 위협하는 사람들에게 너무 가까운 곳이니 거기에 계시면 안 되었던 것이죠. 그래서 예수님이 나사로가 사는 베다니로 가시려면 하루가 걸리지요. 그런데 나사로가 심각한 병이 생겨서 누이들이 예수님께 사람을 보냈고, 이제 막 도착했어요. 그럼 하루가 지났죠? 예수님이 그 사람의 이야기를 듣고 이틀을 더 머무셨으니까 3일이 지났고요. 그리고 다시 예수님이 예루살렘 근처 베다니까지 가는데 하루가 걸렸으니, 4일이 지난 것이에요. 그런데 마리아가 뭐라고 했냐면, "4일 전에 오빠가 죽었습니다"라고 했어요.

그 시간을 거꾸로 생각해 보면 마리아가 예수님께 사람을 보냈을 즈음 이미 그녀의 오빠가 죽었다고 보는 것이 옳습니다. 그러니까 사람들이 예수님께 도착했을 때쯤에 나사로는 이미 죽었을 가능성이 높다는 거죠. 그런 의미에서, 예수님이 이틀을 더 머무셨다는 것은 나사로를 확실하게 죽게 하려는 계획이 아닌 것이에요. 이미 그가 죽은 것을 주님은 아셨고, 그후 이틀을 더 머무신 후에 예수님께서 출발하신 거예요.

이제 하나씩 본문을 보겠어요. 6절에 보면 이틀 더 머무셨다고 했고, 7절에는 다시 제자들에게 유대 지방으로 가자 하니, 8절에서 제자들이 두려워해요. "나사로네 집 근처에는 우리를 죽이려고 하는 사람들이 엄청나게 많이 있는데 나사로를 구하겠다고 지금 죽으러 가시는 겁니까?" 제자들이 이렇게 얘기를 하죠.

그때 예수님께서는 알 수 없는 이야기를 하십니다. "낮은 열두 시간이나 되지 않느냐? 사람이 낮에 걸어 다니면 햇빛이 있으므로 걸려 넘어지지 않는다. 그러나 밤에 다니면 빛이 그 사람 안에 없으므로 걸려 넘어진다." 이 부분에 대한 해석은 여럿이겠지만, 제 해석으로는 이래요. "하나님이 주관하시는 지금 시간은 내가 일을 할 때이고, 하나님이 내게 허락하신 시간이다. 즉 낮의 시간이다. 그러니 우리가 가서 그를 돕는다고 해도 죽는 일이 생기지 않을 거다. 걱정하지 마라." 그렇게 이해해야 할 것입니다.

그 후 예수님께서는 "우리 친구 나사로가 잠들었다. 내가 가서 그를 깨우겠다"라고 하시는데 제자들은 나사로가 죽은지도 모르고 진짜 자고 있는 것이라고 생각하죠. 그래서 "어? 잠들었다고요? 그럼 갈 필요가 없잖아요?" 이렇게 반문하니까 예수님이 작게 한숨을 쉬시면서 그랬을 것 같아요. "죽었다!" 그리고 이렇게 말씀하시는 거예요. "잠든 게 아니라 죽었다. 이제 이 일을 통해서 너희들이 믿게 될 것이다." 이 부분은 제가 나중에 할 얘기인데요. "죽을 병이 아니라 오히려 하나님의 영광을 드러낼 병이다" 이렇게 말씀하시고 "너희가 이 일로 인해 믿게 될 것이다" 이런 얘기를 하시기도 하고, 그 이후에 기도할 때도 이 기도가 주변 사람들을 위한 것임을 밝히십니다.

그러니까 제 이야기는, 예수님의 행동들이 전반적으로 뭔가 계산적인 복선이나 의도가 깔려 있다는 느낌이 살짝살짝 든다는 것입니다. 뭔가 은혜롭긴 한데, 약간 걸리는 부분이 있다는 말이죠. 마치 나사로의 죽음을 도구로 하나님의 영광을 드러내고자 하는 것 같아요. 다시 말해 예수님은 모든 상황을 다 아시고, 전지적 작가 시점에서 저 사람들이 하나님의 영광을 보려면 나사로를 완전히 죽여야 하고, 그래서 이틀을 더 기다린 후에 회생의 소망이 완전히 끊어졌을 때에 맞추어 내가 도착해야 하고, 그때 가서도 내가 이런 기적을 일으키려는 목적을 기도로 제시해야 하고, 그렇게 결과를 내기 위해 역순으로 행동을 치밀하게 계획했을 수도 있습니다. 그런데 정말 예수님이 그것을 의도한 것일까요? 그렇다면 하나님의 영광은 무엇일까요? 이 부분에 대해서는 나중에 생각을 나누어 보겠습니다.

이제 예수님이 베다니로 가기로 결심하시자, 도마가 말합니다. "위험한 곳으로 가니까 우리도 그와 함께 죽으러 가자." 죽으러 가자고 얘기를 해요. 베다니에 도착한 예수님께서 보시니 나사로가 무덤 속에 있은 지 벌써 4일이나 됐습니다. 그리고 많은 사람들이 찾아와서 슬퍼하고 있는 거예요. 나사로의 누이들로 두 자매 마르다와 마리아가 있었는데요. 마르다가 나와서 앉아 있었습니다.

저는 사실 오늘 마르다보다는 마리아에 초점을 맞추고 싶습니다. 그러나 일단 마르다에 대해 이야기를 하자면, 마르다와 마리아는 예수님을 만났을 때 공통적으로 "주님이 여기 계셨더라면 내 오라버니가 죽지 아니하였을 것입니다" 이렇게 말합니다. 이 말은 "아, 예수님! 왜 이렇게 늦게 오셨습니까?" 그렇게 원망하는 것으로 이해할 수 있잖아요. 또 다른 해석이 가능할까요?

송경호 "주님이 여기 계셨더라면 내 오라버니가 죽지 아니하였을 것"이라는 말은 예수님이 뭔가 엄청난 능력을 가지고 있다는 것을 고백하는 표현이 아닐까요?

송여명 그럴 수도 있습니다. 제가 확인한 또 다른 점이 있는데요. 어느 목사님의 말씀을 들어 보니, 유대 사람들은 사람이 죽어도 3일 안에는 다시 살아날 수도 있다는 생각을 했었다고 합니다. 그러니까 3일 내로 오셨으면 자기 오라버니가 어쩌면 살아났을 수 있다는, 그런 믿음이었겠지요.

이민화 제가 주석 책을 보니까 유대에는 3일 안에 다시 소생할 수 있는 관습이 있대요.

송여명 그러게요. 그 목사님이 이야기하실 때 근거를 정확히 인용하지 않으셔서, 제가 확신이 서지 않았는데, 주석 책에도 나왔다니 다행이에요. 어쨌든 이 말은 "예수님, 그때 제가 필요할 때 왜 안 계셨습니까? 나사로가 아플 때 왜 곁에 없으셨습니까?"라는 일종의 원망으로 볼 수 있겠죠. 또한 경호 군이 말한 것처럼 "예수님이었다면 능히 하셨을 것이다" 그런 고백적 차원도 있을 수 있겠지만, 동시에 원망의 차원이 분명히 존재한다는 거죠.

그런 말을 하면서, 마르다는 22절에 "나는 주님께서 구하시는 것은 무엇이나 하나님께서 다 이루어 주실 줄 압니다"라고 말을 하죠. 그래서 저는 이때 마르다가 설마 지금이라도 기도하면 살려주실 것이라고 믿는 것일까 생각을 했는데요. 예수님은 "네 오라버니가 살아날 것이다"라고 말씀하시지만, 이에 대해 마르다는 "마지막 날 부활 때 다시 살아날 것을 내가 압니다"라고 대답합니다. 그러니까 그건 아닌 것이고, 그렇다면 이민화 선생님이 말씀하신 것처럼 3일이 지났기 때문에 4일째는 도무지 길이 없다고 생각했을 수도 있고, 아니면 현세에서 부활은 있을 수가 없다고 생각했을 수도 있습니다. 예수님께서 죽은 사람을 살린 게 이 사람이 처음은 아닙니다. 제가 알기로 총 세 번이 있는 것으로 아는데, 시간 순서로 이게 처음인지는 모르겠어요.

송인수 이게 최초는 아닐 거예요.

송여명 그렇습니다. 이전의 두 사건은 죽은 지 4일이나 지나서 일어난 게 아니죠. 사람들의 관습적 생각을 완전히 무너트리고 4일 만에 완전히 죽고 시신이 이미 썩어 가는데 살린 경우는 이 경우가 유일할 것이에요.

사실 유대인들도 부활에 대한 생각은 가지고 있었어요. 바리새파 사람들과 사두개파 사람들 간의 차이가 그것이잖아요. 선한 사람들은 부활한다고 생각하고, 사두개파 사람들은 '부활도, 내세도 없다' 이런 거잖아요. 부활에 대한 신앙 자체는 원래 예수님이 없어도 존재하는 것이기 때문에, 마르다가 "마지막 날 부활할 것이라는 걸 믿습니다"라고 발언해도, 예수님과 연결을 짓지 않는 게 가능했습니다.

이민화 예수님 없이도 부활할 수 있다고, 유대인들이 믿었나요?

송여명 네. 바리새인들의 신앙이 그것이었어요. 마지막 날에 선한 사람들은 부활한다는 것 말이지요. 그러니까 예수님이 전혀 새로운 얘기를 한 게 아니에요. 그런데 예수님은 오셔서 그 부활의 의미를, 진짜 부활의 의미를 알려주신 거죠. 여하튼, 24절까지는 예수님이 연결되지 않아도 할 수 있는 얘기입니다. 그런데 25절부터가 달라요. "나는 부활이고 생명이니 나를 믿는 사람은 죽어도 살고 살아서 나를 믿는 사람은 영원히 죽지 아니할 것이다. 네가 믿느냐?"라고 말씀하셨을 때, 마르다가 "네, 믿습니다"라고 고백한 것은 유대 신앙으로 고백한 것이 아닙니다. "주님은 그리스도요 하나님의 아들이십니다"라는 마르다의 고백은, 기존 유대 신앙의 고백과는 다른 것입니다. 선한 사람이 부활한다는 의미가 아니라 하나님의 아들을 믿는 사람이 구원받고 부활한다는 것을 믿었던 것입니다. 마르다는 진짜 믿음이 좋습니다. 베드로나 제자들도 제대로 고백하지 못했던 예수님에 대한 고백을 이렇게 하다니 말입니다.

첫 번째 질문: 마리아는 왜 예수를 만나는 자리에 없을까?

송여명 그러나 오늘 저의 관심은 마르다에게 있지 않습니다. 제가 관심이 있는 부분은 '언니와는 달리, 왜 마리아는 예수님을 뵈러 나오지 않았을까?'라는 점입니다. 마리아는 향료를 깨서 머리카락으로 예수님의 발을 씻어 준 여인입니다. 그로 인해서 예수님께 마리아가 칭찬받기도 했습니다. 그런 마리아가 왜 이 자리에 없을까? 그게 제 의문이었습니다. 사실 이 의문은 제가 한 분의 새 신자와 성경을 공부하고 있는데, 그분이 제게 준 질문과도 연결되어 있습니다. 이 의문이 신학적으로 심오한 것은 아니고요, 상황적으로 생각하셔도 될 것 같아요.

송인수 절망이 너무 깊어서 나오지 못한 것 아닐까요?

송여명 네. 제가 보더라도 그런 것 같아요. 그러면 왜 절망을 했을까요? 본문을 보면 힌트가 있어요. '일찍 오셨으면 살아날 수 있었는데 야속하게 왜 늦게 오셨나' 하는 마음이 있을 것이고요. 또 뭐가 있었을까요?

김민경 마리아가 예수님을 만나러 집밖으로 나갈 때, 무덤에 가서 울려고 급히 나가는 것으로 오해했다는 구절이 단서가 되지 않을까요?

송여명 네, 저도 그렇게 생각해요. 마리아는 오빠의 죽음 이후 집에서 나간 적이 없는 것 같아요. 바깥으로 나가지 않고 칩거 생활을 했기 때문에 약간 사람들이 '마리아가 드디어 나간다! 무덤에 가서 울려고나 보다…'라고 생각한 것 같아요. 그리고 마리아는 분명히 예수님이 오셨다는 사실을 알았을 텐데 나가지 않고 있었어요. 마르다가 회복 탄력성이 뛰어난 사람일 것이라는 성격 차이를 고려하지 않는다면 마리아가 나사로에 대해 사랑하는 마음이 더 있었나 싶기도 하고요. 마리아가 막내였으니, 오빠로부터 사랑을 더 받지 않았을까 싶은 생각도 듭니다.

예수님을 만난 마리아도 마르다와 같은 이야기를 합니다. 예수님이 여기 계셨더라면 오라버니가 죽지 않았을 것이라고 말입니다. 원망의 감정 같은 것이 있었겠지요. 그런데 예수님께서 두 여인에게 하시는 반응이 달라요. 마르다의 MBTI가 T형인지는 모르겠지만, 마르다에게는 매우 논리적인 대답을 해 주십니다. 그런데 마리아한테는 어떻게 합니까? 같이 우시고 괴로워하시며 감정적인 노출을 더 많이 하십니다.

여기서 우리는 이렇게 생각합니다. 마르다는 슬픔과 원망의 상황이 있지만 그것을 극복하고 예수님께 나아가 믿음을 고백합니다. "당신이라면 죽음도 초월해서 무언가 하실 걸 믿습니다." 그렇게 말이지요. 또한 그렇게 나아갔기 때문에 예수님도 마르다에게, 마르다가 알고 있던 것 이상의 것을 보여 주시고 구원의 비밀을 알려주셨습니다.

4부 평신도교회 운영의 실제

그러나 마리아에게는 슬픔의 감정이 너무도 강했고, 예수님을 향한 원망의 감정도 있었습니다. 그래서 사람들은 여기서 생각을 멈춥니다. 그런데 예수님의 행동에서 특별한 부분을 볼 수 있는데요. 신앙을 갖기 시작한 제 지인과 이 부분에 대해서 공부했을 때, 저도 처음에는 사실 마리아에 대해 생각을 하지 않고 있었습니다. 마르다의 신앙고백이 워낙 인상적이어서 말입니다. 예수님을 만난 마리아는 원망을 표현한 이후에 별다른 말이 없는데, 언니 마르다는 그 이후에도 예수님과 대화하면서 실로 엄청난 신앙고백을 하잖아요. 제자들보다 훨씬 더 정확한 신앙고백을 한단 말이에요. 베드로조차도 이런 고백은 나중에 하게 되고요. 아직 제자들은 예수님이 하나님의 아들이라는 점을 부활과 연결시킬 수가 없었잖아요. 그런데 마르다가 이런 신앙고백을 했다니, 실로 대단한 것 아닐까요? 그래서 '우리도 마르다와 같은 신앙인이 되자' 그렇게 생각할 수 있겠다 싶었습니다.

　　그런데 다른 생각이 들기 시작했어요. 사실 우리는 삶 속에서 마르다 같이 살기를 소망합니다. 그런데 실제 우리가 삶 속에서 어떤 모습에 더 가까운가 생각해 보면, 저는 마르다보다는 마리아에 가깝더라고요.

　　일반적으로 우리가 예수님을 구할 때가 있잖아요. 일상에서든 아니면 하나님의 약속을 위해서 살아가는 그 순간에서든 말이지요. 그러나 그 과정에서 절망이 따라올 수밖에 없단 말이죠. 그럴 때, 우리가 마르다처럼 나아가면 예수님이 우리에게 오셔서 진리를 알려주시고, 다음 단계를 보여 주시고, 또 내 믿음을 견고하게 해 주시지요. 반면 마리아처럼은 행동하면 안 된다고 생각할 수도 있어요. 실제로 마리아는 오빠가 죽은 후에 어디에도 나가지 않아요. 예수님이 오셨는데도 언니와 함께 예수님을 맞으러 나가지도 않습니다. 그런데 제가 주목하고 싶은 게, 바로 그랬던 마리아가 예수님께 어떻게 나가게 됐을까 하는 점입니다. 언니 마르다가 마리아를 불렀잖아요. 예수님이 부르신다고 말입니다. 저는 그게 중요하다고 생각합니다. 마르다가 불렀지만, 사실은 예수님이 요구한 것이잖아요. 저는 예수님이 우리를 너무나 잘 아신다는 생각이 들었습니다.

사실 마리아가 마르다보다 좀 못하다 생각할 수도 있어요. 그런데 마리아의 행동과 감정이 너무도 당연한 것이잖아요. "내가 사랑하는 사람이 죽었어, 내가 너무나 하고 싶은 일이 실패했고, 그래서 나는 좌절했어!" 그런 일을 겪을 때 그럼에도 불구하고 일어나, 비록 예수님을 원망하는 마음이 있지만, 그분께 나아가서 "예수님을 믿습니다" 고백하는 사람도 있을 것입니다. 그러나 굉장히 많은 경우에 우리는 마리아처럼 예수님을 찾지도 않아요. 물론 말로는 찾을 수 있습니다. 그러나 내 마음이 예수님께 나아가기란 굉장히 어려운 거란 말이에요. 만약 그걸 쉽게 생각한다면, 아직 정말 어려운 일을 경험하지 않은 사람일 거예요.

물론 어떤 어려움은 우리가 당연히 극복하고 나아갈 수도 있습니다. 그러나 삶에 찾아오는 많은 경우에, 또한 우리가 너무나 중요하게 생각하는 일이 좌절과 실패를 경험하거나, 사랑하는 사람을 잃었을 때, 우리는 우리 감정에 파묻혀 주님께 나아갈 수가 없습니다. 우리가 예수님께 그걸 가지고서 나아가야 하는데, 우리는 마르다처럼 하지 못할 때가 있습니다. 예수님께 나아가야 하는데 그러지 못하고 슬픔에 좌절하며 방에서 나가지도 못하는 상태로 계속해서 울고 있는 마리아처럼 살 수 있다는 것입니다.

그럴 때 유일하게 먼저 손을 내밀어 주시고, "나오라"고 하신 분이 누구냐? 저는 그분이 예수님이라는 생각이 들었어요. "선생님께서 와 계시는데, 너를 부르신다" 라는 이 말씀은 무엇을 말하는 것인가요? 우리가 살면서 겪을 수밖에 없는 좌절과 주님의 일을 하면서 필연적으로 따라오는 실패로 인해 예수님을 찾기조차 힘든 마음 상태 속에 있을 때, 주님은 "네가 나에게 오지 않고 그 안에서 머물러 있어도 된다"고 하실 수 있는 분이라는 거죠. 우리가 마르다처럼 박차고 나오기만을 바라시는 것은 아니다라는 생각이 들어요. 예수님께서는 때로는 먼저 찾아와 주셔서 우리를 불러주시고, 그때 가장 필요한 것을 주시는 분이라는 것입니다. 지금 마리아에게 가장 필요한 것이 무엇입니까? 마르다에게 하신 말씀처럼 "나사로가 살아날 거야. 살아날 거니까 나를 믿어라" 그런 얘기가 아닙니다. 예수님이 마리아에게 하신 반응은 마리아와 같이 오빠의 무덤에 가셔서 함께 눈물 흘리시고 "내가 너의 슬픔을 알고 있다" 이렇게 그 고통을 나누신 것입니다.

마리아가 향유옥합을 깨서 예수님께 바른 것은, 예수님의 미래에 닥쳐올 고통과 고난의 순간들을 함께 나누는 행위잖아요. 마리아가 이렇게 예수님의 고통을 함께 나누고자 했던 것은 우리의 삶으로 따지면 예수님의 길을 함께 걸어가고자 한 것이지요. 그러다가 슬픔과 절망을 겪으며 예수님께 나아가지 못하는 모습을 보고 주님은 마리아에게 실망하거나, 그를 외면하시거나 등한시여기지 않으셨습니다. 예수님께서는 찾아가서 마리아를 불러주셨습니다. 그리고 우리에게도 그러실 것이라는 바로 그 점이 저는 중요하다고 봅니다.

물론 마르다의 신앙고백은 대단합니다. 그러나 우리는 언제나 그렇게 살 수는 없습니다. 마리아와 같이 연약할 때가 정말 많습니다. 그러나 그런 모습을 보일까 두려워하기보다는 예수님이 우리에게 다가와 주실 때가 있다는 것을 기대하며, 예수님께서 다가오셨을 때는 나아가야 할 것입니다. 나아가야겠지만, 그 나아가는 모습이라는 게 꼭 엄청난 신앙고백이 아니어도 된다고 봅니다. 예수님께서 불러주셨을 때 우리의 응답은 원망하는 모습일 수도 있고, 마리아처럼 그냥 슬픔을 있는 그대로 품고 나아가는 것일 수도 있습니다. 사실 이런 모습들이 예수님께서 부르실 때 실제로 우리가 반응하는 모습일 수 있습니다. 그러나 그런 우리를 예수님께서는 외면하거나 잘못했다고 꾸짖지 않으신다는 생각이 들었습니다. 이것이 오늘 말씀을 통해서 나누고자 하는 제 생각입니다.

4부 평신도교회 운영의 실제

두 번째 질문: 그 죽음이 하나님의 영광을 위해서라고?

두 번째로 나눌 것이 있는데요. 이 이야기 뒤에 바리새인들 이야기가 나오잖아요. 제가 서두에서 말씀드린 것처럼, 결국 예수님께서 나사로의 죽음을 통해 의도하신 바가 하나님의 영광을 위한 것인지 해석해 보려고 합니다.

예수님께서 이런 기적을 일으키신 것이 하나님의 영광을 위해서라는 말인데, 이야기가 은혜롭다가도, 하나님의 영광을 위해서라는 대목에서 조금 찜찜했습니다. 그러니까 하나님의 영광이라는 대의를 위해 개개인에게 벌어진 사건이 수단으로 활용되거나 희생되는 것, 하나님의 커다란 서사를 위해서 우리의 작은 것들은 도구로 이용되거나 희생될 수 있다는 생각이 자동적으로 떠오르게 됩니다.

나사로의 죽음과 부활이 하나님의 영광을 위해서 쓰인다는 것은 그 자체로 참입니다. 굳이 내가 이걸 은혜롭게 생각하려고 안 해도, 사실 이 세상에 있는 모든 게 하나님의 영광을 위해 작동되는 거예요. 심지어 개미 한 마리가 기어가는 것이나 제가 컵을 이렇게 움직이는 것이나 공기가 순환하는 것이나 사실은 모두 하나님의 영광을 위한 것이지요. 일단 그건 당연히 전제되는 것입니다.

그런데 그걸 떠나서 '하나님께 영광이라는 것은 우리에게 어떤 의미를 갖는가'라고 했을 때, 저는 오늘 본문 말씀을 다 읽고 나니 놀라운 생각이 들었어요. 나사로의 죽음과 부활이 하나의 사건이잖아요. 그리고 그것을 두고 예수님께서 '하나님을 영광되게 하겠다'라는 하나의 목적만을 말씀하셨습니다. 예수님은 하나님의 영광이라는 포괄적인 개념을 말씀하셨지만, 실제 우리가 11장 말씀을 다 읽고 돌이켜봤을 때, 하나님의 영광으로 연결되는 나사로의 죽음과 부활의 의미는 굉장히 개인적이었다는 것입니다.

첫 번째는 나사로입니다. 나사로에게 자신의 부활은 당연히 자신의 생명을 되찾은 것입니다. 마르다에게 나사로의 죽음과 부활은 예수님께서 우리의 구원자라는 것을 알게 하신 사건이고, 우리도 그렇게 부활할 수 있다는 소망을 깨닫게 해 주었습니다. 마리아에게 나사로의 죽음과 부활은 그 절망적인 상황 속에서도 예수님께서 찾아와 주셔서 자기의 가장 깊은 고통과 절망을 함께 해 주시고, 실질적으로 그 고통에 대한 대답을 제시해 주신 것입니다.

제자들에게도 부활은 또 다른 의미가 있어요. 제자들에게 예수님과 함께 죽은 나사로를 찾아가는 길은 자기들 또한 죽으러 가는 여정이었습니다. "우리도 죽으러 가자"고 한 도마의 말처럼 죽으러 가는 길이었는데, 예수님께서 나사로를 살리시는 것을 보면서 '예수님을 따라 사는 삶이란 죽으러 가는 삶이 아니라 결국 누군가를 살리는 삶'이라는 것을 깨닫게 된 것입니다.

또한 예수님을 둘러싼 무리들은 어떻겠습니까? 나사로가 죽

4부 평신도교회 운영의 실제

은 지 4일째, 그 누구도 해결할 수 없다고 믿었던 절대 절망의 4일이 지났음에도 예수님께서 죽은 자의 부활을 이끌어내신 것을 보며, 비록 예수가 하나님의 아들이라는 정확한 의미를 알지는 못했겠지만 적어도 구원자로서 그분이 가지신 능력에 대한 징표는 파악했을 것입니다. 유대인들에게까지 확대해 본다면, 이 기적 사건은 그들에게 위협이 되는 사건이기도 한 동시에 대제사장이 말한 것처럼 큰 의미에서 모두를 살릴 수 있는 존재로서 예수님을 알리게 된 사건이었다는 말이에요.

그러니까 제 이야기는, 나사로의 죽음과 부활이 하나님의 영광을 위해서 도구적으로 사용되는 것이라고 생각하기 쉽지만, 실제로는 그 하나님의 영광이라는 개념 아래에서 개개인의 삶이 지닌 의미가 퇴색되는 것이 아니라, 오히려 지극히 개인적인 의미가 살아나는 사건이 되었다는 것입니다. 즉 하나님의 영광이라는 커다란 틀 안에서, 하나님은 우리 모두에게 개별화된 메시지를 주시고 우리 삶에 찾아와 주시는 것입니다. 그게 하나님의 영광이 이루어지는 방식입니다. 하나님이 거시적 관점 안에 개개인을 모두 으깨 넣어서 도구로 이용하시는 무심한 분이 아니라는 것입니다. 하나님은 능력이 크셔서, 개개인의 삶에 가장 적절하게 기능할 수 있도록 충분히 하실 수 있는 분이십니다. 따라서 우리가 하나님의 영광을 위해 산다고 했을 때, 우리의 삶이 단지 하나님께 사용만 되는 것이 아니라 그 영광 속에서 어떤 개별적이고 구체적인 다이내믹이 나타난다는 것입니다. 우리는 그것을 기대할 수 있고, 나아가 타인의 삶 속에 어떤 구체적이고 개인적인 방식으로 하나님의 영광이 이루어질 수 있을지, 또한 내가 그것에 어떻게 기여할 수 있을지 생각해 볼 수 있다는 것입니다.

하나님의 영광이 개별적으로 적용되었을 때, 그 의미는 마르다나 마리아에게도 달랐고, 제자들과 다른 유대인들에게도 달랐을 것입니다. 심지어 마리아처럼 슬픔과 절망의 상황 속에서 또는 하나님의 역사에 순종하는 과정 중에 절망과 좌절을 경험하는 상황에서는 주님께서 우리를 먼저 찾아주신다는 것을 볼 수 있습니다. 더 크게 봤을 때는 주님의 영광을 이루는 과정 속에 내가 들어가 있을 때, 분명히 예수님은 나의 사소하고 작은 것들을 외면하지 않으시고 나의 가장 필요한 것, 가장 깊은 세계 속에 있는 것을 건드려 주시는 분이시라는 것, 그게 주님의 영광을 이루는 것이 의미하는 바라는 생각이 들었습니다. 11장과 관련해 제가 준비한 말씀은 여기까지입니다. 감사합니다.

말씀 나눔에 대한 교우들의 반응

사회자 같이 찬송을 부르고 각자 이어서 말씀을 나누는 시간을 갖겠습니다. "일어나 걸어라" 이 찬송을 할까요? (다함께 찬송)

사회자 오늘 송여명 군이 나눈 말씀을 잠시 요약하겠습니다. 요한복음 11장 말씀에서 우리는 마르다의 굳센 신앙고백에 주목해 묵상을 하곤 합니다. 그러나 여명 형제는 오늘 본문의 주역이라고 볼 수 없는 마리아를 주목했습니다. 예수님은 마르다에게 주목하실 뿐 아니라 마리아도 놓치지 않으셨습니다. 마리아는 언니와 같은 믿음의 모습을 보이지 않고, 죽은 오빠에 대한 애통함 때문에 절망하고 좌절했습니다. 더욱이 '주님이 계셨다면 살 수도 있었을 텐데…'라고 하는 마음, 그래서 '차라리 오시지나 말지 뒤늦게 오셔서 더욱 야속하다' 하는 마음 때문에 사실 더 낙심했을 것입니다. 그래서 어찌 보면 오빠의 죽음 때문에 절망하는 것도 있지만 예수님께 상처를 입은 마음 또한 컸을 것입니다. 그런 것들로 인해 예수님이 오셨어도 미동도 하지 않던 마리아를, 예수님께서는 외면하지 않으시고 언니를 통해서 마리아를 찾으셨다는 것입니다.

그 포인트에 주목해서 여명 형제는 우리가 마르다처럼 굳센 신앙의 고백을 하는 것도 필요하겠지만, 많은 경우에 마리아와 같이 연약한 상태에 놓여 살 수밖에 없으며, 우리가 마리아와 같은 절망 속에 있을 때에 주님은 우리에게도 찾아와 주시고 손 내밀어 주신다는 점, 그래서 우리가 절망을 이길 수 있는 가능성과 여지가 생긴다는 점을 이야기했습니다.

실제로 우리 삶의 과거를 돌아보면, 우리가 마르다와 같이 굳센 믿음으로 예수님을 찾아서 그분을 만난 것이 아닙니다. 오히려 우리는 낙심하고 있었는데, 뜻밖의 방식으로 예수님이 우리의 절망 속으로 찾아오셔서 우리를 위로해 주셨던 그 순간들을 우리는 기억합니다. 앞으로도 그런 위기와 절망의 순간을 만날 가능성이 크다는 점에서 우리에게 큰 위로가 되는 말씀입니다.

두 번째 포인트는 이 모든 고통과 절망, 죽음과 부활의 기적 사건이 하나님의 영광을 드러내기 위한 장치, 소설의 설정에 비추어 보면, 예수님의 이 역사가 인간의 절망을 도구로 활용하시는 것이 아닌가 싶은 의구심이 들 수 있다고 먼저 이야기를 했습니다. 그러나 실제로는 하나님의 영광이라는 게 사람들의 고통과 필요, 슬픔과 절망과는 관계없이 그것을 수단으로 활용해서 얻고자 하는 또 다른 세계가 아니라는 것입니다. 하나님의 영광은 사람들이 더 이상 울지 않는 것, 애통해하지 않는 것이며, 하나님의 영광은 사람들이 아파하지 않는 것이며 하나님의 영광은 그들이 위로를 충분히 얻게 되는 것이며, 하나님의 영광은 사람들이 회복되는 것입니다. 구체적인 한 사람 한 사람의 슬픔이 다루어지고 치유가 되고 이것들이 다 모여서 하나님의 영광으로 수렴되는 것이라고 해석했습니다.

저도 이 해석에 깜짝 놀랐습니다. 굉장히 위로가 되는 말씀입니다. 이제 그럼 나눔의 시간을 갖도록 하겠습니다. 김희수 선생님 나누어 주시겠어요?

김희수 오늘 여명 형제가 나누어 준 덕분에 나사로 부활 사건이 굉장히 다채롭게 조명되었던 것 같아요. 그 해석에 참 놀랐습니다. 저도 본문을 읽으면서 집중했던 것은 마리아와 마르다의 반응이 다르다는 점이었어요. 왜 이렇게 둘 간에 반응이 다르지? 이전에도 그들이 예수님을 초대한 적이 있었는데, 마르다는 엄청 분주하고 마리아는 계속 예수님 가까이에 앉아서 예수님의 말씀에 집중했잖아요. 그래서 성격 차이라고 생각을 했어요. 마르다는 상당히 적극적이고 마리아는 좀 소극적이고…. 그런데 꼭 성격 차이를 말하는 것은 아닐 수도 있을 것 같습니다. 나는 어떻게 반응하는 사람일까 생각해 봤을 때 저는 약간 마르다 같은 사람인 듯해요.

그리고 하나님의 영광과 개개인의 유익을 통합한, 거시성과 미시성을 하나로 연결시켜 해석한 것도 인상적입니다. 생명이라는 것이 모름지기 그렇습니다. 대의가 있으면 소의를 버리기가 쉽고 소의를 따라가다가 대의를 버리기 쉬운 것 같아요. 그런데 부활이라는 본질 하나를 가지고, 개개인의 각기 다른 모습과 처지와 성격을 부활이라고 하는 영광으로 통합해 버리는 예수님의 모습이 너무나 인상적입니다. 모름지기 내가 하나님께로부터 받은 생명도 이런 모양새인 것 같다는 생각이 정말 많이 들고요. 오늘 제가 그동안 생각해보지 않았던 그런 해석을 들었습니다. 감사했어요.

송여명 저도 개인적인 이야기를 나누고 싶은데요. 제가 제 삶의 어떤 부분을 생각하면서 오늘 말씀이 이어졌는지를 이야기하고 싶어요. 제가 아직은 젊어서 경험이 많지 않다 보니까 예수님께서 먼저 제게 찾아와 주셨던 사건을 이야기할게요. 저는 마술을 장래 희망으로 삼고 고등학교 생활을 시작했어요. 그러나 마술로 직업을 삼을 수 없다는 생각이 들어서 정리한 후에는, 카지노 딜러를 하고 싶었고, 그래서 카드놀이에 심취한 적도 있습니다. 그러나 딜러를 하려면 영어를 잘해야 한다는 말을 듣고 접었습니다. 그렇게 접고 나니 제 속에 아무 것도 남아 있지 않은 것입니다. 지난 날을 돌아볼 때, 비록 하고 싶은 것들이 바뀌어서 문제였지, 지금껏 하고 싶은 것이 사라진 상태는 없었거든요. 그런데 모든 의욕이 사라진 상태, 어떻게 보면 제 꿈과 미래, 나에 대한 기대가 완전 죽은 상황을 맞닥뜨린 것이에요. 아무 것도 없는 상태가 너무 당황스러웠어요.

그렇게 한동안 살다가, 어느 날 길을 가던 중에 갑자기 머릿속에서 제가 전혀 생각해 보지 않았던 아이디어와 이론이 솟구치는 경험을 했습니다. 제가 태어나서 한 번도 해 본 적이 없던 생각들이었거든요. 그 아이디어와 이론을 적어 두었는데요. 제 삶에 실제적인 도움을 주는 건 아니었어요. 그걸 한다고 해서 성적이 오르는 것도 아니고, 공부를 잘하게 되는 것도 아니고…. 오히려 그것 때문에 공부도 안 했거든요. 매일 글 쓴다고 말이지요. 그 생각들이 머릿속에서 떠나질 않아서 그것을 글로 풀어내느라 몇 달 동안 학교에서 글만 쓰고 그랬단 말이에요. 학기 초에는 내신 관리도 했는데, 나중에는 포기하고 그냥 그 글만 쓰고 있었어요. 그게 현실에는 전혀 도움이 안 되거든요. 현실적 해결책은 아니거

238

든요.

저는 그때가 예수님의 음성을 듣는 순간이었어요. 그때 새로운 생각과 아이디어와 이론들이 차오르는 것을 보며 '하나님이 아직은 나를 보고 계시구나. 나의 꿈, 내 미래, 내가 하고자 하는 것에 대해 관심이 있으신 분이구나'라는 걸 그때 경험한 것 같아요. 제겐 정말 특이한 경험이었어요. 그게 실마리가 되어 공부를 시작하게 되었고요.

그때 제가 하나님께 기도를 하지 않은 것은 아니지만, 제가 받을 것을 의도하며 적극적으로 구한 것은 아니었어요. 공부의 길로 가는 삶을 구하지 않았다는 말이에요. 그런데 그 방향으로 길을 열어 주신 사건이었어요. 물론 그 사건이 계기가 되어 공부를 시작했지만, 그 이후 실제로 공부를 하며 성적 올리는 과정에는 엄청난 고통과 현실적인 문제들이 뒤따랐어요. 그래도 그 전에 그런 과정들이 있었기 때문에 당장은 성적이 안 올라도, 당장은 공부를 잘못해도, '하면 되겠지, 하나님께서 나를 포기하실까?' 그런 생각이 저에게 있었어요. 그때의 경험이 저에게 도움이 됐어요. 예수님께서 마리아에게 찾아가셨을 때 보여 주신 행동이 마르다의 경우와는 달랐지만, 그 모습이 마리아에게 필요했던 것이 아니었을까 싶습니다. 저에게서처럼 말이지요.

제가 아까 새 신자와 성경공부를 하고 있다고 말했잖아요. 그 친구도 이 장면을 보면서, 자신은 마르다처럼은 못하고, 오히려 마리아에게 공감된다는 거예요. 자기라면, 오빠의 죽음 앞에서 신앙적 생각 없이 마냥 울 것이라는 거죠. 예수님이 오셨다고 해서 뛰어나가 무슨 이야기를 하겠느냐는 거예요.

제가 그때 그 친구 이야기를 듣고 뭔가를 깨달았던 것 같아요. 저런 마리아를 예수님은 어떻게 상대하셨지? 살펴보니까, 예수님께서 그에게 먼저 찾아와 주신 거예요. 그게 보였던 것이지요. 우리는 다들 신앙적으로 이상적인 자아를 생각합니다. 그러나 내가 진짜 힘든 경험을 했을 때, 물론 예수님께 기도로 나아가는 경우도 있겠지만, 절망 속에 머물 때가 흔합니다. 그런데 예수님이 마르다와 마리아 둘 다 그렇게 그들에게 알맞은 방식으로 찾아와 주신다는 그 부분이 저에게 큰 위로가 됐습니다.

이민화 저도 이 본문을 묵상하다 보니까, 하나님의 영광을 위해 예수님께서 기적을 일으키셨다는 대목이 눈에 들어왔어요. 그리고 여명 형제가 예수님께서는 모두를 위해서 하나님의 영광을 나타내셨다고 하셨잖아요. 나사로의 부활 사건을 보며 저는 '거기에 모인 모든 사람들에게 하나님의 신적 능력을 보여 주셨구나', 그렇게만 생각을 했는데요. 오늘 여명 형제는 하나님의 영광이 드러나는 사건으로 하나님은 모인 모두에게 개별적으로 의미 있는 메시지를 주셨다고 말씀하셨어요. 그 말에 공감이 되었을 뿐 아니라, '우리의 삶에도 예수님은 이렇게 다가오실 수 있겠구나' 하는 생각이 드네요. '각 사람에게 맞는 모양대로 그 사람에게 가장 적합한 방식으로 찾아가 주시고, 그것이 전체를 조화롭게 해

서 하나님의 영광을 드러낼 수 있겠구나' 그런 생각이 들어요. 잘
정리할 수 있어서 감사했습니다.

김민경 저도 말씀을 이렇게 새롭게 볼 수 있도록 해 주어 여명이
에게 고마웠습니다. 이 본문을 보며 '마르다가 굉장히 신앙이 좋
았구나' 이런 생각이 들기도 했는데, 제가 삶에서 이렇게 갖추어
진 신앙고백을 할 수 있을 때는 제 상태가 괜찮을 때입니다. 그런
데 삶에서 길이 보이지 않을 때 제 자신을 돌아보면, 저는 그리 강
한 사람인 것 같지는 않아요. 어떤 역경도 뚫고 나간다거나, 엄청
낙관적인 성향이 몸에 배어 있다거나 하지는 않은 것 같아요. 오
히려 절망하거나 힘을 잃은 상태를 가끔 경험하게 되는 것 같은
데요. 그럴 때 마리아에게 찾아오신 예수님의 모습이 제가 경험
하게 된 예수님의 모습이기도 합니다. 기도하거나 생각할 수 있
는 힘이 없어지는 그 순간에, 또는 '내가 어떤 일을 하는 것이 가
능한가, 노력은 하지만 여기까지가 한계인 것 같은데…' 이런 생
각이 들 때도 말이지요. 주님이 제게 언제 찾아와 주셨는지, 어떤
상태였을 때 찾아와 주셨지 돌이켜 보면, 준비되고 갖추어진 때
가 아니었어요. 그리고 그 순간이 부르심의 순간으로 연결되곤
했어요. 지금도 역시 어떤 실패나 절망의 순간을 찾아올 때마다,
예수님이 나를 만나 주셨던 옛날 그 시절처럼 '예수님은 나를 그
렇게 기억하고 계시고, 그래서 여전히 나를 만나주신다' 그렇게
생각하면서 다시 일어날 수 있고, 나올 수가 있었던 것 같습니다.

또한 마르다와 마리아가 성향이 다르게 보이기도 하지만 동시에 연속선상에서 볼 수 있는 것 같아요. 마르다처럼 나아갈 수 있을 때도 만나 주시고 이야기를 해서 더 깊게 생각할 수 있도록 해 주시기는 합니다. 그러나 동시에 마리아처럼 말을 할 수도 없고 일어나 나갈 수도 없을 때 역시 그 다음으로 나아갈 수 있도록 해 주신다는 점에서, 둘은 연결되어 있고, 연속선상에서 볼 수 있도록 해 주신다는 생각을 했습니다.

송경호 오늘 말씀은 깔끔하게 잘 정리되었어요. 저도 좋아하는 본문이라 조금 더 살펴보았는데, 본문에서 충분히 다루지 못한 아래쪽 부분도 봤거든요. 형이 다루지 않은 가야바 대제사장의 말이 나오는데요. 대제사장들이 "예수를 어떻게 할 것인가, 우리가 저 사람 때문에 망하겠다" 이렇게 말했습니다. 그때 가야바가 예언을 하면서 "예수가 희생하는 것이 우리 민족에게 도움이 되는 걸 왜 모르냐?" 그렇게 말하며 예언을 하는 장면이 나오잖아요. 근데 여기서 그 예언은 가야바의 생각이 아니라고 나와 있거든요. 오히려 그해 대제사장으로서 예언을 한 것이라고 나와 있어요. 사실 이러한 예언은 진실이니까, 결국 하나님으로부터 내려온 진실인 것이지요. 가야바가 생각을 해서 이렇게 예언을 한 게 아니라, 하나님이 가야바에게 임하셨기 때문에 이런 예언을 할 수 있는 거잖아요. 가야바가 한 말에 집중을 했을 때, 형이 오늘 이야기했던, 개인에게 임하시는 하나님의 영광이 심지어 예수님

4부 평신도교회 운영의 실제

을 죽이려고 하는 악인에게도 똑같이 임하는 것으로 볼 수 있지 않을까 싶네요.

송여명 대제사장 가야바가 이런 말을 한 의도와 성경이 가야바의 말을 예언으로 해석한 것 간에는 조금 다른 의미가 있지 않을까요? 정치적으로는 유대에 왕이 둘일 수는 없잖아요. 대제사장 입장에서는 로마의 압제를 받던 시대이니까 예수가 죽어야 자기 민족이 편해진다는 것을 말했을 것 같아요. 그러나 예수님은 정치적인 죽음이 아니라 구원을 위한 대속으로 죽음을 선택한 것이지요. 죽는 것은 마찬가지지만, 의미는 다른 거죠. 본인은 정치적인 의도로 발언했는데 성경은 그 발언을 예언으로 해석한 것인데요. 가룟 유다와 같다고 할까요. 가룟 유다도 자신이 배신하고 싶어서 배신했지만, 예수님의 십자가 죽음과 부활의 역사에서 실제로 그 부분이 없었으면 안 되는 그런 상황인 것이지요.

사회자 저도 잠시 제 소감을 나눌게요. 오늘 우리가 풍성하게 말씀을 나누었는데요. 마리아와 마르다의 신앙적 특성과 비교해보면 저도 사실 마르다 방식에 익숙한 편입니다. 그런데 이것을 두 유형의 사람으로 보지 않고 제 아내의 지적처럼, 한 사람 속에 있는 두 가지 측면으로 보는 것이 좋을 것 같아요. 마르다와 같은 삶을 사는 사람들에게도 마리아 같은 속성이 있잖아요. 그런데 마리아 같은 속성을 왜 드러내지 않을까 생각해 보니, 여러가지 의무나 처한 환경과 상황 때문에 그것을 누르며 살아오는 측면들도 있는 것 같아요. 특정한 사건 속에서 자기감정이 생기기는 하지요. 그런데 그걸 눌러 버리는 것입니다.

그렇게 눌러 버리고 주어진 역할에 충실하게 사는 삶을 살고, 그래서 평화를 이루는 것인데요. 그럴 때 어떻게 되느냐 하면 자기 감정을 잊어버리게 됩니다. 이게 반복되면 자기 감정의 흐름과 슬픔, 애통함이 사소하게 여겨지고, 정작 우리가 예수님 앞에 나올 때 마리아와 같이 자기 속에 있는 슬픔이나 절망 같은 것을 발견하지 못하게 되는 거죠. 그러면 예수님을 만나는 데 어려움이 있겠구나 싶습니다.

저는 매일 아침에 기도할 때도 주중에 저를 괴롭게 만들거나 힘들게 만든 것들을 가지고 주님께 나오지 않습니다. 대신 하나님이 저에게 주신 약속과 요구에 맞춰서 내가 무엇을 드릴까 하는 방식으로 기도를 드립니다. 그 대신, 제 힘든 것을 쏟아붓는 기도를 잘 드리지를 않습니다. 이번 주도 사실은 굉장히 어려운 순간들이 많았어요. 제 한정된 시간과 육체로는 도무지 감당할 수 없는 일이 태산과 같이 몰려들어서 허덕이는 삶을 사는데도, 아침에 기도할 때는 그런 문제를 가지고 기도하지 않고, 하나님께서 주신 그 약속이 나를 통해서 잘 드러나면 좋겠다는 기도, 나의 부족함과 연약함을 설명하되 요약해서 표현하는 정도의 기도만 드립니다.

그런데 오늘 말씀을 들으면서 나도 기도할 때 힘들다는 이야기를 좀 많이 해야겠다 싶습니다. 제가 하나님 앞에서 부족하고 실수가 많으며 연약한 존재라는 사실 때문에, 마음을 내놓고 나의 절망이나 슬픔을 토로하면서 주님께 나아가는 것이 조금은 어색합니다. 그러나 마르다식 외에 마리아식으로도 주님은 만나 주시는 것이니, 두 개의 기능을 다 써야겠다 하는 생각들이 들어요. 아침마다 드리는 제 기도 방식에 변화가 필요하겠다라는 생각이 들기도 한 시간이었어요. 감사합니다.

우리 이야기를 쭉 듣고 말씀을 나눈 자로서 여명 형제는 어떻게 생각하는지 마지막으로 이야기해 줄래요?

송여명 역시 사람마다 다르구나 싶었습니다. 어떤 사람은 예수를 믿고 나서 '내가 왜 이렇게 손해 봐야 해?' 그렇게 생각하는 사람도 있고, 아니면 '내가 주를 위해 뭘 더 할까?' 이런 생각을 하는 사람도 있어요. 그렇게 사람마다 다 다를 수 있는데, 하나님은 두 모습 다 긍정해 주시는 것 같아요. 물론 더 나은 방향이 무엇인지를 항상 고민하고, 더 나아지려고 해야겠죠. 지금 내 모습대로 하나님이 인정해 주신다는 이유로, 더 나아질 수 있는데도 굳이 이자리에 머물 필요는 없으니까요. 그러니까 고민하고 앞으로 나아가는 여정, 즉 계속 성장하려고 하는 자신이라는 관점에서 보면 좋을 것 같아요. 성장 중이라는 말은 부족한 것이 있다는 뜻이잖아요? 하나님께 더 가까워지려고 하는 동시에 언제나 부족한 측면이 있다는 뜻이기도 합니다. 내가 하나님께 다가가고 싶어 하는 만큼 많이 약한 존재라는 것을, 하나님이 아신다는 사실을 기억하고 살아가야겠다 싶습니다. 요즘 저는 스스로 너무 약하다고 느껴지는 순간을 보내고 있기 때문에 유독 그런 생각이 들었습니다. 감사합니다.

사회자 그럼 오늘 이 말씀을 붙들고 함께 기도하는 시간을 갖겠습니다.

말씀 나눔 사례 ②
: 모세를 향한 하나님의 징계(신명기 31장 14절-32장)

5

다음에 소개하는 두 번째 말씀 나눔 사례는 같은 교회에서 주일에 진행된 내용입니다. 앞의 사례가 20대 후반 청년의 말씀 나눔 사례였다면, 이번 사례는 20대 중반 대학생의 말씀 나눔 이야기입니다. 하나님의 영이 그 안에 있다면 그들이 어리거나 늙거나 할 것 없이, 하나님께서 그에게 말씀을 해석할 힘을 주신다는 사실을 여실히 보여 주는 또 다른 사례라 할 것입니다. 또한 그들의 해석과 나눔이 교회 공동체 속에서 공유될 때, 예배가 얼마나 풍성해지고 교우들의 삶에 도전을 주는지도 알 수 있습니다. (※말씀 나눔자를 제외하고 대부분 가명.)

사회자 오늘 말씀은 신명기 31장 14절부터 32장 전체입니다. 돌아가면서 5절씩 읽겠습니다. 이후에 송민서 자매의 말씀 나눔이 있겠습니다.

송민서 오늘 말씀의 주제는 한번쯤 들어 본 이야기입니다. 민수기 20장을 보면 이스라엘 백성들이 광야에서 목이 말라 물을 내려 달라고 불평합니다. 그때 모세는 하나님과 대화한 후 명령하신 대로 바위에게 명령해서 물을 내리지 않습니다. 그 대신 가지고 있는 지팡이로 바위를 두 번 세게 쳐서 물을 내게 했습니다. 그래서 하나님은 모세에게 그 벌로 가나안 땅에 못 들어가게 하십니다. 백성들을 가나안 땅으로 인도하는 역할까지만 하게 합니다. 저는 늘 그 대목에서 살짝 이해가 안 되었었는데요, 그래서 그 부분을 핵심으로 잡고 오늘 성경 말씀을 봤습니다.

먼저 처음부터 살펴보면 하나님께서 모세를 '가나안에 들여보내지 않게 하겠다'라고 말씀을 하셨어요. 그런데 사실 이때 모세는 120세가 되어 거의 죽을 나이였기 때문에 거기서 죽는다 해도 새삼스러운 일은 아닙니다. '하나님이 모세를 가나안 땅에 못 들어가게 막은 것이 아니라 원래 나이가 차서 못 들어간 것이다. 자기 형 아론도 자연사했으니 모세라고 다를 것이 없다' 그렇게 생각할 수 있어요.

하나님이 모세에게 가나안 땅에 못 들어간다는 말을 하시고 나서 가나안 땅에 들어가기 직전에, 하나님은 이스라엘 백성들이

248

가나안 땅으로 들어간 후 펼쳐질 미래의 일을 이야기해 주십니다. 그 미래는 좋지 않고, 다시 이스라엘 백성들이 나를 배신하고 결국 울며 다시 나를 찾을 것이다, 그때를 대비해 지금 내가 모세 너에게 노래를 알려줄 테니 그 전에 이 노래를 퍼지게 해서 그들을 각성시켜라, 그렇게 노래를 알려주신다는 내용입니다.

그 노래의 내용을 간략하게 정리해 보자면 처음에는 하나님이 어떤 분이신가 이야기해 주시고요. 두 번째는 이스라엘이 다시 하나님을 배신할 것이다, 그리고 과거 야곱의 이야기를 꺼내시면서 하나님이 이스라엘 백성들을 이끌어 주신 기억을 다시 상기시키시고 마지막에 또 기억하게 하시고, 그럼에도 불구하고 배신할 이스라엘을 예견하시면서 하나님의 징벌을 이야기하십니다. 그러나 마지막에는 전멸시키지 않고 '내 백성들이 나를 찾으면 내가 돌볼 것이다. 그러니까 너희가 그때 믿고 있었던 우상을 찾아봐라. 그런 존재들이 쓸모가 있는지 찾아봐라. 결국 오직 나만이 하나님이고 나밖에 다른 신이 없다. 나는 사람들을 죽게도 하고 살게도 한다' 이렇게 하나님의 위대하심을 말씀하면서 하나님께 돌아오라는 노래를 만들어 부르게 하라고 하십니다.

이 노래도 가만히 살펴보면 이스라엘 백성이 결국 다른 민족들에게 유린당할 것이라고 말하시는데, 이때도 하나님이 직접 너희를 그렇게 만들겠다기보다는 하나님이 얼굴을 감추시겠다는 표현을 쓰셔서 하나님이 이스라엘 백성들을 망하게 하는 것이 아니라 하나님 없는 이스라엘이 얼마나 약한 존재인지 느끼게 하십니다. 그리고 사실 이 예언이 아주 오랜 이후에 성취됩니다. 일단 오늘 말씀의 흐름은 이렇습니다.

'억울한' 종교 지도자 모세의 일생, 이를 둘러싼 해석들

이제 제가 직접적으로 다룰 부분은 '억울한' 모세의 일생입니다. 모세는 저에게 있어 성경에서 가장 기억에 남는 인물입니다. 지난번 성경 말씀 나눔 시간에 저는 모세가 미디안 광야에서 살아갈 때 그 심리 상태에 대해서 생각해 봤습니다. 모세가 어떻게 하나님의 일을 시작하게 되었을까 생각해 보면, 이집트에서 자기 동족을 괴롭히는 이집트인을 때려죽인 후 광야로 도망갑니다. 그 후에 하나님께서 나타나셔서 '내가 이스라엘을 이집트에서 해방하는 일에 네가 앞장서라, 나의 사신이 되어라' 그렇게 말씀하십니다. 떨기나무에서 그렇게 하나님이 말씀하셨을 때 모세는 거절을 합니다. 그러나 저는 모세가 그 일을 기피했다고 생각하지 않습니다. 겉으로는 그렇지만 속 깊은 곳에서는 이스라엘 사람들을 구원하는 일에 나서고 싶은 마음이 여전히 있었다고 봅니다. 하나님께서 겉으로는 표현되지 않은, 모세의 진짜 속마음을 건드리시고 힘을 주셔서 이집트로 들어갔다고 말씀을 해석했던 이전 시간을 기억합니다.

그때 그 나눔 시간에 제가 은혜를 많이 받아서, 오늘 모세의 거의 마지막 발언 부분에 대해서도 하나님이 또 어떤 말씀을 하셨을지 생각하면서 공부를 했습니다. 일단은 모두가 아실 테지만 각자 이 부분을 어떻게 생각하시는지 한 번 여쭤볼게요. 모세가 하나님의 말씀을 어기고 지팡이로 바위를 두 번 탕탕 친 부분요.

김민경 혹시 그 이야기 모를 분도 있을 것 같은데 그 본문을 다시 한번 보면 어떨까요?

송주호 그러자고요. 민수기 20장 1절부터 13절까지예요. 경수가 한번 읽어 볼래.

이경수 (1-7절 생략) "너는 지팡이를 잡아라. 너와 너의 형 아론은 회중을 불러모아라. 그들이 보는 앞에서 저 바위에게 명령하여라. 그러면 그 바위가 그 속에 있는 물을 밖으로 흘릴 것이다. 너는 바위에서 물을 내어, 회중과 그들의 가축 떼가 마시게 하여라." 모세는, 주님께서 그에게 명하신 대로, 주님 앞에서 지팡이를 잡았다. 모세와 아론은 총회를 바위 앞에 불러모았다. 모세가 그들에게 말하였다. "반역자들은 들으시오. 우리가 이 바위에서, 당신들이 마실 물을 나오게 하리오?" 모세는 팔을 높이 들고, 그의 지팡이로 바위를 두 번 쳤다. 그랬더니 많은 물이 솟아나왔고, 회중과 그들의 가축 떼가 마셨다. 주님께서 모세와 아론에게 말씀하셨다. "너희는 이스라엘 자손이 보는 앞에서 나의 거룩함을 나타낼 만큼 나를 신뢰하지 않았다. 그러므로 너희는, 내가 이 총회에게 주

기로 한 그 땅으로 그들을 데리고 가지 못할 것이다."(13절 생략, 새 번역)

송민서 네, 감사합니다. 이 구절을 보면서 제가 납득이 되지 않았던 게 있는데요, 지팡이를 두 번 쳤다고 가나안에 못 들어간다는 말이 억울하게 생각되기도 하고 이해가 안 되기도 했습니다. 너무 가혹한 것 아닌가 싶기도 했고요. 그럼 모세의 마음은 어땠을까? 뭘 했기에 하나님이 이렇게 강하게 나선 것일까? 모세가 처음에 광야로 도망쳐 나오기 전, 자신의 의와 혈기로 자기 백성을 구원하고자 했잖아요. 그런데 여기 보니까 이스라엘 백성들이 되게 패씸한 상황이었어요. 그래서 모세에게서 또 한 번 혈기가 나온 거죠. 그런데 하나님이 사람의 혈기를 쓰시려 했다면, 모세가 젊었을 때 하나님께서 그를 인도하셨겠죠. 혈기 왕성하던 그 시절 말이에요. 그런데 40년 간 광야에서 있다 보니, 하나님께서 모세의 힘을 완전히 빼시고 나약하게 하셨어요. 이집트 궁전에 있을 때는 모든 일에 탁월했었는데 40년간을 누구와도 교제하지 않고 외롭게 지내다 보니, 정작 하나님이 그를 쓰시고자 했을 때 모세는 자신의 부족함을 많이 얘기하고 주저했습니다.

제가 이 본문을 읽으면서 드는 느낌은 이거예요. 하나님께서는 모세의 힘과 혈기를 통해 일하시는 분이 아니잖아요. 그러니까 그가 혈기를 드러낼 때 '그것으로는 나의 일을 할 수가 없다. 그래서 너는 이 일에 적합하지 않다' 하는 생각으로 40년 전과 동일한 원칙으로 모세를 멈추신 것이 아닐까 하는 거죠.

송주호 아, 그렇구나!

송민서 저는 이 부분을 설명하다가 제 최종적인 생각이 새어 나갈까 봐 조심스러운데요. 여하튼, 하나님의 원칙은 아주 분명하신 것 같아요. 모세가 바위를 치는 이 장면을 보면 하나님이 기대하신 모습과는 달랐습니다. 하나님은 원래 작대기를 치라는 것이 아니라 명령 즉, 말로 선포하라고 하셨습니다. 그리고 모세는 화까지 내었어요. "배신자들아, 이 반역자들아" 그렇게 말입니다.

원래 모세는 이스라엘 백성들이 이런 잘못을 저지를 때 웬만하면 하나님께 간청을 하는 편입니다. 하나님이 분노해도 모세는 노여워하지 않고 대신 백성들을 위해 하나님께 사정을 했습니다. 그런데 여기서는 그런 표현도 없고 곧바로 이스라엘 백성들에게 화내는 느낌입니다.

김희수 이 기록은 후손들이 조상들로부터 들은 내용을 적은 것이잖아요. 그래서 이 사건을 기록한 의도가 무엇인지 아는 게 중요한 것 같아요. 단순히 모세가 화냈다는 것보다는 도대체 왜 이 에피소드를 이렇게 넣었을까, 기록자들은 후대 사람들이 무엇을 알기를 원했을까. 지도자들에게 요구하는 덕목에 관한 것일까, 그건 아닌 것 같아요.

송민서 지도자들이 혈기를 부려서는 안 된다는 교훈일까요…? 그런데 예수님도 혈기라고 말할 수는 없지만 화를 내시기도 했잖아요. 신적 분노. 그렇다면 모세의 이 분노도 어찌 보면 신적 분노로 해석할 수도 있잖아요. 해석하기에 따라서 말이지요. 설사 모세가 그때 잘못했더라도 다른 벌을 내리시면 되지 하필 모세가 가장 원하고 자기 삶을 다 바쳐 고대했던 가나안 땅에 못 들어가는 것을 죄의 대가로 제시하는 것도 하나님답지 않아 이상하다 싶기도 해요.

송주호 그쵸, 그런 의문이 들죠. 형벌의 비례성이 안 맞지요. 그냥 혼내면 되는데 너무 가혹하게 혼냈다는 얘기지요.

송민서 가혹하기도 하고요. 죄의 종류와 벌의 종류가 잘 연결이 안 되어 두 가지가 직관적으로 딱 다가오지는 않는 느낌이죠.

이민화 주석을 보니까요, 하나님께서 "너는 여기서 가나안 땅에 못 들어갈 것이다"라고 하실 때 하나님께서 입맞춤으로 모세가 죽었다고 말하는 이야기가 있더라고요. 그리고 오늘날까지도 모세가 어디에 묻혔는지 알지 못한다는 얘기가 있잖아요. 제가 상상해 본 건데, 모세가 죽어서 간 곳은 하나님이 계신 곳이잖아요. 인간적으로 볼 때는 아쉽지만 모세는 더 좋은 곳으로 가서 하나님과 쉬는 것이고, 그래서 모세는 아쉽지 않고 이스라엘 백성들이 아쉬운 것이 아닐까요? 갑자기 부모님을 잃은 아이들처럼 두렵고 떨리고 '어떻게 하지?' 그렇게 너무 막막한 느낌 말이지요.

김희수 지금 민서 자매의 질문은 '모세가 벌 받은 원인과 형벌 사이의 비례가 맞지 않는다'는 문제인가요, 아니면 '모세가 왜 꼭 그렇게 사라져야 했나?' 하는 것인가요?

송민서 둘 다예요. 모세가 그렇게 행동을 한 것도 문제겠지만 가나안 땅에 들어가는 마지막 순간에 '이제 와서?'라는 생각이 들기도 했고, '그런 짓을 했다고 해서 가나안에 못 들어가게 하는 건 심하지 않나'라는 생각도 들고요. 이 두 가지를 묶어서 생각해 봤습니다.

김희수 좀 유치한 생각일 수도 있는데요. 일단 모세가 사라져야 하는 이유는 필연일 수도 있을 것 같아요. 가나안 땅에 들어가서는 1세대가 아니라 2세대가 그 모든 일을 꾸려 나갈 거 잖아요. 그래서 하나님의 은혜의 역사는 분명히 전해져야 되지만 1세대가 경험한 오욕의 순간들과 단절해서 2세대로 하여금 가나안 땅에서의 삶을 새롭게 꾸리려는 생각이 있었던 것이 아닐까 해요. 성경을 편집한 그 시대 사람들도 나름으로 왜 모세가 못 들어갔는지 생각했을 것 같아요. 당시만 해도 '하나님께 순종하면 복, 불순종하면 벌!' 이런 권선징악의 사고를 가지고 있었고, 그 틀에서 모세의 잘못과 벌을 연결시키지 않았을까 싶어요. 그래서 이스라엘의 대표자로서 모세가 저지른 잘못을 표본과 경계 삼아, 모세는 1세대의 지도자로 마감을 하고, 새로운 2세대의 시대를 열어야 했고, 그래서 모세는 사라져야 하지 않았나 싶어요.

송민서 그런 기능적인 측면이 존재했을 거라고 생각해요. 그런 생각이 들면서도 모세 개인으로서는 그 벌을 받아들이기가 어려웠을 것이라는 생각도 들어요.

송주호 실제로 모세가 누보산에 올라가서 죽었을 때 그의 나이가 120세였지만 총기가 여전했고 건강했어요. 그러니까 밥만 축내는 노인이 되었으니까 고려장해야 할 정도로 약해진 것이 아니라 가나안 땅에 들어가서도 얼마든지 활동을 더 할 수 있었어요. 그런데도 여기서 딱 정리를 하니까 모세로서는 받아들이기가 어려웠을 것 같아요.

송민서 그런데 솔직히 총기와 건강이 있긴 해도 모세의 수명은 거의 다했다고 봐요. 노인들이 총기와 건강이 없어지면서 죽는 것은 아니잖아요. 총기가 있어도 어느 날 한 순간에 운명할 수도 있잖아요. 이미 형 아론도 별 질병 없이 죽었으니, 자신에게도 시간이 거의 다가왔다 싶었을 거예요.

김희수 그런데 저는 모세가 억울하지 않았다고 생각하는데요. 루쉰의 소설 《광인일기》를 읽으면서 그렇게 정리되었어요. 이 소설은 작가 자신이 광인이 되어 쓴 일기예요. 그런데 반전인 것이, 사실은 자기만 정상적인 사람인 거예요. 광인만 정상인이라면 나머지 사람들은 다 비정상인인 셈이지요. 그 시대의 문화와 관습과 폐습들로 인해 사람들이 다 미친 거예요. 그 단적인 증거가 사람들이 인육을 먹는 것입니다. 자기도 모르는 사이에 인육을 다 먹는 거예요. 심지어 여동생도 그렇게 죽었는데 결국에 광인이 생각하기를 엄마까지도 인육을 먹었을 거라고 생각해요. 그리고 어쩌면 자기 자신도 알지 못하는 사이에 그것을 먹었을 것이라고요. 깨어 있는 사람이지만 나도 그 폐습과 인습에 물든 사람일 수도 있다는 자기 인식을 하면서 "나는 사라져야 된다"라고 이야기하거든요.

저는 그 소설을 상기하면서 모세가 훌륭한 지도자로서 이스라엘을 인도해 오긴 했지만 그 시점에 하나님이 자기를 데리고 가시려는 큰 계획에 동의했다고 생각합니다. 그러니까 제 이야기는 단순히 기능적인 이유 때문이라기보다는, 모세 스스로 '나도 1세대 사람이다. 이제 하나님은 2세대로 새로운 것을 하기를 원하신다'라고 생각하면서 개인적으로는 억울해도 하나님의 큰 그림을 모세가 이해한 것 아닐까 싶다는 거예요.

송민서 네, 좋습니다. 선생님 말씀처럼 가나안에 들어가기 전이라서 그렇지 어차피 가나안에 들어가면 세대와 지도자는 교체될 수밖에 없을 거예요. 모세도 나이가 들 대로 들었고요. 어차피 여호수아로 교체가 될 것이니, 하나님께서 "그래 여기서 정리하자" 이렇게 딱 자른 것으로도 볼 수 있지요. 그렇죠?

그런데 제가 의문이 드는 것은, 하나님이 자르시고 교체하시고자 한다면 "너를 자를 거다. 교체하고 싶다" 그렇게 말씀해 주시면 납득하겠어요. "너는 이제 가나안 땅으로 이스라엘 사람들을 들여보내 주고, 여기서 그들과 잘 작별해라" 하고 말씀하시면 누가 이해를 안 하겠는가 싶은 것이지요. 그런데 가나안 땅에 들어가지 못하도록 하면서, 모세의 약점 하나를 꼬투리 잡듯이 활용해서 그 대가로 못 들어간다고 하니까, 그게 좀 개운치 않았어요. 모세 입장에서는 '그냥 안 들여보내고 싶으시다면 그렇다고 솔직히 말씀해 주세요. 그러나 이렇게 사소한 형벌 대가로 이야기하지 마시고요' 하는 의문이 들겠다는 거죠.

송주호 제인아, 너는 어떻게 생각해?

이제인 모세는 죽어서 천국에 가니까, 천국을 보장받는 사람보다 기쁜 게 어디 있겠어요? 진짜 가나안 땅으로 가는 셈이잖아요.

일동 (웃으면서) 아, 말 된다. 모세가 진짜 가나안 땅으로 들어간다!

모세의 임종과 하나님의 징계를 해석하다

송민서 감사합니다. 그러면 이제부터 제가 해석한 부분을 설명하겠습니다. 일단 하나님이 모세에게, 가데스에서 한 잘못 때문에 가나안 땅에 못 들어간다고, 모세가 믿음이 부족했고 하나님의 거룩함을 충분히 못 드러냈다고 말씀하신 부분이 있습니다. 이때 믿음이 부족했다고 할 때 믿음의 문제는 무엇인가요? '바위에서 물이 나오도록 말로 명령했는데 물이 나오지 않으면 어쩌나' 그런 불신일까요? 그렇지 않아요. 이집트에서 이스라엘 백성들을 구출할 때 이것보다 더 큰 기적을 일으키셨고 홍해도 가르고 불 기둥과 구름 기둥을 세우시며 여기까지 인도하셨는데, 돌에서 물이 나오라고 명령하면 물이 안 나올까 봐 하나님을 의심했을까? 반문해 볼 수 있어요. 그러니까 이때의 불신은 다른 주제와 연결되어 있을 거예요.

그러면 하나님이 비판하신 모세의 불신앙, 혹은 믿음이 적다고 하신 부분은 무엇 때문일까 생각해 봤을 때, 저는 오늘 말씀에서 힌트를 얻었어요. 우선 모세에게 임종이 다가왔다는 사실입니다. 하나님이 모세에게 이 일로 인해 가나안 땅에 못 들어간다는 말을 여러번 하셨어요. 모세가 잘못을 저지른 첫 순간에 이야기하셨고, 아론이 죽었을 때도 이야기하셨고, 모세가 죽기 전 지금도 이야기하셨지요. 그러니까 곧 죽을 거라고 생각하는 모세 입장에서 걱정되는 게 무엇일까, 모세의 인생 목표가 무엇일까를 살펴볼 필요가 있어요.

임종이 다가오는 순간, 점점 가나안에 가까워지고 있는 순간에 모세가 품은 인생의 목표는 무엇일까요? 두 가지가 있었어요. 첫 번째는 이스라엘 백성들은 육체적인 부분에서 출애굽해야 하죠. 즉, 모세는 이집트에서 탈출해서 약속의 땅인 가나안까지 이스라엘 사람들을 이끌어야 해요. 두 번째는 영적 출애굽이에요. 우상과 이집트에 마음을 주면서 하나님에게서 멀어져 있는 영적 상태에서 이스라엘 백성은 먼저 신체적인 출애굽을 시작했고 이제 영적 출애굽을 해야 해요. 모세는 하나님과 백성들 사이에 껴서 이 둘을 연결하는 역할을 하는 것이고요.

둘 중에 육체적 출애굽은 성공했어요. 가나안으로 이제 거의 다 왔으니 성공한 것과 마찬가지예요. 그런데 영적 출애굽, 하나님과 친밀해지는 삶은 성공했는가 봤을 때, 임종이 가까운 모세가 볼 때 백성들이 계속 같은 실수를 저지르고 있어서 양자 간에 친밀함이 없는 거예요. 처음 출애굽했을 때부터 지금까지 그랬어요. 그리고 심지어 하나님이 이스라엘에게 노래를 만들어 불러 주라고 하시는데, 그 노래 가사에는 모세가 죽고 이스라엘 백성들이 가나안 땅에 들어가서도 계속 하나님을 배반한다고 나와요. 모세는 그런 말을 듣고 당연히 이 백성들은 하나님으로부터 멀어질 거라는 불안이 생겼을 거예요. 저는 그렇게 생각해요.

모세의 걱정, 모세의 불안, 모세의 불신앙은 이거예요. 오늘 성경(신명기 31:27)을 보면 모세가 백성들에게 "너희들은 내가 있는

4부 평신도교회 운영의 실제

데도 지금 이 모양인데 내가 없으면 대체 어떻게 할 것이냐"라는
투로 말하는데, 이것은 모세가 자기 없이 가나안 땅에 들어갈 이
스라엘 백성들을 무척 걱정했다는 것을 방증한다 싶어요. 나 없
이 이들이 가나안 땅에 들어가는데, 나 없이도 이들이 영적 출애
굽을 잘 해낼 수 있을까 하는 걱정과 불안이 모세에게 있었다는
것입니다.

송주호 아, 그렇네요.

송민서 결국 임종이 가까운 지금 시점에 모세가 품었던 마음은
'나 없이 이 백성들이 하나님을 잘 믿을 수 있을까, 하나님과 친밀
해질 수 있을까?' 그에 대한 고민이에요. 최종적 목표, 즉 육체적
출애굽을 넘어 영적 출애굽이라는 목표가 이루어지지 않은 상태
에서, 앞으로 자기 인생의 최종 목표가 이루어지지 않을 것을 걱
정하는 상태라고 볼 수가 있어요. 지금 모세는 그런 심정입니다.

　이런 점을 배경 삼아, 아까 모세가 지팡이로 두 번 바위를 탁
탁 친 것이 무슨 의미가 있는지 생각해 보면요. 첫째로 모세에게
조급함이 있었어요. 임종이 다가오고 약속의 땅 가나안은 점점
가까워 오는데, 이스라엘 백성들이 광야에서 여전히 하나님을 원
망하고 이집트를 그리워하니, '정말 너희는 마지막까지 이렇구
나' 하며 감정이 격해져서 두 번 바위를 쳤을 거예요. 두 번째로
모세의 마음에는 아까 이야기한 불신이 깔려 있었는데요. '너희

는 나 없으면 안 돼, 그러니까 내가 꼭 필요해' 이런 의미가 아니라 '너희들이 진짜 나 없이도 잘 살아야 하는데 그럴 수 있을까?' 이런 불안이 엄청나게 그의 마음을 사로잡았고 그래서 조급함과 불안이 겹쳐, 하나님의 명령과는 달리 지팡이로 두 번 바위를 치는 잘못을 저질렀다고 생각해요.

그런데 여기서 하나님의 답변이 중요해요. 처음에 "너는 가나안 못 들어간다"는 하나님의 말씀을 들었을 때, 모세도 사람인지라, 처음에는 "왜요?"라고 항변하고 싶었을 거예요. 물론 성경에서는 모세가 그렇게 항의했다는 장면은 나오지 않습니다. 그 대신 어쩌면 모세는, 백성들이 걱정되어서 '제가 안 들어가면 안 됩니다. 들어가서 백성들을 돌봐야 합니다' 그렇게 생각했을 수도 있겠어요. 자신이 죽으면 백성들이 흔들리고 하나님으로부터 멀어지니까 '하나님 저도 들어가야 하겠습니다' 그런 생각을 했을 거예요.

아빠, 지금 저를 보세요. 혼자서 성경 찾지 말고요. 지금이 핵심이에요!

송주호 아, 네 이야기 잘 듣고 있어. (일동 웃음)

송민서 그런데 지금의 모세 임종 사건과 몇 년 전에 광야에서 지팡이로 탁탁 두 번 친 사건 사이의 유사점을 저는 봤어요. 사실 지팡이로 바위를 두 번 치건 세 번 치건 아니 돌멩이로 후려치건, 만약 하나님이 모세의 그런 행동이 잘못되었다고 진짜 꾸짖고 싶으셨다면 물을 안 나오게 하면 됩니다. 그런데 상황은 그렇지 않고, 모세가 무슨 행동을 하든지 결국 물은 나왔다는 말이죠.

그게 왜 지금 임종 상황과 유사한가 하느냐면요. 하나님이 이렇게 말씀하신다는 거죠. "모세야, 네가 무슨 행동을 하든지 그게 중요한 것이 아니다. 결국 중요한 것은 나의 말이 물을 나오게 하는 힘이라는 거란다. 그런데 너는 지금 임종 상황에서도 이렇게 불안해하고 있구나. 이스라엘 백성들이 네가 없으면 나를 잘 안 믿을까 봐 걱정되지? 그런데 네가 가나안 땅에 들어가든, 너를 대신해 여호수아가 백성을 이끌든, 그런 것은 중요하지 않아. 결국 이스라엘 백성들이 나를 찾도록 하는 것은 내 몫이란다. 그 모든 흐름은 결국 내가 끌고 가는 것이다. 모세 네가 이 백성들과 가나안 땅에 함께 들어간다고 혹은 크게 걱정한다고 해서 해결되는 것은 아니야. '내가 없으면 어떡하지?' 그렇게 계속 걱정하는데 네가 그렇게 걱정을 해도 네 인생의 그 최종 목표를 이루는 것은 나란다. 이스라엘 백성이 가나안 땅에 들어가서 하나님과 친밀해지지 못할 거라고 걱정할 필요가 없단다. 어차피 그 모든 것을 이루는 존재는 나이기 때문이다." 저는 하나님이 이렇게 말씀하시는 것 같았습니다. 그래서 지팡이로 바위 치는 사건과 모세의 임종 사건 간에는 유사점이 있다고 본 것이고, 그것을 깨닫는 순간 "아, 그렇구나!" 하고 탄성이 나왔습니다. 제 말이 이해되시나요?

모세 입장에서는 임종의 순간에 자신의 인생 목표가 이루어지지 않아서 무력감이 들었을 것이고, 한결같이 변절하는 이스라엘, 그리고 세대를 거듭해도 변절할 것이라는 예언에 좌절되고 인간으로서의 한계를 심하게 느꼈을 것이에요. 그리고 마지막 순간에 '내가 무언가를 이뤄내야 하는데…' 싶었겠지만, 자신의 인간적 한계가 너무 크기 때문에 무력했을 것입니다. 그런 그에게 하나님이 "이스라엘 백성이 이렇게 문제가 심각하지! 그러나 내가 이들의 문제를 단박에 고칠 수 있어. 난 뭐든지 할 수 있어"라고 말씀하시지 않아요. 그 대신 하나님은 이렇게 말씀하십니다. "앞으로도 이스라엘 백성들은 계속해서 똑같은 죄를 저지르고 또 다시 죄를 저지를 것이다. 그에 따라 징계를 받을 것이다. 그러나 나는 그들을 방치하지 않고 그들이 나를 찾게 은혜를 베풀 것이고, 그래서 다시 돌아올 것이다." 그렇게 역사를 주관하시고 이끄시는 하나님의 모습을 큰 흐름에서 보여 주시면서, 하나님은 다음과 같이 말씀하신 것이라고 저는 해석합니다. "모세야, 네가 아무리 부족해도 내가 채워 줄 것이다. 그러니까 내 백성의 미래에 대해 걱정과 불안을 내려놓고 내 안에서 쉬거라." 그러니까 모세를 향한 징계의 말씀은 표면적일 뿐, 사실 징계가 아니라 모세를 향한 하나님의 위로인 것이지요.

이렇게 정리하고 나니, 임종 직전 모세와 하나님의 대화가 이해되었고, 이전으로 거슬러 올라가 지팡이로 바위를 친 사건 이후에 하나님이 모세에게 주신 징계 말씀의 취지도 이해되었습니다.

4부 평신도교회 운영의 실제

이렇게 오늘 말씀을 마무리합니다. 젊은 시절에 모세가 동족을 사랑하는 의협심을 품는 장면을 시작으로, 나중에는 보잘것없는 자기를 하나님이 떨기나무에서 이스라엘을 구원할 사람으로 선택해 주시고, 마지막까지 하나님이 모세를 이끌어 주시고 대화하시고 소통하시는 장면을 보았습니다. 말씀 준비하면서 저에게도 큰 은혜가 되었고, 하나님이 너무 야박하다는 오해가 풀렸습니다.

해석된 말씀에 대한 교우들의 의견과 재해석

사회자 실제로 하나님이 민수기 27장에서 그런 얘기를 하시거든요. "네가 믿음을 보이지 않고 나의 거룩함을 드러내지 않아서 너는 가나안 땅에 못 들어가"(14절). 그런데 그 말씀을 들은 모세가 여호와께 불만을 제기하는 것이 아니라 이렇게 이야기해요. "하나님, 부디 이 회중에 한 사람을 세워 주세요. 저 대신 이 백성들이 목자 없는 양과 같이 되지 않도록 여호와의 모든 백성들을 그렇게 인도할 수 있도록 한 사람을 세워 주세요"(16-17절). 그러니까 모세는 끊임없이 하나님이 자기 백성들을 가나안 땅으로 인도하시는 데만 몰두해 있고 모세 자신은 안 된다고 말씀하시니, 그렇다면 새로운 지도자를 달라고 하는 장면이지요. 그 장면을 보니 민서 자매가 말한 '모세의 불안 실체'가 잘 연결이 됩니다.

송준기 제가 말을 안 하길 잘했네요.

사회자 너도 그 얘기를 하려고 했던 거니? 민서가 준비가 안 될 것 같아서 오늘 새벽에 내가 준비할까 했는데 난 이런 해석을 생각도 못 했거든. 와, 내가 준비했으면 큰일 날 뻔했네.

　자 그럼, 찬송하고 각자 이 말씀에 대해서 나눔의 시간을 갖도록 하겠습니다.

김희수 민서 자매님의 이야기는 결국 모세가 사라짐으로 인해서 그 모든 일들을 이끄시고 이루시는 분은 하나님이시라는 것을 확실하게 나타내 주셨다는 거네요. 민서 자매가 이 결론을 이끌어내기까지 해석의 여정을 살펴보니까, 모세에게 엄청난 공감이 되면서 정말 하나님과 모세 사이, 하나님이 모세를 잇는 과정과 다시 모세가 하나님을 잇는 그 여정이 너무 친밀하다는 생각이 드네요. 그러면서 오늘 민서 자매가 나눴던 내용 중에 핵심 키(key)는 모세의 불안이 그냥 자기 일신상의 불안이 아니라 이스라엘을 걱정하고 아비 같은 마음으로 그들이 어떻게 길을 잘 갈 수 있을까 생각한 데서 비롯한 것이고, 그 모세의 마음을 읽으시는 하나님께서 놀라운 답을 주신 것이라는 점이죠. 모세의 고뇌에 대해 하나님이 응답하셨다는 점…, 그 하나님의 은혜가 참으로 놀랍다는 생각이 듭니다.

　지난 시간에 여명 형제가 이야기를 했잖아요. 각 개인에게 응답하시는 하나님이 하나님의 영광과 관계없지 않고 거시성과 미시성을 동시에 이루어 주시는, 그리고 각자의 처지에서 개별적인 요구가 있는데 그것이 하나님의 영광과 연결되어서 하나님이 응답해 주시고, 그 전체가 통합되어 하나님의 영광으로 수렴된다는 해석이 저에게 참 은혜가 되었는데요. 오늘도 사람의 눈으로 보면 억울하다 생각할 수 있는 부분에서 오히려 그를 향한 하나님의 따뜻함과 사랑이 연결된다는 점에서 너무 감사했고, 저에게도 의미가 큰 것 같습니다.

사회자 자, 이제 누구부터 이야기를 하실까요?

송준기 저는 어떻게 생각했느냐면요. 민서랑 비슷하게 해석한 부분이 있기도 하고, 추가할 것도 있어요. 저에게도 궁금한 점은, 하나님이 모세의 상태를 보시고 그는 가나안에 들어가지 못한다고 했을 때, 모세도 거기에 대해서 괜찮다고 생각했다면 그 이유가 뭐였을까 하는 점이었어요. 저는 지금 친구와 요한복음을 공부하고 있는데, 요한복음에 유난히 모세의 이야기가 많이 나옵니다. 제 생각은요, 민서의 지적대로 모세가 우려했던 것은 백성들이 다시 타락한다는 점이잖아요. "내가 죽으면 너희들은 타락할 것이다" 이런 얘기를 하는 거잖아요. 그런데 사실 백성들이 광야에 있든지 가나안 땅에 들어가든지, 결과적으로 모세가 죽으면 타락한다는 것은 똑같은 상황이에요. 그러니까 모세는 그 부분이 많이 걱정됐던 것 같아요. 그래서 열심히 율법도 작성하고 바위에 새기게도 했지요. 그런 관점에서 봤을 때 모세가 하나님으로부터 "너는 죄가 있어서 못 들어간다"라는 말씀을 들었는데도 모세가 편안하게 눈을 감았다면 어떤 이유였을까 생각해 봤는데요.

저는 모세가 자기 이후에 올 어떤 예언자이자 선지자이신 그리스도를 내다봤기 때문이라고 봐요. 실제로 요한복음을 보면 예수님이 "모세는 나를 알았다"라고 말씀하세요. 그러니까 유대인들이 비판하지요. "아니, 당신이 모세보다 늦게 태어났는데 도대체 모세가 어떻게 당신을 아는가?" 하고 말이지요. 요한복음 말씀대로 만일 모세가 예수님을 알았다면, 혹은 예수님 얼굴은 정확히 몰라도 오시겠다는 그 메시아인 줄 알았다면, 하나님이 모세에게 너는 가나안 땅에 못 들어간다고 말씀하신다 해도 모세는 오히려 좋아했을 거라고 생각합니다. 모세는 백성들에게 "너희에게 나와 같은 예언자가 올 것이다"라고 말하는데요. 이때 이미 모세는 자기와 같은 예언자, 메시아가 올 것을 알고 있었고, 예수님 또한 모세가 자기를 봤다고 이야기를 하셨어요. 모세는 자신은 죄가 있어서 이스라엘 백성을 영원한 생명으로 인도할 수 없지만, 백성들을 영원한 생명으로 인도할 예수님이 오신다는 것을 알았어요. 그래서 모세는 하나님께서 그 말씀을 하셨을 때, 받아들일 수 없는 억울하고 힘든 벌이라고 생각하지 않고, '나에게 보여 주셨던 것, 예수께서 오실 것을 말씀하셨으니 내가 마지막에 평안히 눈을 감을 수 있겠다' 하고 생각했을 수 있다는 것이죠. 이

268

렇게 신약의 예수님과 모세를 연결해서 민서가 해석한 부분을 더 연결해 보면, 조금 더 생생하게 모세가 왜 그렇게 생각했는지 이해할 수 있지 않을까요?

김희수 그러니까 준기 형제 이야기의 핵심은 그거죠? 모세가 메시야를 미리 보고서 자신이 가나안 땅에 들어가지 않은 것에 대한 두려움을 없앴을 수 있었다, 그런 거죠?

송주호 신명기 34장 9-10절을 보니까, 하나님께서 여호수아에게 안수하고 지혜의 영을 넘치게 주셔서 백성들이 여호수아의 말을 잘 듣고 따랐다고 나와 있지만, 그 이후 10절을 보면 "그 뒤에 이스라엘에는 모세와 같은 예언자가 다시는 나지 않았다" 이런 구절이 있어요. 여호수아도 예언자이긴 하지만, 모세 정도는 아닌 것이고, 그래서 계속 이스라엘 백성들은 모세와 같은 예언자 즉 메시아를 기다려 오다가 예수 그리스도를 통해서 그 소망이 실현된 것이지요. 그리고 변화산에서 예수님께서는 모세와 엘리야와 함께 예루살렘에서 돌아가실 것을 의논했다는 장면도 나오는데요. 그러니까 구약시대에 모세가 그렇게 고대했던 바가 예수님을 통해서 실현되는 것을 볼 때 모세의 마지막을 신약으로 이어가는 것도 옳다, 그렇게 생각이 되네요. 물론 신약과 연결 짓지 않더라도 민서의 해석은 그 자체로 의미가 있는 것이고요.

저는 오늘 민서의 해석이 아주 놀랍고 뜻깊어요. 저도 묵상하면서 이해가 되지 않았던 부분이 '하나님의 저런 싸늘한 징계의 말씀에 왜 모세는 불평하지 않았을까' 하는 대목이었어요. 불평했다는 단서가 1도 없어요. 민수기 27장을 보면 하나님이 "너 못 들어가" 하고 이야기하실 때 모세는 "그렇다면 저 백성들이 목자 없는 양같이 되면 안 되겠으니 빨리 지도자를 세워 달라"고 요청합니다. 나는 왜 못 들어가냐, 그 좋은 결실을 나는 왜 못 누리게 하냐, 내가 그동안 피 땀 흘려서 당신을 위해 고생했던 것을 아시면서 이런 식으로 마지막에 나를 내팽개치는 거냐, 하는 식으로 불평하는 단서가 하나도 없어요. 그것을 보고 제가 의아했지요. '모세는 왜 저렇게 쿨할까?'

이유를 생각해 보니 답은 간단했어요. 모세는 평생 자기에게 관심을 둔 삶을 살지 않았어요. 오직 자기 백성들을 잘 인도하는 것을 과제로 삼았고, 괴로움과 절망과 걱정이 있다면 백성들이 하나님을 떠나는 것이었을 뿐이에요. 그렇다 해도 자신의 크지 않은 잘못에 대해 엄청난 벌을 주시는 하나님의 말씀에 어쩌면 저토록 태연할 수 있었을까 의문이었는데, 그것은 자기를 넘어선 신앙의 힘도 있었겠지만, 민서의 해석을 들어보니, 크게 두 가지가 다가옵니다. 하나는 '하나님의 말씀이 징계가 아니라 모세를 향한 따뜻한 사랑의 표현이었구나' 하는 생각입니다. 저는 가나안 땅에 못 들어간다는 하나님의 말씀을 징계라고 생각했었는데, 하나님께서 "너는 아직도 나를 못 믿느냐, 내가 그동안 어떻게 해 왔는가 생각해 보라, 이 백성들이 계속 나를 배신했는데도 나는

　　　4부 평신도교회 운영의 실제

이 백성들을 포기하지 않고 인도해 왔어, 광야에서 훈련을 충분히 받았지만 여전히 또 목마르니까 또 반항하는 모습들을 나는 충분히 알고 있고 충분히 겪었어. 그럼에도 불구하고 나는 이 백성들을 끝까지 사랑할 것이야" 하고 이스라엘 백성들을 향한 지칠 줄 모르는 사랑과 돌보심을 표현하는 사건으로 두 사건들을 활용하셨다고 해석이 되니 너무도 놀랍고 감사했습니다.

민서의 해석에서 의미 있었던 두 번째 점은, 그래서 이 역사를 끌고 가는 존재는 모세가 아니고 하나님 자신이라는 점입니다. 하나님이 들려주신 노래는 하나님이 어떤 분인지 알려주는 것과 이스라엘 백성들이 가나안 땅에 들어가면 얼마나 나쁜 짓을 다시 할 것이고 또 하나님을 배신할 것인지를 확인시켜 줘요. 그러나 다 멸망시킬 것은 아니고 일부를 살려서 다시 돌아오게 한다는 것이죠. 결국 핵심이 뭐냐 하면, 하나님은 끝까지 자기 백성을 포기하지 않는다는 점입니다.

그러면서 제가 하는 일을 생각했어요. 아시다시피 제가 하던 일들을 후임자들에게 넘겼거든요. 그러나 제가 보기에 그분들의 일하는 방식이 제게 만족스럽지 않은 부분이 있을 수 있잖아요. 그래서 '저렇게 하면 안 되는데…' 싶은 일들이 생길 수 있겠죠. 그럴 때, 지금이라도 내가 돌아가서 일하면 더 나을 거라는 생각이 들 수 있잖아요. 그러나 제가 돌아가서 일하면 조금 더 낫긴 하겠지만, 그래도 근본적 변화를 제가 일으킬 수는 없다는 것을 잘 압니다. 오늘 말씀을 따르자면, 이런 절망스러운 한계를 가진 저에게 하나님께서는 "네가 없어도 역사는 내가 끌고 가는 거야. 그러니 안심하고 너는 나의 길을 걸어라" 그렇게 하시는 말씀 같아 제게 위로가 많이 됩니다.

저는 그 하나님을 믿고 제게 주어진 일들을 붙들며 앞으로 가면 되는 것이고, 다른 이들에게 남겨 놓았던 그 일들은 그들의 능력이 충분하든 부족하든 하나님이 그들을 통해서 일하시는 것이라는 생각으로 인해 감사한 마음입니다. 마찬가지죠. 모세도 당연히 그런 생각이 들었을 거예요. 지금 120세인데 가나안 땅에 들어가서 150년을 살 것이라고 그는 생각하지 않았을 거예요. 결국은 자기 삶도 끝이 올 텐데, 이런 말씀을 주시니 제3자가 보기에는 징계의 말씀 같아도 모세와 하나님의 관계 속에서는 하나님의 말씀이 모세를 상당히 편안하게 만들었을 것이라는 생각이 듭니다. 그리고 저도 그 하나님을 붙들고 살아야겠다, 그런 마음이 새삼스럽게 더 드는 시간이었습니다.

김희수 오늘 말씀을 준비하면서 민서 자매에게 남다르게 다가온 것들이 있었나 봐요. 그래서 이렇게 독특한 해석에 이르게 된 것 같아요.

송주호 오늘 민서가 정리한 이 대목은 제가 볼 때 성경에서 풀기 어려운 10대 미스터리 중 하나쯤 될 거예요. 해석을 둘러싸고 사람들 간에 다툼이나 이견이 많은 부분이지요. 그런데 그걸 이치에 맞게 잘 정리했네요.

이민화 이 말씀을 준비하면서 본문만 가지고 준비하신 거예요?

송민서 네. 주석은 참고하지 않았어요.

이민화 저는 자녀들을 포함한 다음 세대에 대한 근심과 걱정이 많았어요. 제 자녀들뿐 아니라 다음 세대 전체에 대해서 말이지요. 마치 모세처럼 말이에요. 그래서 토요일에 공원 놀이터에 가서 아이들을 만나 복음을 전해 봐야겠다는 생각도 가지고 있거든요. 그런데 오늘 민서 자매의 말씀 나눔을 들으면서 내 안에 너무 많은 걱정이 있지만, 결국 하나님께서 다음 세대를 인도하실 거고 그 뜻을 이룰 것이기 때문에, 인간적으로 과도한 걱정은 하지 말고 그분께 맡기면서 가야겠다고 생각했어요. 그래서 마음이 편안해졌어요. 감사해요.

김민경 민서가 옛날에 가졌던 큰 의문 중에 한 가지가 '왜 하나님이 이렇게 무섭고 잔인한가'였다는 것이 기억이 나요. 그 후 하나님에 대해서 민서가 개인적으로 겪은 경험이 생기고, 관점이 달라지니까 '내가 알고 있는 하나님은 좋으신 분'이라는 토대 위에 다시 말씀을 보고 해석해 보고자 했다는 생각이 들어요. 그래서 이렇게 어려운 부분에 대해서도 매우 설득력있는 이야기를 할 수 있었던 것 같아요.

송민서 그렇네요. 맞아요.

김민경 음… 그러니까 성경 해석이 달라진 것은 민서가 경험한 하나님이 달라졌기 때문일 거예요. 신명기의 하나님과 내가 믿는 하나님이 동일한 분이고, 그분이 사랑의 하나님이시라면 그들에게도 그러실 것이라는 생각 속에서 과거와는 다른 해석을 하기 시작한 것 같아요. 옛날에는 민서가 이 장면을 매우 다르게 해석했던 기억이 나는데, 그 후에 계속 조금씩 달라지는 걸 보기는 했어도 오늘 나눠 준 말씀을 통해서는 하나님에 대한 민서의 생각이나 경험이 그동안 더 많이 바뀌었고, 또 체계가 잡혔다는 생각이 들었어요.

그리고 저도 제 이야기를 나누고 싶어요. 아직은 제가 제 일에 전적인 책임을 지고 있지만, 머지않아 다음 세대에 이 사명을 넘겨주기도 해야 하는데요. 그러다 보니 모세의 조급함에 대한 이야기가 많이 와닿았어요. 저는 이전만큼 체력이 되지도 않고 또 다른 위치에 있다는 건 알지만 그래도 조급한 마음이 들 때는 내가 다해야 한다는 생각을 하게 돼요. 개인적으로 오늘 말씀을 적용해 보니, 이 마음을 다시 하나님 앞에 내려놔야겠구나 싶었어요. 그리고 내려놓는다고 해서, 하나님 앞에서 내가 쓰임이 다해 버림받는 것은 아니라는 생각, 다른 형태의 삶이 기다리고 있

으며 내려놓음으로써 그 삶을 찾아가는 과정이 시작된다는 생각
도 들어서 감사했어요.

사회자 이제 민서 자매가 우리 얘기를 쭉 들으며 든 생각을 마지
막으로 정리해 주세요.

송민서 제가 예전에 모세의 초기 시절 부분을 해석한 적이 있는
데, 이번에 모세의 마지막 시간을 해석할 수 있게 되어서 좋았어
요. 모세는 처음에 이스라엘 민족을 이끌 능력이 부족한 존재였
어요. 그리고 하나님의 종으로서 바로 왕 앞에 선다는 것은 자칫
목숨을 내놓아야 하는 위험한 일이었는데, 모세는 하나님이 자신
의 부족함을 채워 주시리라는 것을 믿고 결국 바로 왕 앞에 섰어
요. 그런 것처럼 마지막에도 그는 자신의 실수와 부족함이 있지
만 결국 하나님이 백성들을 이끌고 책임지시리라는 것을 알고 죽
음 앞에 담담해지는 모습을 보였어요. 이 장면을 보면서 '처음부
터 끝까지 모세는 하나님과 소통하면서 살아왔구나' 그런 생각을
했어요.
　저는 아까 엄마도 말씀했다시피 나름대로 풍파 속에서 고민
도 많이 했는데, 교회에 와서 성도들과 말씀을 가지고 대화하며
많은 부분이 해결됐어요. 어렸을 때, 아니 아주 어렸을 때는 하나
님의 행동에 대해 기록된 모습이 제 마음에 들지 않으면 하나님
에 대한 거부감이 생기곤 했어요. 그땐 당연했어요. 왜냐하면 내

가 유일하게 보고 느낄 것은 이렇게 기록되어 있는 하나님 말씀 밖에 없고 그것을 중심으로 생각해야 했기 때문이에요. 부모님이 전해 주시는 하나님밖에 없을 때 '그 말씀을 듣고 하나님을 믿어 볼까?' 하며 고민하고 생각하는 과정이었는데, 갑자기 성경에서 하나님이 수백 명을 죽이시거나, 자기의 종을 사소한 문제로 가나안 땅에 못 들어가게 하는 모습을 보자, 그 하나님이 제 마음에 들지 않았고 그분을 믿기가 참 힘들었어요.

그런데 제가 저의 하나님을 만나니, 아니 제가 확실히 만났다고 장담한다거나 '나는 지금이라도 천국 갈 수 있다' 그렇게 말하는 것은 아니지만, 제게는 제가 만난 하나님이 있고 그 시선으로 다시 성경을 읽고 거기서 얻은 것으로 다시 또 의심하고, 또 그 의심한 것을 가지고 다시 성경을 보는 그런 과정을 거치면서 하나님에 대한 저의 이해가 깊어졌어요. 아마 이스라엘 백성들도 마찬가지가 아니었을까 싶어요. 그러니까 이스라엘 백성들도 먼저 모세가 만난 하나님을 믿었고, 여호수아가 만난 하나님을 믿다가, 결국에 시간이 더 흘러 자신들의 하나님을 만나고, 또 다음 세대가 되면 그들이 하나님을 만나고, 예수님을 만나면서 여기까지 이르게 된 것이 아닐까 생각합니다. 감사합니다.

사회자 오늘 말씀을 이렇게 마무리 짓고 함께 기도하는 시간을 갖겠습니다.

한국 평신도교회의
역사를 살핀다

6

한국에서 평신도교회 흐름의 근원을 파악하는 것은 그리 간단치
않습니다. 우선 관련된 사료가 거의 없고 이 주제에 관심 있는 연
구자도 거의 없습니다. 그래서 평신도교회의 역사적 흐름과 갈래
에 대한 이 글의 내용은, 개인적인 경험과 개별 평신도교회의 제
한된 정보를 잠정적으로 정리한 결과임을 밝힙니다.

1970년대, 평신도 설교자들의 등장

한국 기독교는 대체로 어떤 신앙 공동체가 교회인지 분별하
는 핵심 기준을 목회자 자격증을 갖춘 이가 설교를 책임지느냐에
서 찾습니다. 유감스럽게도 그 교회에서 선포되는 말씀이 얼마나
복음적이고 참된가 하는 것을 교회 됨의 핵심 기준으로 여기지

않습니다. 이런 풍토 속에서 목회자가 설교를 전담하는 한국 교회의 흐름에 그동안 작게나마 균열을 내 온 흐름이 있습니다. 첫 번째로 대학교 캠퍼스 선교 사역을 감당하는 선교단체의 간사들입니다. 이들은 목회자 타이틀이 없음에도 불구하고 대학생들에게 말씀을 전하는 일을 해 왔습니다. 두 번째 기존 교회에서 평신도로서 말씀을 전하는 이들의 등장입니다. 1974년에 서울대학교 근처에서 유은상, 이종웅 등 동문들이 시작한 대학촌교회나, 1976년에 손봉호, 김경래 등이 시작한 서울영동교회 등 일부 개혁적인 교회들에서는 목회자뿐 아니라 장로들에게도 정기적으로 말씀을 전할 기회를 주었습니다. 그로 인해 교계에 파장이 일기도 했습니다. 이것이 이슈가 되어 고 김인수 교수는 1990년 4월 월간지 〈복음과상황〉에서 "평신도, 병신도?"라는 도발적인 제목의 글로써 평신도도 말씀을 전할 수 있음을 공개적으로 주장한 바가 있습니다.

교회에서 부분적으로 평신도가 설교를 하는 흐름이 나타난 것은, 몇 가지 교회사의 흐름과 연결되어 있습니다.

먼저 세계 교회사에서 보면 형제단과 메노나이트 등 아나뱁티스트 교회에서는 평신도들이 말씀을 전할 기회를 허용해 왔습니다. 그들 교회 공동체들은 11-17세기를 거치며 구교와 신교로부터 많은 핍박을 받아 지도자가 순교를 당하곤 했습니다. 공동체를 지탱하기 위해 다음 지도자를 평신도 가운데 세우는 게 불가피했고, 그들은 평신도로서 말씀을 전하고 가르치며 교회를 이끌었습니다. 이들은 현재 신학교를 세워 목회자를 양성하고 있습니다. 이런 전통으로 인해 목회자 자격증을 소유하는 것이 말씀을 전할 자격을 갖추는 것이라는 배타적인 입장을 갖고 있지는 않습니다.

두 번째로 중국과 북한 같은 공산권이나 회교권 등에서 목회자가 공식적으로 말씀을 전하는 것이 금지된 지역의 교회가 형성해 온 흐름입니다. 이들 교회에서는 목회자를 세울 수 없어 신자들이 지하조직에서 교회를 이루다 보니, 평신도들이 말씀을 전하는 경우가 흔했습니다.

세 번째로는 우찌무라 간조, 김교신 등이 일으킨 무교회 운동입니다. 무교회주의는 현실 교회의 부패와 목회자의 문제를 지적하고 제도화된 교회의 불필요성을 통렬하게 지적합니다. 제도화된 교회를 부정하지만 교회 자체를 부정하지는 않습니다. 그들 스스로 주일마다 모여 말씀을 연구하고 묵상하는 소위 '참된 신자 공동체'를 유지했는데, 이를 교회로 보아도 손색이 없기 때문입니다. 이들 무교회 공동체에서 말씀을 가르치고 전하는 자가 평신도이다 보니, 자연스럽게 무교회는 평신도교회의 속성을 내포하고 있다고 볼 수 있습니다.

1980년대-2000년 이후, 평신도교회의 등장

한국에서 온전한 교회 형태로 평신도교회가 등장한 것은 군

사독재 정권이 끝나갈 무렵인 1987년 3월에 세워진 새길교회부터입니다. 성경이 말하는 참된 교회의 본질을 회복하기 위해서 평신도들이 교회를 세웠고, 설교는 한완상 교수 등 평신도 지식인들로 구성된 신학위원들이 담당하였습니다.

1996년 1월에는 외국 메노나이트교단의 영향을 받은 이들이 춘천에 평신도교회인 예수촌교회를 설립했고, 다음 해인 1997년 최승호 교사(당시 한국교사학생선교회 대표)가 서울 강동구에 평신도교회를 세우게 됩니다. 2002년에는 김성수가 중심이 된 전주 그루터기교회, 2006년에는 최규창, 이남혁 등 한국기독학생회(IVF) 학사들이 중심이 된 평신도 공동체(이레교회)가 태동했고, 2008년에는 대학촌교회 출신인 송인수 등을 중심으로 평신도교회가 시작됩니다. 그후 2017년이 되면서 남궁욱을 중심으로 세워진 서산의 한사람교회 등 몇몇 평신도교회가 나타납니다.

그러나 이때까지는 개별적으로 존재해 왔을 뿐 교회들 간 별다른 교류와 협력은 보이지 않았고 평신도교회를 확산하고자 하는 조짐도 크게 나타나지 않았습니다. 목회자 중심 교회가 대세인 한국 교회 풍토 속에서 평신도들만으로 예배를 드리는 교회가 있다는 것은 매우 희귀했고, 이단과 같은 조직으로 비칠 위험도 있었습니다. 그런 이유로 존재를 드러내기보다는 조용히 교회를 이루어 간 시기라 할 것입니다.

2000년 이후 등장한 이들 평신도교회에는 몇 가지 특징이 있습니다. 먼저 규모가 적게는 한 가정에서 많게는 열 가정으로 이루어진 소규모 공동체라는 점입니다. 신학적으로는 복음주의 계열의 신앙 색깔을 가지면서 사회적 약자들을 돌아보는 사회선교적 삶을 지향합니다. 목회자는 물론, 평신도 출신의 전임 사역자는 없으며, 각기 일터를 갖고 주일마다 모임을 갖되, 토요일이나 평일 중 모여서 기도나 독서 모임, 지역 사회를 돕는 일에 참여하기도 합니다. 특정 지역에 몰려 있지 않고 전국적으로 흩어져 있어 느슨한 연합과 교류를 하고 있습니다.

2010년대, 평신도교회의 확산 흐름

평신도교회를 또 하나의 정당한 교회 형태로 인정하고, 이런 교회를 세우고 확산하며 서로 연합하기로 한 흐름은 2018년부터 시작되었습니다. 송인수, 남궁욱 등은 2018년 기독교사대회를 계기로 그동안 별도로 활동하던 평신도교회들(골대교회, 한사람교회, 산아래교회, 어린양교회)이 정기적으로 만나 연합 활동을 하기로 결정하고, 2018년 8월 세종시에서 최초로 연합 수련회를 개최했습니다. 이후 매년 1회 연합 수련회를 열기로 결정하고 현재까지 지속하고 있으며, 참여 교회수는 여섯 교회로 확대되었습니다.

교회들의 연합과는 별도로 평신도교회에 소속된 개인들이 교회의 신학적 토대를 확고히 해야 할 필요도 생겼습니다. 스스로를 교회로 규정하지만, 주변에서 그 근거가 무엇인지 묻거나 자기 교회를 교회가 아니라고 비판할 때, 이에 대답하는 일은 중요한 과제였습니다. 이에 따라 성경과 신학을 연구하는 게 필요했습니다. 2021년 8월 송인수와 남궁욱은 '평신도교회 공부모임'을 결성하였고, 매월 마지막 주일 저녁에 온라인에서 평신도교회 소속 신자들이 중심이 된 독서모임이나 강연회를 운영하게 되었습니다. 동시에 기존 교회에 출석하면서 평신도교회에 관심을 보이는 이들이 늘어나자, 이들에게도 온라인 모임을 개방하여 지금까지 운영해 오고 있습니다. 모임 출범 4년 차가 되는 2024년부터는 평신도교회에 참여 중인 그룹과 평신도교회를 준비하는 그룹을 나누어 각자의 필요에 맞는 교육 과정을 운영하고 있습니다.

'평신도교회 신학 포럼'은 그렇게 평신도교회 공부모임을 통해서 얻게 된 바를 공적으로 발표하는 장으로 기획되었습니다. 2022년 《1세기 교회 예배 이야기》(IVP)의 저자인 호주의 로버트 뱅크스 박사를 강연자로 초대해 2회에 걸쳐 온라인 공개강좌를 개설했습니다. 2023년에는 뱅크스 박사를 한국으로 초청, 명동 마실 커뮤니티하우스에서 제2회 평신도교회 신학 포럼을 열었습니다. '1세기 교회와 21세기 교회의 대화'를 주제로 개최한 이 포럼에 기독교인 120명이 참가했습니다. 2024년에는 평신도 신학자인 밴쿠버기독교세계관대학원(VIEW) 전성민 원장에게 한국의 평신도교회 흐름에 대한 신학적·성경적 해석 작업을 의뢰했고, 그 결과를 6월 제3회 평신도교회 신학 포럼을 통해 발표하기도 했습니다.

초기와는 달리 지금 한국에서 평신도교회는 양적으로 성장세에 있습니다. 또한 여러 협력 기관들이 나타나기도 했습니다. 목회자와 일반 성도의 동역을 강조하는 '건강한작은교회연합'과 나들목교회를 섬겨 온 김형국 목사, 선교한국 창립자인 김인호 목사와 교류하기 시작했고, 2016년부터 시작되어 4개 교회가 연합하고 있는 메노나이트교회연합 또한 우리와 유사한 교회관을 지니고 있음을 알게 되었습니다.

현재 평신도교회 공부 모임을 통해 직간접적으로 연결된 교회수는 20-30곳 정도이지만, 드러내지 않고 평신도들이 교회를 이루는 숫자는 그보다 훨씬 많을 것입니다. 이런 성장의 배경에는 두 가지 요인이 있습니다. 하나는 목회자 중심인 한국의 기성 교회가 여러 면에서 교회로서의 신뢰를 얻지 못한 결과입니다. 많은 신자들이 목회자 중심으로 운영되는 기성 교회를 떠나고, 소위 '가나안 성도'들이 나타나기 시작했습니다. 그리고 그 과정에서 일부는 스스로 교회를 이루는 길을 선택했습니다. 두 번째 배경은 코로나19 팬데믹입니다. 이 전염병 사태는 한국 사회의 많은 부분을 바꾸었는데, 교회에도 큰 영향을 끼쳤습니다. 전염병으로 인해 대부분의 신자들이 주일날 소속 교회에 직접 출석하지 못하고, 집에서 온라인으로 설교를 듣거나 가정 예배로 예배를 대체하는 경험을 했습니다. 목회자 없이도 예배와 교회가 실질적으로 유지되는 이 새로운 현상 앞에서, 교회는 무엇이고 예배는 무엇인가에 대한 고정관념이 깨지는 충격이 찾아왔습니다. 이 사태로 인해 평신도교회를 바라보는 시선에 많은 변화가 온 것도 사실입니다.

평신도교회의 전망

한국에서 평신도교회가 얼마나 확산될지는 예단하기 어렵습니다. 지금 한국의 기성 교회에서 나타나는 여러 병리적 현상을 생각해 보면, 평신도교회에 대한 관심은 더욱 커질 것입니다. 그러나 평신도들이 교회를 실제적으로 이루기 위해 해결해야 할 과제는 적지 않습니다. 신자들 스스로가 목회자에게 의존하지 않고 말씀을 묵상하며, 연구하고 나누겠다는 자주적 결심이 필요합니다. 공동체를 이룰 때 그 안에서 나타나는 크고 작은 갈등을 소위 교단 정치와 교권의 도움을 받지 않고 어떻게 풀 수 있을지 길을 찾아야 합니다. 또한 고인 물처럼 머물지 않고 세계 기독교 흐름에서 진행되는 진지한 성찰과 신학적 학습의 자산을 공유하며, 배움에 개방적인 자세를 지녀야 합니다. 무엇보다 이전 교회에서 습득한 경험에 기초해 교회를 관성적으로 유지하는 것이 아니라, 성령의 역사로 심령이 변화되고 자녀들이 바뀌며, 영적으로 성장하는 현상이 나타나야 합니다.

평신도교회가 앞으로 늘어난다고 해도 한국 개신교회에서 차지하는 비중은 아마 5퍼센트도 되지 않을 것입니다. 평신도교회에 속한 분들조차, 한국의 모든 교회가 평신도교회 형태로 바뀔 것이라고 기대하지 않습니다. 다만 평신도교회가 교회로서 지닌 장점이나 새로운 통찰을 기존의 교회들이 수용해 교회다운 교회로 성장하기를 기대할 뿐입니다.

교회사에 자주 등장하는 사례들처럼, 한국에서 나타난 평신도교회 역시 일시적으로 성장하다가 소멸될 수도 있습니다. 그런 소멸을 방지하기 위해 조직마다 위계를 만들고 규칙과 재생산 구조를 만듭니다. 그런 체계를 한국의 평신도교회가 구축할 것인지는 알 수 없습니다. 자칫 그 과정에서 평신도교회가 배격하는 목회자 중심 교회의 조직적 병폐를 반복할 수도 있습니다. 버릴 것은 버리고 취할 것을 취하며 온전한 교회로서 지속성을 유지하는 것은 어려운 숙제입니다. 그 숙제를 풀지 못한 채 참된 교회의 모습을 추구하다가, 어느 날 평신도교회들이 역사 속으로 사라질 수도 있습니다. 역사 속 수많은 교회 공동체들처럼 말입니다. 그러나 소멸된다고 무의미한 것은 아닙니다. 지속 가능하다는 것이 반드시 진리임을 입증하는 것은 아닐 테니까요. 우리는 지금 우리 시대에 하나님이 교회에게 주신 질문에 대답할 뿐입니다.

- ‘평신도교회 공부모임’ 공동 책임자 연락처

  남궁욱 (ngwook00@gmail.com)

  송인수 (noworry815@hanmail.net)

- ‘평신도교회 공부모임’ 유튜브 계정

  (채널 이름: ‘평신도교회 공부모임’)

  www.youtube.com/@평신도교회공부모임

평신도교회 공부를 위한
추천 도서

평신도교회를 이루는 과정에서 큰 도움이 될 만한 도서 목록을 간추려 보았습니다. 특별히 중요하다 여기는 책은 굵은 글씨로 표시했습니다.

평신도 신학

평신도 교회를 이루는 데 있어서 먼저 '평신도'라는 개념이 지닌 한계와 이를 극복하도록 돕는 도서를 소개합니다. 폴 스티 븐스 교수가 쓴 두 권의 책은 이 분야의 고전적 명저로서, 목회자 중심 교회의 틀에 고착된 시선을 자유롭게 하는 데 큰 도움이 됩 니다. 폴 스티븐스 교수는 특히 '평신도'의 개념은 오염된 계급적 개념으로서, 목회자와 평신도의 이원적 분류를 극복하고 하나님 의 온 백성이라는 관점에서 통합해야 한다고 말합니다.《읽다 살다》는 자기 삶의 영역에서 의미 있는 기여를 하는 평신도 5인을 인터뷰한 내용입니다. 평신도로서 어떤 삶을 살아야 할지 도전이 되는 책입니다.

- 폴 스티븐스, 《참으로 해방된 평신도》(IVP)
- 폴 스티븐스, 《21세기를 위한 평신도신학》(IVP)
- 권일한 외 4인, 《읽다 살다》(잉클링즈)

1세기 교회 이야기

우리가 평신도교회를 이루고자 할 때, 그 사례가 어디에 있는지 또는 성경적 근거가 어디에 있는지 물을 수 있습니다. 그때 로버트 뱅크스 박사의 도서들은 1세기 교회의 예배 형태를 보여 줌으로써 지금 우리가 시도하는 교회 형태가 초대교회에서 추구하는 교회의 모습과 상당 부분 일치한다는 것을 알려 줍니다. 로버트 뱅크스 박사는 호주 태생으로 성공회 교단에서 목회 안수를 받았으나, 영국 케임브리지대학에서 초대교회에 관련된 공부를 하면서 목회자 중심의 교회 형태가 온전한 교회의 모습을 담아내지 못한다는 사실을 발견하고, 목회 라이선스를 반납한 후 평신도 신학자로서 교회를 이루고 있습니다. 그의 교회관은 우리와 매우 유사하여, 평신도교회 공부 모임에서 2022년과 2023년에 여러 차례 온라인 강연자로 초대했고, 2023년 8월 명동에서 열린 평신도교회 신학 포럼 주강사로 참여하여 1세기 교회 이야기를 들려주며 한국 평신도교회를 격려한 바 있습니다.

- 로버트 뱅크스, 《1세기 교회 예배 이야기》(IVP)
- 로버트 뱅크스, 《1세기 그리스도인의 선교 이야기》(IVP)
- 로버트 뱅크스, 《1세기 그리스도인의 하루》(IVP)

교회사

평신도교회를 이루고자 할 때, 교회사 속에서 평신도교회가 존재했다는 증거를 뒷받침해 주는 도서들의 도움을 받을 수 있습니다. 《순례하는 교회》는 역사상 다양한 형태로 존재해 온 교회의 모습을 시간 순으로, 또한 종합적으로 보여 주고 있습니다. 이 책은 우리가 추구하는 교회의 모습이 역사 속에서 매우 중요한 흐름으로 존재했음을 보여 줍니다. 이 책은 안타깝게도 절판되어 중고 서적으로 구입할 수밖에 없습니다. 권현익님이 쓰신 《참교회의 역사》는 종교개혁 때 비로소 개신교회의 모습이 시작되었고, 그 이전에는 몇몇 뛰어난 개인들의 사례만 존재했다고 오해하는 것이 사실이 아님을 지적하고 있습니다. 즉, 루터의 종교개혁 이전인 3-4세기를 비롯해 11-12세기에도 가톨릭교회에 편입되지 않고 온전한 교회의 모습을 지키려 한 공동체의 흐름이 존재했고, 이들 공동체가 서로서로 영향을 미쳐 루터의 종교개혁까지 이어진 것을 알 수 있습니다. 특별히 가톨릭교회의 무시무시한 핍박 속에서도 프랑스 리옹, 이탈리아 북부, 터키, 스페인 등지 계곡에 숨어 끝까지 신앙을 지켜 왔던 기독교인들의 눈물겨운 믿음의 싸움은 읽는 이들의 마음을 뜨겁게 합니다.

한편 코넬리우스 딕의 《아나뱁티스트 역사》는 독일의 루터나 스위스의 츠빙글리가 주도한 종교개혁이 진행될 무렵에, 그들과는 흐름을 달리하는 이들이 써 내려 온 개신교 역사를 설명하고 있습니다. 이들은 루터나 츠빙글리의 이신칭의 가르침은 인정하나, 거기에 멈추어서는 안 된다고 말합니다. 신자들은 산상수훈의 말씀을 따라 세상에서 빛으로 살아가야 하며, 가톨릭교회의 형태를 극복하려고 했습니다. 이런 과정이 아나뱁티스트 교회 흐름으로 나타났고 이것이 현대에도 교회의 형태로 면면히 이어지고 있다는 것을 수많은 사례로 보여 줍니다.

- E. H. 브로우드밴트, 《순례하는 교회》(전도출판사)
- 권현익, 《참교회의 역사》(세움북스)
- 코넬리우스 딕, 《아나뱁티스트 역사》(대장간)

교회 운영의 실제적 지침

평신도교회를 이룰 때, 필요한 실제적인 지침과 노하우를 알려 주는 도서들입니다. 주로 대장간 출판사에서 관련 도서들을 많이 출판하고 있습니다. 교회의 건물 형태, 예배 순서, 설교, 주일 예배 의상, 세례와 성찬 등 교회를 이루는 여러 요소에 대해 다루는 이들 도서는 우리에게 깊은 통찰을 제시합니다. 이 분야에서 진 에드워드와 프랭크 바이올라, 로버트 뱅크스의 책들은 매우 독보적입니다. 특히 《이교에 물든 기독교》는 모든 내용들을 정리하고 개신교회의 예전이나 여러 교회 요소가 얼마나 성경과는 관계없이 이교도적 영향을 받았는지 보여 주고 있습니다. 우리가 당연하게 옳다고 생각하는 바가 실제로는 그렇지 않다는 것을 수많은 증거로 제시합니다. 이 책은 평신도교회를 이루기 위해 꼭 읽어야 할 필독서입니다. 또한 로버트 뱅크스의 《교회, 또 하나의 가족》은 평신도들이 교회를 이루기 위해 참고할 수많은 통찰과 실제적인 지침을 주고 있습니다. 한두 번이 아니라 여러 번 반복해서 읽을 가치가 충분한 책이라 할 것입니다.

- **로버트 뱅크스, 《교회, 또 하나의 가족》**(IVP)
- **진 에드워드, 《오래된 교회, 가정집 모임》**(대장간)
- **프랑크 바이올라·조지 바나, 《이교에 물든 기독교》**(대장간)
- 볼프강 짐존, 《가정교회》(국제제자훈련원)
- 진 에드워드, 《유기적 평신도교회》(대장간)
- 프랑크 바이올라, 《유기적 교회 세우기》(대장간)

성경 해석

신약성경은 복음서와 사도행전이 나온 후부터 서신서를 역사적 순서가 아니라 성경의 분량을 기준으로 정리하고 있습니다. 그래서 서신서의 역사적 맥락을 이해하기 어렵게 쓰였습니다. 그런데《유기적 성경공부》는 이런 문제를 극복하기 위해 서신서를 편지가 쓰인 역사적 순서대로 정리해, 시대적 상황과 흐름 속에서 성경의 내용을 이해하도록 정리한 흥미로운 도서입니다.《아나뱁티스트 성서해석학》은 평신도교회가 성경을 해석할 때, 어떤 관점을 취해야 하는지와 관련해 중요한 통찰을 주는 도서입니다. 특히 이 책은 아나뱁티스트들이 교회를 정의할 때 "해석의 공동체"라고 언급한다는 점을 소개하고 있습니다. 목회자 한 사람에 의한 해석이 아니라 공동체적 해석의 중요성을 언급하고 그것을 교회의 정체성과 연결시킨다는 점에서, 평신도들이 교회를 이해할 때 매우 중요한 통찰력을 줍니다. 송인수의《만남》은 이런 성경 읽기와 해석의 한 사례로서, 요한복음을 해석한 책입니다.

- 스튜어트 머레이,《아나뱁티스트 성서해석학》(대장간)
- 진 에드워드,《유기적 성경공부》(대장간)
- 송인수,《만남》(IVP)

동양의 평신도교회 운동

아래는 동양에서 평신도교회 운동의 전통을 이해하는 데 도움이 되는 책들입니다. 우찌무라 간조와 그의 제자 김교신 등은 무교회 운동의 리더들입니다. 그들의 무교회 운동은 교회를 부정한다기보다는, 지상에 존재하는 제도화된 교회의 병폐를 극복하기 위한 시도로 해석되어야 합니다. 그들은 부지런히 주일마다 성경공부 모임을 가지면서 예배나 교회라 해도 전혀 손색이 없는 공동체를 이루었고, 또한 무교회 운동이 처할 위험성을 경계하기도 했습니다. 또한 기성 교회들의 존재를 멸시하거나 근원적으로 부정한 것이 아니라 훌륭한 목회자들이나 장로들과 신뢰를 유지하며 교류하기도 했습니다. 우리가 이루고 있는 평신도교회를 우찌무라 간조나 김교신의 무교회 운동과 동일한가라는 질문에 100퍼센트 그렇다고 말할 수는 없으나, 이들 무교회 운동에서 적지 않은 도전과 자극을 받았고, 배운 점이 있는 것은 사실일 것입니다. 양현혜 교수의 글은 우찌무라 간조를 설명하는 그 어떤 책보다 종합적이고 풍부합니다. 김정한 교수가 쓴 《김교신: 그 삶과 믿음과 소망》은 대중이 김교신을 이해하는 데 아주 도전이 되는 귀한 책입니다. 아쉽게도 절판이 되어서, 중고 서적으로만 구할 수 있습니다. 우찌무라 전집과 김교신 전집은 이들이 직접 쓴 글을 엮은 것으로 매우 도전이 되는 책들입니다.

- **김정한, 《김교신: 그 삶과 믿음과 소망》**(한국신학연구소)
- **양현혜, 《우찌무라 간조, 신 뒤에 숨지 않은 기독교인》**(이화여자 대학교출판문화원)
- 김교신·노평구, 《김교신 전집 1-7》(부키)
- 우찌무라 간조, 《우찌무라 간조 전집》(크리스챤서적)

평신도교회가 온다

교육운동가 송인수의 평신도교회 17년 이야기

ⓒ 송인수, 2024

1판 1쇄 펴냄 2024년 11월 25일

지은이 송인수
펴낸이 옥명호

편집 김은석 옥명호
디자인 김진성
제작 성광인쇄

펴낸곳 잉클링즈
출판등록 2010년 5월 31일 제2021-000073호
주소 03140 서울시 종로구 삼일대로 428, 5층 500-27호 (낙원동, 낙원상가)
전화 02-334-5382   **팩스** 02-747-9847
이메일 inklings2022@gmail.com

ISBN 979-11-975987-7-7 03230